COURS D'ENSEIGNEMENT PACIFISTE

(PRINCIPES ET APPLICATIONS DU PACIFISME)

AUTRES OUVRAGES DE A. SÈVE :

[En vente chez l'auteur, Villa Pax, à Bourg (Ain), France]

1° **La Guerre et la Paix**, 1 broch. avec préface de FRÉDÉRIC PASSY, membre de l'Institut . . . . **0 fr. 60**

Cet ouvrage, qui a été traduit en plusieurs langues, a obtenu le prix Hodgson Pratt (1 250 fr.).

2° **De l'Enseignement moral à l'École primaire**, 1 forte brochure . . . . **0 fr. 80**

3° **Le Maître pratique**, journal d'enseignement (partie scolaire et partie générale), 52 numéros par an . . **6 fr. »»**

Le *Maître pratique*, actuellement fusionné avec le *Petit Provincial* (Direction : J. PLOTHIER, à La Motte Servolex, Savoie, 1 an, 6 fr. »») a paru de 1896 à 1907. Il constitue une *mine inépuisable* d'excellents devoirs scolaires, toujours pratiques, d'articles et de directions pédagogiques de réelle valeur, précieux pour tous les membres de l'enseignement, indispensables aux jeunes instituteurs. Le *Maître pratique* a obtenu un diplôme de *Médaille d'honneur* de la *Société nationale d'Encouragement au bien.*

Prix de faveur, jusqu'à épuisement des collections, **2** fr. l'année (au lieu de 6 fr.) *pour toute commande d'au moins trois années.* — Avoir bien soin d'indiquer la gare destinataire.

AUX LECTEURS
DU *COURS D'ENSEIGNEMENT PACIFISTE*

En vue d'une nouvelle édition du présent volume, l'auteur serait infiniment reconnaissant, soit aux pacifistes, soit aux membres de l'enseignement, de vouloir bien lui faire part des critiques auxquelles leur semblera donner lieu le présent ouvrage. L'auteur se propose d'en tenir compte dans toute la mesure possible pour améliorer son livre et le rendre plus digne du public d'élite auquel il est spécialement destiné.

[Adresser les lettres à M. A. SÈVE, publiciste, Villa Pax, à Bourg (Ain), France].

COURS
D'ENSEIGNEMENT PACIFISTE

(PRINCIPES ET APPLICATIONS DU PACIFISME)

AVEC

PRÉFACE

DE

M. Frédéric PASSY, membre de l'Institut

PAR

A. SÈVE

CHEF DU BUREAU DE L'INSTRUCTION PRIMAIRE A LA PRÉFECTURE DE L'AIN,
PUBLICISTE, OFFICIER DE L'INSTRUCTION PUBLIQUE.

Cet ouvrage a été classé premier au concours international ouvert par le *Bureau International de la Paix* (Prix Narcisse Thibault, de 1500 fr.) sur le sujet suivant :

« Rédaction d'un Précis destiné aux éducateurs des écoles de tous degrés pour servir à exposer les principes et les applications du Pacifisme.

» Au cours de l'ouvrage, l'auteur montrera comment peuvent se concilier et se compléter les devoirs envers la Patrie et les devoirs envers l'Humanité ».

PARIS (5e)

V. GIARD & E. BRIÈRE

LIBRAIRES-ÉDITEURS

16, RUE SOUFFLOT ET 12, RUE TOULLIER

1910

Aux instituteurs et institutrices de France, mes anciens collègues, ce livre est dédié.

A. S.

PRÉFACE

Il y a une dizaine d'années, un Français, M. Thibault, laissait en mourant toute sa fortune au président de l'une des plus importantes sociétés de paix et d'arbitrage d'Angleterre, à celui que j'ai appelé par excellence « le type du patriote international », mon ami Hodgson Pratt, à la charge d'en disposer, conformément à certaines indications, en faveur de la propagande pacifiste.

Hodgson Pratt a disparu avant d'avoir pu entrer en possession de cette fortune, les volontés du testateur ayant été contestées par des membres de sa famille ; avant aussi d'avoir reçu le Prix Nobel de la Paix, auquel il avait tant de titres. A l'heure qu'il est, les procès engagés ne sont point encore définitivement terminés. Une transaction a eu lieu toutefois, pour une partie de la succession, et les représentants d'Hodgson Pratt ont pu, en conséquence, commencer à exécuter ces intentions. L'un de leurs premiers actes a été de permettre l'ouverture, par le Bureau International de la Paix, de Berne, en 1907, d'un concours destiné à provoquer la rédaction d'un ou de plusieurs « Précis pouvant servir aux éducateurs de tous les degrés à exposer, dans leur enseignement, les principes et les applications du pacifisme », notamment « à montrer comment peuvent se concilier et se compléter les devoirs envers la patrie et les devoirs envers l'humanité ».

Les résultats de ce concours ont dépassé toutes les espérances. Quarante-trois mémoires, en français, anglais, allemand, italien ou espéranto, ont été envoyés. Trois premiers et trois seconds prix viennent d'être, après un consciencieux examen, décernés par le jury. En tête se trouve le travail d'un Français, M. Sève, ancien instituteur, aujourd'hui, et depuis longtemps déjà, chef de bureau à la Préfecture du département de l'Ain. C'est ce travail, d'une très réelle distinction, le seul que je connaisse jusqu'à présent, que je suis heureux de pouvoir signaler aujourd'hui.

Je le fais d'autant plus volontiers que ce n'est pas

la première fois que j'ai à rendre justice à M. Sève, et que j'ai peut-être, dans une certaine mesure, contribué jadis à l'encourager dans ses utiles travaux. Il y a près d'une vingtaine d'années — c'était en 1891 — ce même Hodgson Pratt, que j'ai rappelé plus haut, avait ouvert, sur ses propres ressources, un concours pour la rédaction d'un mémoire sur la guerre et la paix, et me confiait le soin d'apprécier un certain nombre de travaux, signalés comme les plus dignes d'attention parmi les 73 manuscrits de toutes langues qui lui avaient été envoyés. Quelques-uns d'entre eux, et des meilleurs, étaient l'œuvre d'instituteurs et faisaient preuve de connaissances sérieuses, d'un sens droit et d'un réel talent d'exposition. Celui que je contribuai à faire classer au premier rang était signé de M. Sève. Le volume qu'il publie aujourd'hui prouve que j'avais été bon juge.

Cet ouvrage, en effet, d'une tout autre portée, comme d'un autre développement que le travail précédent, n'est rien moins qu'un cours complet de pacifisme, à l'intention des éducateurs de tous les degrés, depuis l'école primaire jusqu'à l'enseignement supérieur, fournissant aux maîtres, selon les cas, avec des notions précises, des exemples et des faits, les moyens de faire pénétrer, graduellement et sans pédantisme, dans l'esprit et dans le cœur de leurs élèves, des idées et des sentiments justes sur le véritable caractère de cette propagande à la fois patriotique et humanitaire, qui doit aboutir, par un progrès régulier et continu, à l'amélioration des relations internationales et à l'organisation d'un régime durable de justice et de mutuelle bienveillance.

Je ne saurais, on le comprend, entreprendre ici l'analyse de cet important ouvrage. Je dirai seulement, au nom de l'expérience que m'a acquise un demi-siècle de labeur pour le service de cette grande cause de la paix internationale, que M. Sève a condensé dans ce volume le fruit d'une abondance d'études et de recherches qui attestent de sa part une érudition aussi étendue que sûre. Et je signalerai tout particulièrement les chapitres où, combattant à la fois cet antimilitarisme, avec lequel on a prétendu confondre le pacifisme, et ce nationalisme batailleur qui s'arroge le privilège du patriotisme, il montre comment les différentes nations sont intéressées à se respecter et à se servir les unes les autres, la grandeur de la famille humaine dépendant de celle de chacun de ses membres.

J'appellerai enfin tout particulièrement l'attention sur les pages véritablement pédagogiques, dans le meilleur sens du terme, dans lesquelles M. Sève, passant en revue les diverses branches de l'enseignement, depuis le plus simple jusqu'au plus élevé, indique comment, à propos de l'histoire, de la géographie, des sciences, de la morale, ou du commerce et de l'industrie, il est facile, sans affectation et sans pédantisme, de faire ressortir la perpétuelle solidarité des intérêts et la répercussion inévitable des biens et des maux, des erreurs, des fautes ou des progrès individuels et nationaux sur l'ensemble de l'espèce humaine. Il n'y a pas là seulement, je ne crains pas de le dire, les éléments de l'un des meilleurs manuels pratiques que l'on puisse mettre entre les mains des maîtres de la jeunesse ; il y a, pour tout lecteur sérieux, pour tout homme désireux de se faire une idée juste de ce programme des pacifistes si imparfaitement connu et si mal jugé souvent même des gens les plus instruits, un ensemble de renseignements, de documents et de réflexions dont ils trouveraient difficilement l'équivalent ailleurs. C'est un devoir de le signaler.

FRÉDÉRIC PASSY,
Membre de l'Institut.

Nous sommes heureux d'adresser ici l'expression de notre vive gratitude aux auteurs et éditeurs qui ont bien voulu nous autoriser gracieusement à reproduire dans cet ouvrage les fragments de leurs œuvres cités dans nos *Lectures*. Tous ont bien voulu, avec un empressement dont nous leur savons infiniment gré, nous accorder très volontiers la faveur que nous sollicitions d'eux. Qu'ils en soient remerciés.

A. S.

AVERTISSEMENT

ET

DIRECTIONS PÉDAGOGIQUES (1)

La Révolution française, dans une superbe déclaration, a proclamé avec éclat les *Droits de l'Homme et du Citoyen.* Il reste à faire reconnaître les *Droits des Peuples et des Nations* et c'est sur l'enseignement du pacifisme qu'il faut compter surtout pour faire accomplir à l'humanité ce nouveau et non moins décisif progrès.

Une grande et belle tâche s'offre donc par conséquent aux efforts des éducateurs de tous pays, en train de nous préparer la société de demain. N'ou-

(1) Notre *Cours d'Enseignement pacifiste* s'adresse tout à la fois au public ordinaire, qui y trouvera un ensemble coordonné des doctrines pacifistes, et aux membres de l'enseignement qui ont non seulement à se faire eux-mêmes une opinion mûrement réfléchie du pacifisme, mais encore et surtout à le faire connaître et aimer des enfants et adolescents confiés à leurs soins. C'est spécialement en vue de leur faciliter cette tâche importante et délicate que nous leur présentons ci-après quelques indications et directions.

blions pas, en effet, que, selon le mot très juste de Raoul de la Grasserie, « c'est par l'esprit de l'enfant qu'il faut commencer les réformes profondes » et que seule, l'école, par son action puissante sur les jeunes âmes, est capable de transformer la mentalité humaine. Lorsque, dans tous les pays, les éducateurs de tous degrés travailleront de concert à « déshonorer la guerre », il est à prévoir que les générations nouvelles, sorties de leurs mains pour entrer dans la vie civique, y apporteront un autre idéal que celui des luttes fratricides des peuples ou du militarisme à outrance.

Or, actuellement, le pacifisme ne fait pas partie intégrante des cours d'éducation morale et civique ; ce n'est guère que par tolérance qu'on lui permet d'y apparaître brièvement. Une réforme, par suite, s'impose donc à cet égard, car il est naturel que le pacifisme soit ostensiblement enseigné dans les écoles, tout comme le sont actuellement le patriotisme ou les notions de civisme.

En attendant que le pacifisme ait ainsi sa place officielle dans l'horaire de l'école, il dépend des maîtres de s'inspirer de leur conscience et du sentiment de leur devoir pour devancer autant que possible la réforme des Programmes. Il leur appartient surtout de se faire les apôtres de la Paix dans leurs cours d'adultes et leurs conférences populaires, organisés de plus en plus à peu près partout. Il y a là, convenons-en, en une telle occurrence, une double raison de parler pacifisme aux adultes : d'abord, aucun programme ne limite la liberté de choix du maître ; ensuite, on ne doit pas oublier que les adultes, par leur âge et le sentiment qu'ils ont déjà des réalités de la vie, sont bien plus aptes que les enfants à tirer parti des enseignements reçus.

Nous nous sommes appliqué, dans le présent ouvrage, à exposer sobrement et clairement ce qu'il est nécessaire aux maîtres de savoir pour coopérer, dans la mesure qui dépend d'eux, à l'œuvre de civilisation et de paix.

La matière a été divisée en un certain nombre de chapitres fortement reliés les uns aux autres. Les éducateurs y trouveront donc les éléments indispensables pour la matière de leurs leçons.

Nous leur recommandons particulièrement de bien soigner ce qu'en terme de pédagogie on appelle le « début » de la leçon. Le « début » est la façon, essentiellement variable et imprévue, dont on commence la leçon ; un bon « début » doit conquérir d'emblée l'attention de l'auditoire ; il a la même importance que l'exorde dans le discours. Une leçon mal « débutée » est presque sûrement une leçon manquée, quelque soin qu'on mette ensuite à en bien ordonner les développements.

Nous leur recommandons aussi de donner, de même, toute leur attention à la « conclusion » de la leçon. La « conclusion » doit renfermer en quelque sorte la condensation des vérités exposées ; elle contient essentiellement ce qui doit en être retenu, ce qu'il importe le plus de confier à la fidélité de la mémoire.

Comme méthode d'enseignement, nous conseillons d'user le moins possible de la méthode de simple exposition. Cette méthode, commode pour le maître, laisse l'élève trop passif. Il faut, au contraire, associer activement l'enfant à la leçon. C'est seulement de cette façon qu'on obtiendra d'excellents résultats et qu'on agira profondément sur son esprit et sur son cœur.

Comme forme d'exposition, la forme dialoguée est donc par suite préférable, en général, à toute autre, sauf dans les cas où le maître, vivement ému lui-même, désire faire vibrer l'âme de ses élèves à l'unisson de la sienne. Alors évidemment, la forme du monologue reprend l'avantage et permet d'obtenir une forte et durable impression.

Nous préoccupant des détails pratiques du métier d'éducateur, nous avons fait suivre chaque chapitre de l'ouvrage :

1° D'une *lecture* ou d'une *pensée* se rapportant au sujet traité dans le chapitre.

2° De l'énoncé de trois *devoirs de rédaction* en rapport également avec les questions abordées dans le chapitre.

3° Du *développement* très simple de l'un de ces trois sujets de rédaction. En raison de la nouveauté de l'intrusion de sujets pacifistes dans les écoles, — dans les écoles primaires notamment, — il nous a paru utile de montrer aux maîtres, par des exemples répétés, que ces questions ne dépassent pas ce qui, partout, peut être raisonnablement demandé et partout obtenu, après des leçons consciencieusement faites.

Nous recommandons aux éducateurs de ne pas négliger ces devoirs d'application : outre les avantages qu'ils présentent pour la culture de l'esprit et le développement de l'instruction proprement dite, ils permettront aux maîtres de se rendre compte du plus ou moins d'efficacité des leçons faites et par suite de mieux donner aux leçons ultérieures du cours le degré exact d'élévation ou de simplicité qu'elles doivent avoir.

Peut-être certains lecteurs trouveront-ils que nous avons donné beaucoup d'étendue au présent ouvrage : la chose nous a paru nécessaire parce que le pacifisme est un enseignement nouveau, mal connu, contesté, trop souvent même calomnié. Nous qui connaissons les besoins de l'enseignement, nous savons qu'un « précis » sec et laconique ne serait pas susceptible, dans les circonstances actuelles, de rendre les services qu'on en attend. Il nous a donc semblé que, tout en ne perdant point de vue les exigences de la sobriété et en nous interdisant tous développements inutiles, nous devions donner à notre travail une ampleur suffisante pour qu'il puisse effectivement servir de guide aux instituteurs. Selon un vieux précepte pédagogique, les connaissances des maîtres doivent aller, en effet, bien au delà de celles qu'ils ont à faire acquérir à leurs élèves.

Quant aux leçons de pacifisme destinées particulièrement à ces derniers, elles peuvent faire l'objet de quelques chapitres du cours d'instruction civique. En attendant qu'un manuel succinct ait été spécialement publié à cette fin, les maîtres n'auront pas trop de peine, croyons-nous, à établir le plan de leurs leçons, puisqu'il leur suffira, pour chacune d'elles, de condenser sous un titre donnant son unité à la leçon, quelques-uns des chapitres de notre ouvrage.

Puisse notre modeste livre les aider dans leur tâche d'éducation sociale ! C'est notre plus chère ambition, comme ce sera la récompense du long labeur qu'il nous a coûté.

COURS
D'ENSEIGNEMENT PACIFISTE
(PRINCIPES ET APPLICATIONS DU PACIFISME)

PREMIÈRE PARTIE
Les principes du pacifisme

LIVRE PREMIER
Principes sur lesquels répose le pacifisme.

CHAPITRE PREMIER
LE PACIFISME ET LA MORALE

Importance exceptionnelle du pacifisme. — « Je suis convaincu maintenant, a dit Stuart Mill, que « nul grand progrès dans le sort de l'humanité n'est « possible tant qu'il ne se sera pas fait un grand « changement dans la constitution fondamentale des « manières de penser (1). »

Cette pensée peut s'appliquer admirablement au

(1) Cité par Jean Izoulet dans sa *Cité moderne*, p. 635.

pacifisme. Jusqu'ici les peuples n'ont vécu que dans la hantise de la guerre et ils ont tenu le pacifisme pour une rêverie. Tant qu'ils n'auront point réalisé à cet égard un grand changement dans leur façon de penser, tant qu'ils ne regarderont point la guerre comme une survivance odieuse de la barbarie et le pacifisme comme l'Evangile des temps nouveaux, nul grand progrès n'est à espérer de l'humanité qui continuera à s'épuiser de plus en plus au triste régime du militarisme à outrance.

Le pacifisme a donc une importance capitale et c'est un devoir d'en vulgariser les principes et les applications.

Tel est le but du présent ouvrage.

Le pacifisme n'est que l'application de la morale aux relations des peuples. — Le pacifisme n'est que l'application de la morale aux relations des peuples. De même que la morale trace aux hommes leurs devoirs et leur dicte les préceptes dont ils ont à s'inspirer dans la vie, de même le pacifisme enseigne aussi aux peuples leurs devoirs et fait briller à leurs yeux les principes destinés à régir leurs relations.

Le pacifisme, comme la morale, est basé sur le respect de la personne humaine. — Le pacifisme, de même que la morale, est basé sur le respect de la personne humaine. Comme l'a si bien exprimé Pascal, « toute la dignité de l'homme consiste en la pensée ». Un être peut posséder une puissance immense, s'il n'y joint la conscience et la volonté de ses actes, ce n'est qu'une chose redoutable et terrible, susceptible d'inspirer de la terreur, mais jamais du respect. Tout autre est la personne humaine, douée d'intelligence, de raison, de sentiment, et de liberté. Par son intelligence, l'homme a maîtrisé la nature et réalisé les merveilles des sciences et de la civilisation ; sa raison lui a fait concevoir la beauté merveilleuse du monde moral et la haute valeur de la dignité humaine ; le sentiment lui a révélé la fraternité profonde qui unit tous les hommes et son attachement instinctif et invincible à l'indépendance et à la justice lui prouve surabondamment la suprématie absolue de la liberté et du droit. Faite de ces éléments « la personne humaine n'a rien au monde « qui lui soit comparable : rien n'égale une personne « en dignité, si ce n'est les autres personnes » (1).

Le devoir est la loi de sa nature. Entendons par là une obligation que se reconnaît à lui-même tout homme, être intelligent et libre. Cette obligation n'est point une contrainte, mais une prescription de la raison, un commandement qui s'adresse à la liberté. On peut résister à cette injonction, mais on sent qu'on ne le doit pas, qu'il est *bien* de s'y soumettre et que cela est dans l'ordre ; de plus, soit qu'on s'y conforme, soit qu'on s'en écarte, on se sent responsable de la décision prise et des conséquences qu'elle peut avoir.

Ainsi, à la différence des animaux, soumis fatalement à l'empire des lois de la nature, l'homme se sent

(1) Henri Marion, *Leçons de morale*, p. 103.

donc le pouvoir d'influer sur sa propre destinée, de concevoir un idéal moral, une règle de son activité et une fin de sa conduite. C'est là ce qui fait sa suprême originalité, comme aussi sa grandeur.

Dès lors, la règle morale qui s'impose à tous est le respect de la personne humaine. Le philosophe Kant en a énoncé les principes comme suit :

1° « Agis toujours de telle façon que tu traites l'humanité, aussi bien dans ta propre personne que dans la personne d'autrui, toujours comme fin, jamais comme simple moyen. »

2° « Agis toujours comme si tu étais législateur en même temps que sujet dans le royaume des volontés libres et raisonnables. »

3° « Agis de telle sorte que la maxime de ton vouloir puisse toujours également valoir comme principe d'une législation universelle » (1).

Ces formules de haute et sereine philosophie peuvent se rapprocher des formules plus simples et plus connues : « Ne fais pas à autrui ce que tu ne voudrais « pas qui te fût fait » et « Fais à autrui ce que tu « voudrais qu'il te fasse ». Toutes nous permettent de comprendre combien, dans sa conduite, l'homme doit être soucieux du droit et de la justice.

Le pacifisme affirme que ces principes ne doivent pas s'appliquer seulement à la vie individuelle, mais encore à la vie sociale. Si, selon la belle expression du philosophe Kant, « l'homme est le sujet du Devoir »,

(1) Kant. Cité dans Henri MARION, *Leçons de morale*, p. 109 et 110.

comment n'en serait-il point de même pour les collectivités humaines, pour les peuples? Si l'homme s'avilit en s'abandonnant aux impulsions de la violence, par suite de quel miracle la violence ne serait-elle plus coupable quand, cessant d'inspirer isolément l'individu, elle s'appliquerait à corrompre l'âme des peuples?

La morale et le pacifisme défendent de tuer. — La morale, pour citer un exemple, dit : « Tu ne tueras point ». Elle réprouve le meurtre intentionnel comme le plus grand des crimes, comme la plus extrême cruauté. Sans nous arrêter aux raisons de sentiment ou à l'intérêt égoïste, évidemment menacé par l'exercice du meurtre, considérons les choses de plus haut. Selon la règle de Kant, supposons la pratique du meurtre généralisée et érigée en loi universelle : la moralité même est détruite, la justice disparaît complètement. Quiconque aura ou croira avoir une raison d'ôter la vie à autrui se permettra de le faire. Or, dans une telle hypothèse, que deviennent l'ordre public et la sécurité des relations sociales? Chacun se rend juge en sa propre cause, la haine, la colère et la vengeance remplacent la justice et l'on retombe, par suite, dans la sauvagerie ou la barbarie.

Et, de plus, quel oubli des droits imprescriptibles de la personne humaine? Détruire un homme, n'est-ce pas arrêter brutalement la destinée qu'il pouvait espérer et violer tous ses droits en supprimant tous ses devoirs? N'est-ce pas l'enlever à ceux qui l'aimaient et réduire au malheur ceux dont il était l'espoir et le soutien ?...

Voilà ce que dit la morale.

Le pacifisme, de son côté, fait remarquer que si les meurtres isolés sont des crimes odieux, les meurtres collectifs accomplis par des milliers et milliers d'hommes ne sauraient être moins répréhensibles et bénéficier d'une incroyable indulgence. Voilà pourquoi le pacifisme s'élève contre la guerre qui n'est que le meurtre savamment organisé.

La morale et le pacifisme défendent d'attenter à la liberté. — La morale soutient qu'après la vie et au même titre que la vie même, ce qui nous est cher par dessus tout, ce qui est sacré, c'est notre liberté.

Et, en effet, l'homme étant un être essentiellement actif, de qui la volonté est la faculté principale, il s'ensuit que la manifestation non contrariée de cette volonté, c'est-à-dire la liberté, est un besoin de sa nature et le premier des biens. Et il ne s'agit pas de cette liberté intérieure, qu'on appelle le libre arbitre, que personne ne saurait nous ravir, mais de la liberté d'agir, du libre exercice de notre activité au dehors. Ce serait véritablement nous ôter la vie intérieure, la vie morale, que de nous priver de la liberté ; ce serait supprimer dans une forte mesure les conditions essentielles de la moralité. « Qu'est-ce, en effet, que la moralité ? Le bon emploi de l'activité, conformément à la raison, mais le bon emploi libre, réfléchi, voulu ; il n'y a point de moralité vraie sans liberté. Porter atteinte à notre liberté c'est donc bien nous ôter la condition première de la moralité ; la vie qu'on nous laisse alors est moralement sans prix » (1).

C'est pour cette raison que l'esclavage, cette plaie de l'antiquité et dont l'humanité n'a pu se guérir que de nos jours, était une injustice d'une extrême gravité. L'esclave, en effet, n'était pas véritablement une personne, mais une chose à la disposition de son maître. Forcé d'abdiquer sa personnalité entre les mains de ce dernier, qui pouvait, à son gré, le frapper, l'insulter, le vendre ou même le mutiler et le tuer, l'esclave devenait un instrument, ou, si l'on veut, pour ainsi dire une variété particulière des animaux domestiques ; on ne pouvait pas le compter parmi les hommes.

Le pacifisme s'associe à cette indignation de la morale contre les contempteurs de la liberté. Si l'attentat commis contre la liberté d'un seul homme est chose hautement condamnable, comment n'en serait-il pas de même de la privation de la liberté de tous les habitants d'une province entière ou d'un Pays lui-même ? Si l'on allègue que cette assimilation nous transporte dans le domaine de la chimère, qu'on se souvienne que l'esclavage, pendant de longs siècles, a passé pour une institution « aussi légitime que nécessaire », selon le témoignage même d'Aristote, et que pourtant, depuis longtemps, il est universellement condamné et a complètement disparu des pays civilisés.

(1) H. Marion, *Leçons de morale*, p. 223.

La morale et le pacifisme proscrivent l'intolérance. — La morale fait un devoir à tout homme de respecter autrui, non seulement dans sa personne, mais encore dans ses facultés et notamment dans son intelligence. Si c'est pour nous un droit sacré de penser en toute chose par nous-même, de croire ce qui nous paraît vrai et de rejeter ce qui nous paraît faux, ce droit est égal chez tous nos semblables et par conséquent nous avons l'obligation stricte de respecter leurs croyances et leurs convictions, comme ils ont, de leur côté, le devoir de respecter les nôtres. A la seule condition de ne pas porter atteinte à la liberté de penser d'autrui, chacun doit pouvoir librement croire, dire et faire ce qu'il juge à propos.

Si nous nous montrons intolérant, si, prétendant que nous sommes dans le vrai et nos voisins dans l'erreur, nous entreprenons d'empiéter sur leur liberté de penser nous manquons à notre devoir et introduisons dans les rapports sociaux un élément de trouble et de désorganisation, car chacun pourra se permettre ce que nous nous accordons à nous-même.

Il faut d'ailleurs renoncer résolument à faire, dans cette question, la distinction des opinions vraies et des opinions fausses, des opinions saines et honnêtes (ce sont toujours les nôtres que nous appelons ainsi) et des opinions dangereuses. « Il n'y a d'opinions dangereuses que celles qui portent atteinte au droit des personnes et à la justice ; et, parmi celles-là figure en première ligne cette prétention même d'exercer l'intolérance au nom des bonnes doctrines contre les mauvaises. Le commencement de la sagesse sociale et de la justice est de regarder comme également respectables toutes les opinions et toutes les croyances sincères. Chacun croit la sienne la meilleure, c'est son droit ; c'est le nôtre de croire qu'il se trompe ; mais ce n'est le droit de personne de vouloir imposer par la force la croyance qu'il jugè bonne et de proscrire celle qu'il juge mauvaise ». (1)

Voilà comment s'exprime la morale. Le pacifisme souscrit avec enthousiasme à cette doctrine de liberté et ajoute, de son côté, que l'intolérance exercée sur les collectivités, par un Etat conquérant sur une province conquise, est tout aussi regrettable et répréhensible. Il condamne hautement toutes ces tracasseries, ces vexations sans nombre, ces persécutions incessantes qui agacent et irritent ceux qui les subissent et dont certains gouvernements ont coutume d'accabler leurs sujets des provinces annexées, dans le chimérique espoir de triompher ainsi plus rapidement de leur antipathie. Les Alsaciens-Lorrains, depuis 1871, et les Polonais, depuis plus d'un siècle, sont, dans ce but, violentés et opprimés sans mesure et sans fin. Le pacifisme affirme bien haut que ce despotisme odieux doit être condamné par la conscience des peuples et sévèrement flétri au nom du Droit.

Il affirme, de plus, que ces procédés vexatoires constituent une insigne maladresse et qu'ils tendent

(1) Marion, *Leçons de morale*, p. 239.

à produire un effet diamétralement opposé à celui qu'on en attend. En effet, la conviction et la sympathie ne sont pas choses qui s'imposent. La force ne peut pas modifier l'évidence avec laquelle les choses nous apparaissent, ni faire qu'une certaine clarté de notions, qu'un certain enchaînement de preuves ne frappe notre esprit et n'entraîne notre adhésion. De même pour la sympathie ; on aime ou on n'aime pas et, dans cette dernière hypothèse, ce n'est point par des menaces ou par des tracasseries qu'un gouvernement haï et détesté parviendra à se faire chérir de ceux qui l'exècrent. Rien n'est donc plus absurde que de recourir à des procédés intolérants pour réduire des volontés rebelles. Comment amener un homme dont on meurtrit le cœur, dont on exaspère les sentiments, à faire le sacrifice de ce qu'il y a en lui de plus intime, de plus indestructible? Nous désirons qu'il oublie son histoire et ses aïeux, ses souvenirs et ses aspirations; nous voulons qu'il vienne à nous et s'y attache, et, pour l'attirer, le captiver, nous employons des moyens qui irritent, qui froissent, qui repoussent! Un tel procédé est plus qu'une injustice criante, c'est une inconséquence grossière, une véritable aberration!

La morale et le pacifisme exigent le respect du bien d'autrui. — La morale enseigne à respecter autrui, non seulement dans sa vie et ses facultés, mais encore dans ses biens. A ce titre elle condamne le vol, tant parce qu'il est une atteinte au droit naturel de propriété que parce qu'il serait un élément de désorganisation sociale. Si l'on suppose, en effet, la pratique du vol licite, c'en est fait de la sécurité, de l'ordre et de la prospérité publics. Et, d'autre part, à quoi bon produire et mettre en réserve, pour les mauvais jours, si l'on n'est pas assuré de pouvoir jouir en paix de ce qu'on a lentement et péniblement amassé? L'injustice, le désordre et la misère publics seraient donc inséparables de la pratique du vol. Voilà pourquoi, soit au point de vue de l'équité naturelle, soit au point de vue social, le vol est universellement et sévèrement proscrit.

Le pacifisme qui, là encore, ne se sépare point de la morale, fait remarquer que si le vol individuel est une injustice, le vol collectif exercé par des multitudes armées n'est pas moins odieux, attendu que « l'agrandissement d'un forfait n'en saurait être la diminution, » et qu'il ne saurait en transformer la nature. Et d'autre part, si la généralisation du vol individuel est destructive de l'ordre public et de la civilisation, le vol collectif, commis par des troupes nombreuses, munies de fusils et de canons, n'en a pas des effets moins redoutables puisque la seule appréhension des calamités qu'il entraîne détermine les peuples à se ruiner en préparatifs militaires immenses, considérés comme une indispensable sauvegarde.

Ainsi, le pacifisme n'est donc que la vulgaire morale élargie, s'appliquant à régler les rapports réciproques des peuples ; comme la morale, il s'impose à la conscience et au respect de tous.

EXERCICES ET DEVOIRS. — **I. Pensée.** — « *Il n'y a pas deux morales, une pour l'homme pris à part, une autre pour la société de tous les hommes pris ensemble. Mais ce qui est bien pour chacun est bien pour tous.* »

Charles Renouvier. *Manuel républicain de l'homme et du citoyen*, **édition Armand Colin, p. 117.**

II. Devoirs de rédaction. — *1° Quels rapports existe-t-il entre la morale et le pacifisme ?*

2° Dans votre école, l'instituteur a entrepris de donner à ses élèves quelques notions de pacifisme. Dans une lettre à l'un de vos cousins, qui habite une autre localité, vous racontez le fait en indiquant quel intérêt et quel plaisir vous prenez à ses leçons.

3° Montrez en peu de mots que le pacifisme est basé sur le respect de la personne humaine et que pour ce motif il mérite de régler la conduite de tous les peuples.

III. Devoir de l'élève Jean-Pierre (*développement du 2e sujet*).

Mon cher cousin,

Depuis la rentrée d'octobre nous avons un nouvel instituteur dont je goûte fort les leçons. Il nous paraît très instruit et se montre d'une activité et d'un dévouement extraordinaires. Tout le monde est enchanté dans la commune et, quant à moi, je t'assure que je fais tous mes efforts pour bien profiter de la dernière année que j'ai encore à passer sur les bancs de l'école.

Les leçons que je goûte le plus sont celles de pacifisme. Tu ne sais probablement pas ce que c'est et tu es comme nous qui n'avions, jusqu'ici, jamais entendu ce moi. Eh bien ! mon cher, je t'assure que c'est très intéressant. Le pacifisme, nous a dit notre instituteur, n'est que la morale appliquée à la conduite des peuples. Il nous a montré que les peuples ne doivent pas vivre comme des brutes et ne songer qu'à s'entre-tuer et à s'entr'égorger au moyen d'instruments de plus en plus perfectionnés, mais que, de même que les hommes, ils ont des devoirs à remplir et que, comme les hommes, ils ont l'obligation de les suivre. Ces choses-là, mon cher cousin, nous ont surpris, parce que nous ne les avions jamais entendues, mais combien ne sont-elles pas vraies ! Maintenant que j'y pense, je les trouve toutes naturelles et je m'étonne qu'elles ne me soient pas venues d'elles-mêmes à l'esprit.

Je me réserve de causer avec toi longement du pacifisme quand nous nous retrouverons ensemble ; tu verras comme c'est une doctrine sensée et raisonnable. Il me semble qu'il ne peut pas exister des gens capables de la rejeter.

En attendant le plaisir d'être avec toi, je te serre bien affectueusement la main, te chargeant de mes respectueux compliments à ma tante et à mon oncle.

Ton cousin dévoué,

JEAN-PIERRE.

CHAPITRE II

LE PACIFISME DANS SES RAPPORTS AVEC LA RAISON ET LE SENTIMENT

Le pacifisme, d'accord avec le bon sens, condamne la guerre. — Conforme aux principes de la morale, le pacifisme ne se concilie pas moins avec le bon sens et la raison, de même qu'avec les secrètes aspirations de notre nature.

Au nom du bon sens, le pacifisme repousse la guerre. Qu'y a-t-il, en effet, de plus absurde, de plus insensé que la guerre ! « Se réunir en troupeaux de « 400.000 hommes, marcher jour et nuit sans repos, « ne penser à rien, ne rien étudier, ne rien apprendre, « ne rien lire, n'être utile à personne, pourrir de « saleté, coucher dans la fange, vivre comme les « brutes dans un hébétement continu, piller les « villes, brûler les villages, ruiner les peuples, puis « rencontrer une autre agglomération de viande hu- « maine, se ruer dessus, faire des lacs de sang, des « plaines de chair pilée, mêlée à la terre boueuse et « rougie, des monceaux de cadavres, avoir les bras

« ou les jambes emportés, la cervelle écrabouillée « sans profit pour personne et crever au coin d'un « champ tandis que vos vieux parents, votre femme « et vos enfants meurent de faim (1) ; » tel est, hélas ! le spectacle que nous offre la guerre !

Le mot troublant de Pascal, d'une si profonde « ironie, revient ici de lui-même à la mémoire : « Pour« quoi me tuez-vous ? « — Eh quoi ! ne demeurez vous « pas de l'autre côté de l'eau ? Mon ami, si vous de« meuriez de ce côté je serais un assassin et cela se« rait injuste de vous tuer de la sorte ; mais puisque « vous demeurez de l'autre côté, je suis un brave et « cela est juste (2). »

Il n'est guère possible de condamner d'une façon aussi laconique et avec tant de mépris la folie de la guerre. Et combien tout est vrai dans cette critique ! Les combattants ne se connaissent pas, n'ont jamais eu de relations ensemble, ne se sont jamais fait de mal et, très souvent, ne savent même pas exactement pour quels motifs ils ont les armes à la main et tentent réciproquement de s'exterminer avec fureur.

Absurdité, pour les peuples de se ruiner en préparatifs de guerre. — Ce qui est, pour les peuples, non moins absurde que de s'entr'égorger avec férocité, c'est de se ruiner avec rage en de perpétuels et interminables préparatifs de guerre,

(1) Guy de MAUPASSANT, *Sur l'eau.*
(2) PASCAL, *Pensées*, édition Havet, VI, 3.

qui sont en opposition manifeste avec les désirs intimes des populations elles-mêmes.

Que chacun, en effet, jette un coup d'œil attentif autour de soi et cherche, dans la localité qu'il habite, ces hommes terribles qui ne soupirent qu'après le carnage et ne rêvent que la destruction des nations voisines. Ce sera peine perdue, car, partout, il ne verra certainement que de braves pères de famille, travaillant avec zèle pour bien élever leurs enfants, des cultivateurs paisibles, des artisans laborieux, des employés, des commerçants actifs dont tout le souci est de faire avec succès leurs affaires particulières.

Le prétexte mis en avant pour justifier et nécessiter ces armements insensés, ces préparatifs immenses, c'est que les peuples voisins sont un perpétuel danger, guettant sans cesse autour d'eux d'un œil jaloux, toujours prêts à surprendre brusquement et à démembrer ou exterminer la nation qui serait assez follement imprudente pour ne pas tenir constamment sa « poudre sèche » et « son épée aiguisée ».

Or, une telle méfiance est manifestement absurde puisque, comme on vient de le voir, de si noirs desseins sont étrangers à l'âme des peuples. Sans doute, dans les pays qui ne se sont point encore rendus maîtres de leurs destinées et qui doivent compter avec les passions de leurs monarques, il peut se rencontrer des princes enthousiastes de la guerre et dont l'ambition trouverait son compte dans une conflagration. Mais ces Etats deviennent de plus en plus rares, et rien n'empêche les autres États de se concerter, de s'unir, pour obliger à une circonspection salutaire les turbulents ou les fauteurs de discorde qui, volontiers, se feraient un jeu des calamités de la guerre.

Le pacifisme se concilie avec les aspirations des hommes. — Ainsi d'accord avec le bon sens, le pacifisme ne se concilie pas moins avec les intimes aspirations des hommes. Les enfants, élevés si lentement, au prix de tant de peine et de fatigues, qui ont coûté tant de veilles pendant leurs maladies et tant de sacrifices pour leur éducation, sont indispensables à l'affection des pères, au bonheur des mères. Ce n'est point pour les envoyer à la boucherie des champs de bataille que les parents les ont entourés de soins pendant vingt ans et qu'ils les ont vus grandir et se fortifier. Pour quiconque ne se laisse pas griser par l'enivrement des fanfares, par l'éclat des costumes et la crânerie de nos braves petits troupiers, le spectacle des manœuvres du moindre bataillon est singulièrement suggestif. Ces petits lignards qu'on voit courir au loin « sont destinés à la mort comme « un troupeau de moutons que pousse un boucher « sur les routes. Ils iront tomber dans une plaine, la « tête fendue d'un coup de sabre ou la poitrine trouée « d'une balle ; et ce sont des jeunes hommes qui « pourraient travailler, produire, être utiles. Leurs « pères sont vieux et pauvres, leurs mères qui pen- « dant vingt ans, les ont aimés, adorés comme ado- « rent les mères, apprendront, dans six mois, ou un « an peut-être, que le fils, l'enfant, le grand enfant « élevé avec tant de peine, avec tant d'argent, avec

« tant d'amour, fut jeté dans un trou comme un chien « crevé, après avoir été éventré par un boulet et pié« tiné, écrasé, mis en bouillie par les charges de ca« valerie. Pourquoi a-t-on tué son garçon, son beau « garçon, son seul espoir, son orgueil, sa vie ? Elle « ne sait pas. Oui pourquoi (1) ? »

La guerre, les femmes ne l'admettront jamais, parce qu'elle révolte violemment leur nature, leur instinct maternel. Quant aux hommes, ils ne sauraient penser autrement et peu importe vraiment qu'ils laissent deviner moins facilement leurs sentiments intimes.

Nous devons ajouter que le pacifisme n'est pas seulement conforme aux secrètes aspirations de l'amour paternel ou maternel, mais qu'il est en étroite harmonie avec la nature même de l'homme, ainsi qu'on s'en rend compte facilement pour peu qu'on l'observe dans les moments où il se découvre tel qu'il est, parce qu'il agit d'une façon toute spontanée, sous l'empire même de ses sentiments.

Voici, par exemple, un ouvrier qui vient de se briser une jambe en tombant d'un échafaudage ; voici une femme que les flammes d'un incendie menacent et qui crie d'effroi et de désespoir ; voici un enfant qu'un brutal maltraite odieusement en dépit des supplications du petit infortuné. La foule grossissante qui s'est amassée en un clin d'œil autour de ces malheureux est-elle satisfaite du spectacle qu'elle

(1) Guy de Maupassant, *Sur l'eau*.

a sous les yeux ? Prend-elle plaisir à la souffrance et à l'injustice. Non, mille fois non. Elle se sent violemment remuée à la vue de cet ouvrier geignant de douleur, de cette pauvre femme affolée, de ce misérable enfant. Elle s'empresse pour leur porter secours et telle est l'intensité de son émotion, l'ardeur de son désir de les soulager ou de leur venir en aide, qu'elle ne recule devant rien pour parvenir à cette fin ; elle n'est satisfaite que lorsque l'ouvrier a enfin reçu les soins nécessités par son état, que lorsque la femme a été sauvée et que l'enfant se trouve délivré. Tant il est vrai que la nature de l'homme est faite de sympathie instinctive et qu'elle s'accorde admirablement avec le pacifisme, qui n'est que la mise en œuvre de la sympathie intime des peuples.

Exercices et devoirs. — I. Lecture. — *Absurdité de la guerre.* — J'entends corner sans cesse à mes oreilles : « L'homme est un animal raisonnable ». Qui vous a passé cette définition ? Sont-ce les loups, les singes ou les lions, ou si vous vous l'êtes accordée à vous-mêmes.

Si vous voyez deux chiens qui s'aboient, qui s'affrontent, qui se mordent et se déchirent, vous dites : « Voilà de sots animaux, et vous prenez un bâton pour les séparer. Et si l'on vous disait que tous les chats d'un grand pays se sont assemblés par milliers dans une pleine, et qu'après avoir miaulé tout leur saoûl ils se sont jetés avec fureur les uns sur les autres et ont joué ensemble de la dent et de la griffe, que de cette mêlée il est demeuré de part et d'autre neuf à dix mille chats sur la place, qui ont infecté l'air à dix lieues de là par leur puanteur, ne diriez-vous pas : « Voilà le plus abominable sabbat dont on ait jamais ouï parler. » Et si les loups faisaient de même quels hurlements, quelle boucherie ! Et si les uns et les autres vous disaient qu'ils aiment la gloire, ne ririez-vous pas de tout votre cœur de l'ingénuité de ces pauvres bêtes ?

Vous avez déjà, en animaux raisonnables, et pour vous distinguer de ceux qui ne se servent que de leurs dents et de leurs ongles, imaginé les lances, les piques, les dards, les sabres et les cimeterres. Vous voilà munis d'instruments commodes qui vous servent à vous faire réciproquement de larges plaies, d'où peut couler votre sang jusqu'à la dernière goutte. Mais comme vous devenez d'année en année plus raisonnables, vous avez bien enchéri sur cette vieille manière de vous exterminer. Vous avez de petits globes qui vous tuent tout d'un coup s'ils peuvent seulement vous atteindre à la tête et à la poitrine. Vous en avez d'autres, plus pesants et plus massifs, qui vous coupent en deux parts, ou qui vous éventrent, sans compter ceux qui, tombant sur vos toits, enfoncent les planchers, vont du grenier à la cave, en enlèvent les voûtes, et font sauter en l'air, avec vos maisons, vos femmes et vos enfants. Et c'est encore là où gît la gloire ; elle aime le remue-ménage et elle est personne d'un grand fracas.

La Bruyère.

II. Devoirs de rédaction. — *1° Pensez-vous que se battre soit, pour les peuples, chose raisonnable ?*

2° Expliquez et développez cette pensée : « Toujours la guerre a fait pleurer les mères. »

3° Un illustre écrivain, Montaigne, a dit que la guerre n'a pas de quoi se faire désirer des animaux, qui ne l'ont pas. Pensez-vous que les hommes aient à s'enorgueillir de savoir faire la guerre?

III. Devoir de l'élève Jean-Pierre *(Développement du 1er sujet).* — Jusqu'à cette année, la guerre m'était toujours apparue comme une belle chose, environnée d'éclat et de gloire. Mais, depuis que notre instituteur nous a fait réfléchir là-dessus, mon opinion a bien changé.

Je trouve que se battre est, pour les peuples, une folie. S'entre-détruire par la guerre, c'est tout à la fois faire du mal aux autres et s'en causer à soi-même. Le beau profit, alors!

Je pense que les peuples doivent s'entendre et non se battre. Quand ils ont des différends à régler — nous en avons bien, nous autres, gamins, à propos de jeux de billes et de n'importe quoi — ce n'est pas en se battant qu'ils peuvent arranger les choses. C'est à la raison qu'il faut qu'ils s'en remettent. Plus encore que les simples particuliers, les peuples doivent se souvenir de la vérité de ce proverbe : « Un mauvais arrangement vaut mieux qu'un bon procès. »

C'est stupide de se tuer pendant qu'il serait si facile de s'arranger ensemble!

CHAPITRE III

LE PACIFISME ET LA SOLIDARITÉ NATURELLE DES PEUPLES

Le pacifisme est conforme à l'instinct de sociabilité des peuples. — Si, cessant d'envisager l'homme et ses facultés dans leur rapport avec le pacifisme, nous tenons enfin compte de son impérieux besoin de sociabilité, nous constatons, là encore, que, seul, le pacifisme est conforme aux tendances de sa nature. Parti de la bestialité, l'homme s'est dégagé peu à peu de la barbarie ancestrale et prend de plus en plus conscience de sa solidarité. L'histoire, en ses milliers et milliers d'années, a été le témoin de cette lente et grandiose genèse. « L'histoire, augmentée de la préhistoire, qu'est-ce autre chose, a dit Izoulet, que l'immense effort par lequel notre espèce s'est arrachée, lentement aux ténèbres et aux misères de la vie animale? Qu'est-ce autre chose que mille ou quinze cents siècles de larmes et de sang? Qu'est-ce autre chose que l'ascension obstinée à travers le chaos des guerres et des révolutions sans fin » (1)?

(1) J. IZOULET, *La cité moderne*, p. 195.

Formes primitives des associations humaines. — Même dans les temps les plus reculés, l'homme a toujours senti confusément que l'isolement lui est fatal et qu'il doit s'unir à ses semblables pour mieux triompher des obstacles semés sur sa route. Mais, à l'origine, il ne se forma que des groupements embryonnaires où les individus, pour ainsi dire simplement juxtaposés, se réunissaient relativement en petit nombre, pour chercher en commun à asurer la conservation de leur vie matérielle. Ces groupements ne se sentaient point solidaires entre eux et entraient fréquemment en compétition violente les uns contre les autres. A ce point de vue-là, l'homme était encore, selon une parole antique, un loup pour l'homme.

La famille, la tribu, la peuplade furent les premières formes de l'association humaine. Dans la famille, les fonctions et les tâches étaient différenciées pour mieux répondre aux aptitudes naturelles de ses membres et, en cas d'attaque d'un seul, tous faisaient cause commune pour repousser l'agresseur. La tribu et la peuplade n'étaient en quelque sorte que des groupements de familles placés sous la direction d'un chef. De bonne heure, le sentiment du péril poussa nos ancêtres à s'unir de cette façon ; mieux que quelques individus isolés et fatalement impuissants, la tribu ou la peuplade se trouvaient en situation de lutter contre les bêtes féroces ou de résister aux entreprises de tribus ennemies.

Solidarité nouvelle due au développement de

l'agriculture de l'industrie et du commerce. — Quand les hommes s'adonnèrent aux travaux de l'industrie naissante, l'association prit une extension toute nouvelle qui ne devait désormais jamais se ralentir. C'était la vie civilisée qui commençait.

Dans la vie sauvage chaque individu se trouvait dans la nécessité de se livrer à tous les métiers, de pourvoir à son entretien et à sa défense, de construire lui-même sa cabane, de fabriquer ses armes, etc. Dans la vie nouvelle qui commençait, un changement capital se remarque. Chaque individu cesse de cumuler toutes les professions pour n'en exercer q'une seule, celle de son choix, parce qu'il sait pouvoir compter, grâce à l'échange et au commerce, sur le travail de ses semblables, de même que sur les productions des pays étrangers à celui qu'il habite.

On ne saurait trop signaler l'importance prodigieuse de ce fait pourtant bien simple. A faire une seule chose, un seul travail, l'homme va pouvoir acquérir une habileté plus grande, une compétence h[illegible] de pair ; son esprit, appliqué incessamment aux mêmes recherches, parviendra à faire des découvertes, à réaliser des inventions qui, accumulées de siècle en siècle, constitueront la civilisation. D'autre part, le commerce, c'est-à-dire l'échange des produits, est véritablement le nœud social, le lien de civilisation ; les lieux d'échange, a dit Izoulet, sont les « foyers de la civilisation » et ce n'est pas sans raison, ajoute-t-il, que le mot « commerce » a les deux sens de *trafic* et de *relations*.

Fénelon, écrivain et évêque du XVIIe siècle, a fait remarquer avec justesse que la variété des productions des différents pays semble inviter les hommes à se les communiquer par l'échange. « C'est un effet de la Providence divine, dit-il, que nulle terre ne porte tout ce qui sert à la vie humaine ; car le besoin invite les hommes au commerce, pour se donner mutuellement ce qui leur manque et ce besoin est le lien naturel de la société entre nations... » Cette diversité des productions d'un point du globe à un autre est immense. Même dans une simple contrée comme la France, que de différences encore ! Ici, les gras pâturages, le bétail, le beurre, les bons fromages ; là, le blé en abondance ou d'excellents vignobles ; plus loin, les montagnes avec leurs forêts, leurs mines et leur carrières, etc., etc.... Et si la comparaison se faisait entre les diverses contrées du globe, combien la variété ne serait-elle pas plus grande encore ! Eh bien ! grâce au commerce, chaque habitant profite non seulement des productions de sa localité, mais encore de celles des pays les plus éloignés, et la somme de ses jouissances s'en trouve singulièrement accrue. Fait non moins capital, à mesure que les peuples se lièrent par l'échange ils éprouvèrent un sentiment nouveau, celui de la sécurité de la vie matérielle. Alors que le commerce n'existait pas ou qu'il se trouvait encore pour ainsi dire dans l'enfance, ils étaient à la merci des disettes et des famines et l'histoire est là pour attester les souffrances horribles qu'elles leur firent fréquemment endurer. Aujourd'hui il ne saurait en être de même, parce que les peuples ont la précieuse ressource de l'échange et que si, par suite de mauvaises récoltes, la disette s'étend sur un pays, les soins du commerce y font immédiatement affluer des contrées voisines les denrées qui y manquaient.

De notre temps, c'est en commun que les peuples travaillent et jouissent. — C'est donc en commun maintenant que les peuples travaillent et jouissent. Une récolte exceptionnelle, de blé ou de vin, par exemple, ne profite pas seulement au peuple qui l'obtient, mais à tous, grâce à l'action du commerce qui en fait pénétrer les produits jusque dans les pays les plus éloignés. S'il s'agit, au contraire, d'une mauvaise récolte, les effets s'en font ressentir bien au delà du pays éprouvé, parce qu'il en résulte un renchérissement général des prix qui s'étend partout.

On peut faire les mêmes constatations pour les choses industrielles. Les mines de houille d'Angleterre, de la Belgique et de l'Allemagne sont d'une richesse très grande dont profitent, non seulement ces pays eux-mêmes, mais beaucoup d'autres contrées. Si elles venaient tout à coup à s'épuiser, le malheur n'atteindrait pas seulement l'Angleterre, la Belgique et l'Allemagne, mais tous les pays qui consomment de la houille. Si, au contraire, l'on venait à en découvrir de nouvelles, ce serait une bonne fortune générale, parce que plus de charbon se trouverait à la disposition des peuples. Ainsi et de plus en plus l'univers devient comme un vaste atelier où tous les peuples travaillent sans cesse les uns pour les autres. Des nuées de vaisseaux sillonnent les mers, d'innombrables trains de chemins de fer partent en tous sens pour porter en chaque point du globe les produits susceptibles d'y êtres utiles. Grâce aux inventions merveilleuses du télégraphe et de la télégraphie sans fil on sait à chaque instant ce qui se passe dans les contrées les plus reculées du monde et, pour la modique somme d'un sou, le prolétaire se rendant chaque matin à son travail lit, dans le journal de son choix, les nouvelles et les événements du monde entier.

Dans l'ordre scientifique, ce même caractère de communauté se révèle, si possible, à un plus haut degré encore. Gutenberg, Papin, Stephenson, Pasteur et mille autres, n'ont pas gardé pour eux, ni pour leur pays, leurs admirables découvertes dont a bénéficié l'humanité entière. La raison en est bien simple : c'est que les inventions humaines les plus merveilleuses se réduisent, en somme, tout bonnement à savoir mieux tirer parti des forces de la nature ou des propriétés diverses des corps. L'art merveilleux de la photographie, par exemple, n'est que le secret d'utiliser les propriétés chimiques de certains sels d'argent, tout comme les progrès inouïs de la navigation et des chemins de fer ont leur origine dans l'emploi intelligent de la force expansive de la vapeur. Et comme, dès que le moyen de s'en servir ou de les appliquer en est connu, les forces de la nature et les propriétés des corps peuvent être utilisées partout, il s'ensuit que toute invention, par le fait même qu'elle existe, tend à se répandre parmi tous les peuples, en un mot à devenir une invention humaine.

Mieux que cela, ce ne sont pas seulement les découvertes et inventions qui s'étendent partout, ce sont les inventions elles-mêmes qui, de nos jours, se font pour ainsi dire en commun. Le savant d'aujourd'hui, confiné dans son laboratoire, n'est pas, comme jadis, un isolé travaillant dans l'ignorance des efforts heureux de ses confrères étrangers ; grâce à la presse, rien ne lui échappe des tentatives, des essais et des découvertes scientifiques. C'est donc véritablement, pour les hommes de science, le travail en commun, l'effort d'hier facilitant l'effort d'aujourd'hui et préparant celui de demain ; la découverte à peine née et portée déjà par la presse scientifique dans le monde entier frappe l'esprit d'un autre savant et lui permet de réaliser enfin la grande invention qu'il avait vainement cherchée jusque-là.

Dans l'ordre purement intellectuel et moral, mêmes constatations encore : les œuvres littéraires des siècles passés sont l'héritage commun de tous les peuples qui, tout à leur gré, s'en inspirent et en nourrissent l'esprit de la jeunesse des écoles et des lycées. Les grands écrivains, ainsi que les grands philosophes et moralistes, exercent une puissante influence qui, loin de se borner aux limites de leurs patries respectives, s'étend partout où se trouvent des hommes qui pensent et dont l'âme s'émeut.

L'action collective des peuples a le même caractère. La Grèce héroïque, qui repoussa une invasion immense, la Suisse valeureuse qui sut conquérir l'indépendance et la liberté plusieurs siècles avant le reste de l'Europe, les Etats-Unis qui, au XVIIIe siècle, proclamèrent leur indépendance et luttèrent vaillamment pour la défense de leurs droits, la Révolution française qui proclama les « Droits de l'homme et du Citoyen » et combattit avec héroïsme pour la cause de la liberté, plus près de nous enfin, les Boërs qui apprirent à la vieille Europe tout ce qu'une poignée de braves peut faire pour la défense sacrée de la patrie : tous ces peuples n'ont pas eu le profit exclusif des exemples qu'ils ont donnés et l'humanité entière en bénéficie avec eux.

La solidarité humaine dans le passé et dans le présent. — On le voit, il y a donc désormais de plus en plus sur le globe une vie internationale, et cette vie internationale s'accompagne d'une éclatante solidarité, soit dans le passé, soit dans le présent.

Qu'on prenne dans le premier champ venu une simple poignée de terre : il n'est pas un de ces petits grains de poussière, pas une de ces petites pierres aperçues dans la main qui ne rappelle le labeur des aïeux. « C'est contre ces petits cailloux que le fer de leur charrue s'est tant de fois heurté et usé ; c'est parce qu'elle a été arrosée par leurs sueurs que cette terre est devenue fertile. Des générations entières de travailleurs se sont épuisées sur notre sol pour le défricher, l'assainir et lui donner sa fécondité dont nous jouissons, égoïstes que nous sommes, sans penser à ceux à qui nous la devons. Le blé dont nous faisons le pain, les légumes, les fruits, la multitude des plantes utiles, les animaux domestiques, compagnons de nos travaux et pourvoyeurs de notre table, tout cela a été conquis patiemment par nos pères dont nous sommes les heureux héritiers (1). »

A-t-on jamais songé aussi, en considérant le plus simple vêtement ou même le plus vulgaire ustensile de ménage, que c'est encore à ceux qui nous ont précédés dans la vie que nous sommes redevables de la longue série d'efforts persévérants, de procédés et de perfectionnements sans lesquels la fabrication de ces objets si utiles ne pourrait être si facile et si prompte aujourd'hui ?

Il est impossible de lever les yeux ni de faire un pas autour de soi sans rencontrer partout la trace des bienfaits des ancêtres. La civilisation et ses merveilles, les sciences, les lettres et les arts et leurs impérissables monuments, tout est l'œuvre lente et progressive des générations passées et notre seule gloire, comme notre devoir, sera d'ajouter quelque chose à ce trésor de l'humanité avant de le transmettre à notre tour à ceux qui le recevront de nos mains.

Même solidarité dans le présent, entre les contemporains. Chacun dépend de tous et de tout, « des

(1) A. Sève, *La guerre et la Paix*, p. 26.

autres locataires de la maison, des voisins immédiats, du quartier, de la ville entière ; que dis-je ? de la France, de l'Europe et des six parties du Monde, et du système solaire, et de l'Univers !

» Mes voisins peuvent mettre le feu ou avoir une maladie contagieuse. Un ingénieur imprudent peut faire crouler l'égoût qui porte mon pâté de maisons. Paris peut faire une émeute. Si les paysans de France sont ignorants, un plébiscite peut déchaîner sur moi ou les miens des coups d'Etat ou des invasions. Un incident de frontière peut faire éclater la guerre. Si les pèlerins de la Mecque sont malpropres, le choléra peut venir décimer mon pays et ma famille etc... etc... (1). »

Remarquons qu'il ne s'agit pas seulement de solidarité individuelle, mais aussi de solidarité générale et que les provinces entre elles, les Etats, sont solidaires les uns des autres.

Les villes tirent leurs subsistances des campagnes et les campagnes comptent sur les villes pour s'habiller, et se meubler. Les provinces, précisément à cause de la différence de leurs cultures et de leurs industries, ont besoin les unes des autres et entretiennent entre elles d'actives relations.

Il en est de même des Etats qui ne cessent de commercer entre eux. Chose curieuse, cette indépendance, cette solidarité, se manifeste même dans les efforts tentés parfois par certains peuples pour s'isoler et

(1) J. Izoulet, *La cité moderne*, p. 441 et 442.

s'individualiser. Telle nation, par exemple, imbue encore de préjugés vieillots, s'entoure de barrières prohibitives; non seulement ses nationaux en pâtissent parce qu'ils ne peuvent se procurer les objets ainsi frappés de droits surélevés, mais les nations voisines se voient contrariées dans leur libre expansion et souffrent de la mévente. Qu'une nation puissante et redoutable, se lance avec ardeur dans le militarisme et les armements insensés : elle ne nuit pas seulement à ses propres habitants qui se voient de plus en plus écrasés d'impôts, elle nuit aussi à tous les États voisins qui, par crainte et par souci de leur propre sécurité, en sont réduits à s'armer eux-mêmes afin de se tenir à l'abri de toute dangereuse éventualité.

Les peuples tendent donc à ne former qu'une seule famille. — Ainsi, par la force même des choses, les diverses nations tendent donc à former une seule société et l'univers à devenir un vaste atelier où tous les peuples travaillent les uns pour les autres. N'est-il pas évident, dans ces conditions, que leurs rapports ne sauraient être antagoniques et que le pacifisme s'impose à eux comme une nécessité, puisqu'il est précisément basé sur l'harmonie de leurs intérêts?

Exercices et devoirs. — I. Lecture. — *Solidarité des peuples dans le passé.* — Tous les biens dont vous jouissez aujourd'hui, vous les devez à l'effort héroïque des hommes qui vous ont précédés en ce monde : il n'y a pas sur votre table un fruit, un légume, un condiment, un vin qui n'ait pu être l'objet d'un brevet d'invention, d'un brevet d'importation et de cent mille brevets de perfectionnement. Vous remerciez la nature quand vous vous promenez dans un jardin magnifique; c'est à l'homme qu'il faudrait rendre grâces. La plupart des fleurs naturelles que vous admirez là sont de fabrication humaine; s'il en est quelques-unes auxquelles on n'ait pas travaillé, du moins s'est-on donné la peine de les aller chercher au bout du monde. Les céréales de la plaine, les arbres du verger, tout ce qui paraît sortir du sein de la terre, est importé, développé, perfectionné, amendé, métamorphosé par la main de l'homme. La forêt même est peuplée d'arbres que l'homme est allé prendre au delà des mers. Votre écurie, l'étable, la bergerie, la basse-cour, la chenil, fourmillent d'animaux plus ou moins exotiques mais tous domptés, apprivoisés, dressés, modifiés et comme pétris sur un modèle nouveau par les mains ingénieuses de l'homme. Je ne cite que pour mémoire les animaux féroces dont l'absence est encore un bienfait de nos devanciers. Ils ont trié soigneusement les dons animés de la nature, supprimant les espèces tout à fait incorrigibles, et tournant à notre profit le peu qui pouvait être apprivoisé.

Si vous jetiez un regard sur le vêtement qui vous recouvre des pieds à la tête (fussiez-vous habillé comme un pauvre), vous verriez que l'agriculteur, le filateur, le tisserand, le teinturier, le navigateur, le mécanicien, le tanneur, le tailleur, le cordonnier, le blanchisseur, le cartonnier, le chapelier, l'éleveur de vers à soie et vingt autres industriels exerçant des arts difficiles ou mêmes savants ont appliqué l'étude et l'expérience de cinquante siècles à la confection de votre modeste enveloppe. Le moindre clou de vos chaussures résume en lui la découverte du fer, l'exploitation des mines, la fusion du minerai dans les hauts-fourneaux, l'affinage de la fonte, les merveilles de la filière, la construction du soufflet de forge, le travail si rapide et si ingénieux du cloutier. Mille générations ont sué sang et eau pour produire cet ensemble fort laid, mais simple, commode et économique que l'ouvrier parisien achète au Temple contre son salaire de quelques jours.

Maintenant levez les yeux de dessus votre livre et regardez la chambre où vous êtes. Le géomètre, l'architecte, le terrassier armé de trois ou quatre outils dont le plus simple est un chef-d'œuvre, le carrier, le maçon, le charpentier, le tuilier, le plâtrier, le peintre et le chimiste qui lui fournit ses couleurs, le verrier, le vitrier avec son diamant qu'on est allé prendre au Brésil ; le menuisier, le serrurier (j'en passe et des meilleurs), ont dû mettre en commun une somme prodigieuse d'études continues et de labeurs accumulés pour vous loger le plus modestement du monde. Le moindre fauteuil plaqué d'acajou a coûté l'invention de la boussole, le perfectionnement de la navigation, la découverte de l'Amérique. Le vernis commun qui le couvre vous rappelle qu'on a planté la vigne, pressuré le raisin, livré le moût à la fermentation, distillé le vin dans un alambic et rectifié l'alcool où l'on dissout la térébenthine de Bordeaux colorée par le santal de l'Inde ou le carthame d'Egypte.

Edmond About.

II. **Devoirs de rédaction.** — 1° *Vous êtes allé à une foire dans une localité voisine. Ce que vous y avez vu et observé. Quelles réflexions avez-vous faites ?*

Nota. — On pourrait lire avec fruit aux élèves, sur ce sujet, une page intéressante d'Izoulet, empruntée à sa *Cité moderne* : « Les lieux déchange sont..... jusqu'à : siècles évanouis. » (page 196 à 198).

2° Montrez que les nations ne vivent pas isolées les unes des autres et qu'elles ont entre elles de nombreux rapports. Conclusion à en tirer.

3° De notre temps, la vie comporte plus de commodités, plus d'avantages que dans les temps anciens. Montrez que nous en sommes redevables surtout à nos ancêtres, mais que notre reconnaissance doit s'étendre à tous les peuples.

III. Devoir de l'élève Jean-Pierre (*Développement du 1er sujet*). — La semaine dernière, mes parents m'ont mené à la foire de la Saint-Martin à X ; mes parents voulaient y acheter leur provision annuelle de noix émondées, en vue de faire de l'huile.

Que de gens, que de voitures, que d'animaux j'ai vus dans cette journée ! Que de cris de volailles, de porcs, de veaux, de vaches, j'ai entendus ! J'en ai encore les oreilles toutes pleines ! Et que de marchands et de marchandises diverses à cette foire ! Mes yeux ne se lassaient pas d'observer : étoffes, rouennerie, laine, tricots, rubans, fourrures, chaussures, galoches, vaisselle, verroterie, ferblanterie, etc., etc., puis, sous la halle aux grains, blé, avoine, maïs, farine, son, pommes de terre, châtaignes, etc., etc., je crois bien que toutes les productions de la nature ou de l'industrie se trouvaient assemblées sous mes yeux.

J'étais émerveillé. Le soir, en m'en retournant, je ne pouvais m'empêcher de penser combien les hommes sont travailleurs et industrieux et combien l'échange et le commerce sont une merveilleuse chose ! Chez nous, par exemple, qui sommes cultivateurs, nous vendons quelques pommes de terre et du bétail et, grâce au commerce, nous nous procurons une infinité de produits dont il nous serait bien difficile de nous priver.

J'ai aussi mieux compris, depuis ce jour, que, sans même y penser, les hommes ne cessent de se rendre service mutuellement et qu'ils forment en réalité une vaste association qu'on appelle l'humanité.

CHAPITRE IV

LE PACIFISME ET LA CIVILISATION

Par l'adoucissement des mœurs les peuples vont à la paix. — Le pacifisme est la voie vers laquelle s'achemine lentement l'humanité à travers les siècles.

Mœurs cruelles des anciens. — Jadis, les hommes, encore plongés dans la barbarie, vivaient avec l'habitude de verser le sang. La moindre discussion dégénérait en querelle violente. Les historiens nous assurent que chez les peuples anciens, les Gaulois notamment, la fin d'un bon repas était fréquemment suivie d'altercations entre les convives et de combats singuliers. Le courage à se battre était regardé comme la qualité suprême ; un homme de valeur, c'était un homme maniant avec force et habileté l'épée ou la hache, au milieu des combats. Les plaisirs les plus vifs, ceux qui donnaient à tous le maximum d'émotion, étaient, à Rome, les jeux du cirque : luttes de bêtes féroces, combats de gladiateurs ou de bêtes féroces et de gladiateurs. Les combats de taureaux qui passionnent tant, même de nos jours les Espagnols, n'ont pas d'autre origine, de même que les combats de coqs, vivement goûtés dans certains pays du Nord.

Formes barbares de la justice d'autrefois. — La justice des peuples anciens était, elle aussi, imprégnée de sang. Une de ses formes préférées était le combat judiciaire : les deux parties en présence combattaient au bâton ou à l'épée et le vaincu était réputé coupable, car, croyait-on, la justice de Dieu avait prononcé.

Barbarie dans les mœurs de la famille d'autrefois. — Avons-nous besoin d'ajouter que la vie de famille se ressentait de ces mœurs violentes ? L'homme était le seigneur et maître sous la volonté de qui tout devait plier. Longtemps, le père eut le droit de vie et de mort sur ses enfants et, pour ainsi dire jusqu'à nos jours, l'extrême sévérité fut de règle avec eux. Laisser deviner qu'on n'avait point un cœur de pierre et qu'on était capable de ressentir la douceur des affections domestiques ou paternelles, c'était une insigne faiblesse dont il fallait se défendre comme d'un ridicule. Le catholique Blaise de Montluc, connu comme écrivain en même temps que pour les cruautés sans nombre qu'il commit pendant les guerres de religion, raconte quelque part dans ses *Mémoires* quelle douleur il conçut à la mort de son fils, succombé à l'âge d'homme sans avoir reçu de son père le moindre témoignage d'affection, mais seulement des paroles de dureté et de colère. La conscience du vieux gentilhomme était bourrelée de remords et il regrettait amèrement d'avoir sacrifié à cette coutume qui faisait de l'insensibilité et de la dureté paternelles un principe d'éducation.

La barbarie dans les religions anciennes. — Les religions des peuples anciens ne pouvaient manquer, elles aussi, de refléter la barbarie de l'époque ; aussi aimaient-elles le sang fumant des victimes qui, hélas ! n'étaient point toujours exclusivement des animaux ; maintes fois, en effet, eurent lieu des sacrifices humains, plus particulièrement agréables, croyait-on, à l'esprit des dieux et plus capables d'apaiser leur colère.

La guerre, survivance de la barbarie antique. — Aujourd'hui, nous nous croyons bien loin de ces mœurs sauvages et cruelles, et pourtant il nous en reste une survivance certaine, la guerre, dont le spectre, comme un cauchemar, est incessamment sous nos yeux. « Quand je songe seulement à ce mot, la guerre, a dit Maupassant, il me vient un effarement comme si l'on me parlait de sorcellerie, d'inquisition, d'une chose lointaine, finie, abominable, monstrueuse, contre nature (1). »

Le progrès des mœurs condamne aujourd'hui la guerre. — Sans doute la guerre pèse toujours sur les peuples comme une menace, mais c'est beaucoup, cependant, que nous sentions qu'elle n'est plus en harmonie avec les mœurs de notre temps et qu'elle soit, pour reprendre l'expression de Maupassant, « abominable, monstrueuse, contre nature ».

(1) MAUPASSANT, *Sur l'eau*.

Ce n'est point en un jour qu'on transforme le monde et il faut, pour aboutir, la longue patience des siècles. Qu'on en soit néanmoins bien persuadé, un moment viendra, peut-être plus proche qu'on ne pense, où le pacifisme supplantera enfin définitivement la guerre, pour le plus grand bonheur de l'humanité.

Le progrès des idées de justice et d'association présage aussi la paix. — Le progrès des mœurs, que nous venons de constater, n'est pas le seul indice que nous ayons de cet avenir souhaitable : l'extension grandissante des idées de justice et d'association en est un non moins sûr présage.

Autrefois — nous le rappelions plus haut — les procès et contestations se décidaient en champ clos et l'on s'imaginait naïvement que la force brutale et la violence, qui triomphaient nécessairement en cette occurrence, s'identifiaient avec la justice et le droit.

Autrefois, on se battait de château à château, de province à province, alors que de nos jours, plus rien ne subsiste de ces querelles d'antan, les localités et les provinces jadis ennemies étant actuellement solidairement groupées, fraternellement unies.

Ce qui s'est accompli déjà pour les individus et les provinces se réalisera certainement aussi pour les Etats et un jour viendra indubitablement où la procédure juridique sera enfin seule admise pour régler les différends internationaux. Ce jour-là sera l'aurore du bonheur des peuples.

Autrefois, rien n'était prévu pour conjurer ou pour solutionner les conflits du travail. Aujourd'hui, l'arbitrage industriel entre de plus en plus dans les mœurs de notre temps et des tribunaux de prud'hommes statuent sur les différends entre patrons et ouvriers.

Comme l'univers entier n'est, à un certain point de vue, qu'un immense atelier dont les divers peuples constituent, en quelque sorte, les ouvriers, il est naturel que les peuples se donnent enfin à eux-mêmes l'arbitrage proprement dit, avec des tribunaux chargés de statuer sur les différends susceptibles de se produire entre eux. Ce jour-là ils pourront, avec joie, briser les fusils, détruire les canons, brûler les vaisseaux de guerre, car ils n'auront désormais plus que faire de songer à s'entr'égorger.

Autrefois, chaque seigneur féodal avait ses péages, chaque province ses douanes, et seigneurs et provinces vivaient dans l'insécurité, parfois même dans la misère, parce qu'ils étaient dans l'ignorance de leur solidarité. Aujourd'hui que le morcellement féodal n'est plus, que péages et barrières féodales se sont évanouis comme un mauvais rêve, la vie publique est devenue meilleure parce qu'il y a entr'aide où jadis n'existaient qu'antagonisme et défiance. Un nouveau, un immense progrès s'accomplira encore lorsque les divers peuples du globe, et tout d'abord ceux de l'Europe, abdiqueront enfin leurs vieilles inimitiés et formeront une vaste union économique. Alors, ils se convaincront que la solidarité, élargie déjà de l'individu à la famille, de la famille à la localité et à la province, de la province à l'Etat, ne doit pas s'arrêter là, mais qu'elle doit enfin grouper les Etats entre eux ; l'humanité leur apparaîtra alors comme une immense association dont les membres, longtemps divisés et malheureux, par suite de leurs injustes méfiances et de leurs sottes rivalités, auront enfin trouvé le bonheur en se donnant la paix.

Autrefois, nos ancêtres vivaient désunis et étaient malheureux. De notre temps on apprécie de plus en plus les bienfaits de l'union. On ne se contente pas des groupements politiques, on a entrevu les bienfaits de l'association sous des formes variées : syndicats ouvriers, unions commerciales et industrielles, coopératives de production et de consommation, cartels, trusts, etc., groupent tous les intérêts communs. Or les peuples constituant, au fond, une seule association, pourquoi se priveraient-ils des bienfaits de l'union et se traiteraient-ils plus longtemps en antagonistes, en ennemis mortels ?

Remarquons que la pénétration réciproque des peuples se réalise de plus en plus intimement sous nos yeux. Autrefois, les peuples, privés de communications rapides, vivaient chacun chez soi, s'ignorant mutuellement. Aujourd'hui, la terre est sillonnée de toutes parts de nombreux chemins de fer et d'innombrables lignes télégraphiques et téléphoniques; les mers sont couvertes de vaisseaux établissant, eux aussi, d'incessantes communications entre les peuples. Ce n'est plus pour les peuples la vie claquemurée de jadis, mais la vie en commun, la vie internationale au vrai sens du mot avec de continuels voyages, des relations sans cesse croissantes et des mouvements importants de population émigrante.

Le pacifisme seul peut s'harmoniser avec cette vie nouvelle, parce que, seul, il est basé sur cette sympathie instinctive, sur ce besoin profond de sociabilité qui pousse les hommes les uns vers les autres et rapproche les peuples entre eux.

EXERCICES ET DEVOIRS. — **I. Pensée.** — *Je crois invinciblement que la science et la paix triompheront de l'ignorance et de la guerre ; que les peuples s'entendront, non pour détruire, mais pour édifier et que l'avenir appartiendra à ceux qui auront le plus fait pour soulager les maux de la triste humanité.*

LOUIS PASTEUR.

Nota. — Il ne sera pas sans intérêt pour les élèves de leur faire savoir, en leur expliquant ces belles paroles, qu'elles ont été prononcées par notre grand Pasteur, dans cette inoubliable journée que l'on a appelée son Jubilé et en présence, peut-on dire, de tout ce que la France et même le monde scientifique comptaient d'illustrations.

II. Devoirs de rédaction. — *1° Dites par quels moyens, autrefois, on rendait la justice. Réflexions que vous inspirent ces usages disparus.*

2° Montrez que les peuples vivaient autrefois isolés et que, de nos jours, ils vivent de plus en plus en commun. Réflexions.

3° Autrefois, autour de chaque seigneurie féodale, de chaque province, il y avait des péages ou des douanes qui actuellement, n'existent plus. Est-il résulté des inconvénients de leur disparition ? Ne serait-il pas désirable que, de même, les barrières commerciales existant autour de chaque État puissent disparaître ?

III. Devoir de l'élève Jean-Pierre (*Développement du 1er sujet*). — Autrefois, la justice ne se rendait pas comme maintenant. Au lieu de prouver par témoins ou par titres, comme nous le faisons de nos jours, on recourait aux « épreuves judiciaires », et notamment au duel judiciaire.

Les deux adversaires, armés de bâtons, parfois d'épées, combattaient l'un contre l'autre. Celui qui était vaincu était considéré comme coupable, car on supposait que Dieu ne pouvait pas laisser succomber l'innocent.

Ces pratiques judiciaires étaient bien naïves et bien barbares ; l'on a bien fait d'y renoncer et de recourir à nos codes et à nos lois.

Mais, quant aux peuples, c'est toujours la violence qui leur sert pour trancher leurs différends. Voilà ce qu'il faudrait aussi changer. Si se battre ne valait rien pour décider d'une contestation entre deux individus, se battre ne vaut pas davantage pour trancher un différend entre deux peuples.

CHAPITRE V

LES PRINCIPES DU PACIFISME

Les principes sur lesquels repose le pacifisme. — Respectueux de la morale, dont il n'est que l'application, d'accord avec le bon sens et la raison et conforme à la solidarité naturelle des peuples ainsi qu'aux tendances de la civilisation, le pacifisme peut se réclamer de principes incontestables que nous allons énumérer.

1° Le respect de la personne humaine. — On ne sera pas surpris que nous fassions figurer en première ligne le respect de la personne humaine. Le grand philosophe Kant l'a proclamé et démontré, la personne humaine a une valeur exceptionnelle; le respect de la personne de l'individu est le fondement de la morale proprement dite; le respect de la personne morale des peuples doit être la base de la morale des nations. De même que le meurtre individuel est un crime, sauf lorsqu'il a pour excuse la nécessité de la légitime défense, de même le meurtre collectif, soit la guerre, est aussi un crime, sauf lorsqu'il s'agit de repousser une injuste agression.

2° Extension des règles de la morale individuelle à la morale internationale. — Un deuxième principe du pacifisme c'est l'extension des règles de la morale individuelle à la morale internationale (1). Ce qui est bien ou mal dans la morale individuelle ne saurait changer de nature en passant dans la morale internationale. Le meurtre, déjà cité, qui est crime dans la morale individuelle, ne saurait devenir œuvre méritoire dans la morale internationale. L'attentat à la liberté individuelle, sévèrement condamné par la morale ordinaire, ne saurait être licite quand il s'étend à toute une province, à toute une nation. Le vol, qui est chose ignominieuse aux yeux de la morale courante, ne saurait être légitime quand il s'applique à tout un pays, ravi à ses possesseurs naturels. C'est donc la condamnation sans appel de la conquête et de l'annexion des vaincus.

3° Recours à l'équité pour le règlement des conflits internationaux. — Un troisième principe du pacifisme — et l'un des plus saillants — est de renoncer à la force et à la violence, au profit de la

(1) Rigoureusement, ce principe serait le principe unique du pacifisme, parce que, à y bien réfléchir, il englobe tous les autres. Toutefois, dans un but pratique et en vue de mieux faire ressortir l'extrême importance du pacifisme, nous avons cru préférable d'adopter la classification ci-dessus.

justice et du droit, pour le règlement des conflits internationaux. La force ne solutionne rien ; elle ne peut que faire des victimes et commettre des dévastations; les difficultés subsistent comme auparavant, et le droit seul, que préconise le pacifisme, est capable d'apporter une solution véritable. Si des malaises existent dans la situation de divers Etats de l'Europe, c'est la force, c'est la guerre, qui en sont les seuls auteurs responsables et il est réservé au pacifisme d'en entreprendre la guérison.

Tels sont, pourrait-on dire les principes dont s'inspire le pacifisme au point de vue spéculatif.

Au point de vue de l'action, le pacifisme préconise : 1° la vulgarisation de l'arbitrage international. — Mais le pacifisme n'est pas seulement une doctrine, il est aussi une méthode d'action. A ce point de vue, diverses fins entrent dans les principes du pacifisme :

1° Il préconise la vulgarisation de l'arbitrage, comme voie de règlement des différends internationaux. Sans doute, comme nous le verrons dans la suite de cet ouvrage, l'arbitrage ordinaire est loin d'être à l'abri de tous reproches et de tous inconvénients. Mais, dans l'état actuel de la civilisation et des rapports des peuples, il est néanmoins le mode le plus pratique de solutionner les difficultés qui se produisent entre les nations.

2° La création d'une organisation juridique internationale complète. — 2° Le pacifisme entend poursuivre, jusqu'à la réussite finale, la création d'une organisation juridique internationale complète comprenant un pouvoir législatif international, des codes, des tribunaux et un ensemble de sanctions propres à assurer l'exécution des décisions arbitrales prononcées.

3° L'adoption de toutes mesures de rapprochement entre les peuples. — 3° Le pacifisme favorise toutes mesures propres à rapprocher les peuples et à leur faire mieux sentir leur solidarité. Ainsi, par exemple, le pacifisme est favorable à la liberté commerciale. Le protectionnisme lui semble, non seulement une erreur, mais une doctrine anti-sociale.

Le pacifisme est également favorable à la disparition ou tout au moins à l'abaissement des droits de douane, à l'abaissement du tarif des taxes postales et téléphoniques, etc., à l'extension des moyens de communication, au développement des voyages, aux échanges internationaux d'enfants, aux échanges de maîtres ou de professeurs pour l'enseignement des langues vivantes, etc., etc.

4° Le développement de la pacigérance. — 4° Le pacifisme travaille activement au développement de la pacigérance, c'est-à-dire à la formation de groupements de peuples disposés à assurer le maintien de la paix, en intervenant à cette fin auprès des Etats qui voudraient la troubler, et en sollicitant ces derniers de recourir à l'arbitrage pour trancher les différends survenus entre eux. Jusqu'ici, les alliances de peuples se sont faites surtout en vue de la guerre, soit dans un but offensif, soit dans un but défensif ;

les alliances de pacigérance s'en distinguent nettement parce qu'elles ont pour but la paix, non seulement parmi les nations contractantes, mais encore parmi les non-contractantes, auxquelles on se promet de l'imposer, le cas échéant, par l'effet de tous conseils et médiations.

5° La limitation des armements et enfin le désarmement. — 5° Le pacifisme se préoccupe de préparer, aussi prochainement que possible, le désarmement général en commençant par la limitation des armements. Bien entendu, il ne saurait être question que d'une limitation d'armements ou d'un désarmement simultanés des diverses puissances. Le fait, pour un Etat, de s'inspirer uniquement de sa propre bonne foi, de l'honnêteté de ses intentions sans se soucier de l'attitude des Etats voisins serait une imprudence et une folie ; ce serait s'exposer ingénuement aux pires aventures et retarder même ainsi, par le facile triomphe des nations belliqueuses, le succès définitif de la paix. Comme les pacifistes l'ont maintes fois fait remarquer, comme M. Léon Bourgeois l'a dit excellemment lui-même, le désarmement ne saurait être qu'une conséquence, non une condition.

La réalisation d'un tel projet sera un événement mémorable dans l'histoire des peuples. Ce sera, en effet, la fin des lourds budgets de guerre, le signal des réformes sociales, différées, jusque-là, faute de ressources, et le commencement de la vraie civilisation.

On verra, dans la seconde partie de cet ouvrage que cette organisation est en train de se constituer, sans qu'on puisse encore, actuellement, préjuger le moment précis de sa réalisation définitive. Mais il nous faut auparavant, ayant étudié les principes du pacifisme, répondre aux calomnies perfides dont on s'est plu à l'accabler et jeter enfin un coup d'œil sur la guerre, qui est l'ennemie implacable du pacifisme.

Exercices et devoirs. — I. **Lecture**. — *La fraternité humaine*. — Un homme voyageait dans la montagne, et il arriva en un lieu où un gros rocher ayant roulé sur le chemin le remplissait tout entier, et hors du chemin il n'y avait pas d'autre issue ni à gauche ni à droite.

Or, cet homme, voyant qu'il ne pouvait continuer son voyage à cause du rocher, essaya de le mouvoir pour se faire un passage, et il se fatigua beaucoup à ce travail, et tous ses efforts furent vains.

Ce que voyant, il s'assit plein de tristesse et dit : « Que sera-ce de moi lorsque la nuit viendra et me surprendra dans cette solitude, sans nourriture, sans abri, sans aucune défense, à l'heure où les bêtes féroces sortent pour chercher leur proie ? »

Et comme il était absorbé dans cette pensée, un autre voyageur survint, et celui-ci ayant fait ce qu'avait fait le premier et s'étant trouvé aussi impuissant à remuer le rocher, s'assit en silence et baissa la tête.

Et après celui-ci, il en vint plusieurs autres, et aucun ne put mouvoir le rocher, et leur crainte à tous était grande.

Enfin, l'un d'eux dit aux autres... : « Mes frères, ce

qu'aucun de nous n'a pu faire seul qui sait si nous le ferons pas tous ensemble ? »

Et ils se levèrent et tous ensemble ils poussèrent le rocher et le rocher céda, et ils poursuivirent leur route en paix.

LAMENNAIS (*Paroles d'un croyant*).

II. Devoirs de rédaction. — *1° Résumez la lecture ci-dessus. Faites-en une application à la situation des peuples.*

2° On vous a parlé à l'école des principes du pacifisme. Dites ce que vous en avez retenu.

3° On vous a exposé en classe que les principes de la morale ordinaire doivent s'appliquer également aux rapports des peuples. Montrez, d'après ce principe, que les peuples doivent renoncer à la guerre.

III. Devoir de l'élève Jean-Pierre (*Développement du 1er sujet*). — On nous a lu, en classe, un intéressant apologue de Lamenais. Un voyageur, parvenu au sommet d'une montagne, trouva le chemin obstrué par un rocher qu'il ne put faire mouvoir. Il s'assit avec tristesse tout près du rocher.

Il survint ensuite divers voyageurs qui, tous, furent successivement impuissants à faire rouler le rocher. Mais une idée heureuse leur vint à l'esprit, celle de pousser tous ensemble l'énorme bloc. La pierre cédant enfin à leurs efforts, roula avec fracas au bas de la montagne et les voyageurs purent continuer leur chemin.

Comme ces voyageurs dont parle Lamennais, les peuples ont tout intérêt à s'unir pour agir en vue d'un but commun. Pour eux aussi, l'union fait la force. S'il me fallait citer un exemple, je rappellerais la construction coûteuse du canal de Suez. Un seul peuple n'aurait sans doute pas pu mener à bien cette œuvre difficile; en s'unissant ensemble, quelques-uns y sont sans peine parvenus.

Je pense que les peuples pourraient aussi s'entendre pour se défaire de la guerre. Ce serait un grand service qu'ils rendraient à l'humanité.

LIVRE II

Les calomnies contre le pacifisme.

CHAPITRE PREMIER

LE PACIFISME EST UNE UTOPIE. — RÉFUTATION

Objection : Le pacifisme n'est qu'une utopie. — La doctrine pacifiste a été l'objet de diverses calomnies. L'une des plus graves est que le pacifisme n'est qu'une misérable chimère, une pure utopie, belle assurément, mais qu'il sera toujours impossible de voir se réaliser jamais.

La lutte est la loi fatale des peuples (Objection). — La lutte, dit-on, est la loi fatale des peuples. Toujours ils ont lutté les uns contre les autres, ainsi que nous l'atteste l'histoire, et toujours ils lutteront. Ce qu'un observateur attentif pourrait constater avec certitude c'est, sur tout le globe, un effort de tous les peuples, pour accroître leurs moyens militaires de défense. Sans doute, l'on parle de la paix et jamais on n'en a tant parlé, mais en même temps on se hâte de construire des cuirassés et des canons perfectionnés. Tel est ce qui se passe en Europe et pour ainsi dire partout. Qu'on puisse déplorer de tels faits, c'est possible ; mais il faudrait être aveugle pour ne pas en être frappé. C'est donc vouloir s'enfoncer dans les pires chimères que de penser à organiser la paix, alors que jamais l'appareil de la guerre n'a été si formidable, que les canons et les fusils sont prêts à partir au moindre signal, que les casernes regorgent de millions de soldats et que d'autres millions d'hommes sont tout prêts à suivre les premiers et à se ruer dans la mêlée géante que tout le monde redoute et dont il n'est au pouvoir de personne de conjurer la menace.

Le pacifisme amènerait la ruine agricole et industrielle du pays (Objection). — A un autre point de vue, dit-on encore, le pacifisme est une utopie, un « mensonge » — pour reprendre l'expression de feu Ferdinand Brunetière — parce que sa réalisation supposée apporterait des troubles économiques profonds dans l'organisation sociale actuelle et que, par ses répercussions, elle y causerait des maux, des souffrances intolérables.

Telles sont les raisons pour lesquelles on prétend que le pacifisme n'est que chimère et utopie.

Réponse : Tous les progrès de l'humanité ont été par avance calomniés. Exemples. — Nous répondrons que cette accusation est absolument calomnieuse. Remarquons tout d'abord que c'est dans la règle que le pacifisme soit calomnié et traité d'utopie,

Jusqu'ici tous les progrès moraux accomplis par l'humanité, toutes les conquêtes de la civilisation ont été à l'avance décriés. L'esclavage, qui nous semble actuellement une montruosité, a été jadis considéré par l'humanité comme une institution sage et nécessaire dont l'abolition était à jamais impossible et, sur ce point, de grands et profonds philosophes, tels qu'Aristote, n'ont point différé d'avis. Plus près de nous et dans un autre ordre d'idées, les chemins de fer ont passé pour une invention presque diabolique qui, grâce à la fumée des locomotives, infecterait l'air et dessècherait la campagne sur tout le voisinage des lignes ferrées. Thiers lui-même, dont on ne saurait contester l'intelligence et le talent, s'éleva avec force contre la nouvelle invention, dangereuse, selon lui, attendu que, dans la traversée des tunnels, infailliblement tous les voyageurs périraient asphyxiés...

On pourrait écrire des pages et des pages sur ce thème facile des illusions des hommes et de leurs défiances injustes contre le progrès. Toujours ils l'ont calomnié et il ne s'en est vengé qu'en les accablant de ses bienfaits. Aussi a-t-on pu dire avec infiniment de bon sens, en parlant du problème de la paix : « Utopie d'aujourd'hui, vérité de demain (1). » Aujourd'hui, l'arbitrage est encore pour certains une nouveauté chimérique et dangereuse ; demain, il sera la vérité incontestable et incontestée,

(1) Frédéric Passy, *L'utopie de la paix*.

admise par tous, et l'on s'étonnera que l'humanité ait pu croupir tant de siècles dans l'infamie de la guerre et du militarisme.

Symptômes avant-coureurs de la Paix. — Sans doute, nous ne touchons point encore au but final et jamais les dépenses de guerre n'ont été plus formidables. Mais jamais aussi, et c'est un symptôme hautement significatif, les peuples ne se sont tant aperçu du poids écrasant des charges militaires et jamais leur pensée ne s'est arrêtée avec tant de complaisance sur les avantages merveilleux de la paix. Les gouvernements se font incessamment l'écho des préoccupations nouvelles et protestent à tout instant de la sincérité de leurs sentiments pacifiques. Guillaume II lui-même, dont on se rappelle les paroles belliqueuses sur « la poudre sèche et l'épée aiguisée », a cru à propos d'entonner à son tour son couplet en faveur de la paix, sa grande, son incessante préoccupation, a-t-il dit (1). Tout cela témoigne du travail profond qui se fait peu à peu dans les esprits. Si, au témoignage de La Rochefoucauld « l'hypocrisie est un hommage que le vice rend à la vertu », toutes ces démonstrations de paix des Gouvernements et des Rois sont une preuve manifeste qu'il y a quelque chose de changé dans le monde au sujet de la Paix et un aveu éclatant de l'importance considérable qu'elle ne cesse de prendre dans la conscience des peuples. Un petit prospectus pacifiste en 5 langues

(1) Discours de Strasbourg et de Colmar, à la suite des manœuvres d'Alsace-Lorraine de septembre 1908.

(italien, français, anglais, allemand et esperanto), distribué avec profusion au Pavillon de la Paix à Milan, lors de l'exposition de 1906, avait pour épigraphe ces paroles hardies : « Les peuples auront la Paix... quand ils la voudront. » Là, nous semble-t-il, est la vérité ; la Paix n'est plus un mythe insaisissable ; ce sera bientôt pour les peuples une réalité vivante.

Le pacifisme n'amènerait pas de ruine agricole ou industrielle. — On ne se méprend pas moins quand on prétend que le pacifisme est utopique et irréalisable, en raison des perturbations incalculables qu'il provoquerait infailliblement dans le commerce et l'industrie. Que deviendraient en France, nous dit-on, les 4 ou 500.000 hommes actuellement sous les armes et auxquels « il faudrait assurer des moyens d'existence » (1) ! Qu'on ne s'alarme point si vite ! La France ne serait nullement à plaindre si, au lieu de dépenser chaque année environ un milliard pour ses armées de terre et de mer ainsi que pour la réfection de son matériel de guerre, elle pouvait, non seulement réserver cette colossale somme pour des emplois plus vraiment plus utiles, mais, de plus, disposer de 500.000 travailleurs agricoles ou industriels très valides dont le militarisme la prive actuellement. Quant aux 4 ou 500.000 familles qui, à cause du service militaire, sont privées de leurs enfants pendant 2 ans et dont, beaucoup, pendant ce long laps de temps, se

(1) Ferdinand Brunetière, *Les mensonges du pacifisme*, (article de la *Revue des Deux-Mondes*).

saignent à blanc pour envoyer à leur « troupier » quelque argent indispensable pour suppléer à l'insuffisance du maigre frichti de la caserne, elles ne se désoleraient pas, on peut être sûr, si on leur rendait à toutes leurs enfants dont elles ne s'étaient séparées qu'à regret. Le « pioupiou » qui, jadis, labourait le sol ou martelait le fer dans le champ ou l'atelier paternels, reprendrait avec bonheur sa place à côté de son père ; les autres se livreraient de nouveau à leur ancienne profession et vivraient de leur travail personnel et productif au lieu d'occasionner à l'Etat et à leurs propres familles des dépenses ruineuses. Si l'on objecte que le grand nombre de demandes d'emplois qui se produiraient ainsi subitement amènerait de nombreux chômages parmi les postulants, nous répondrons que l'économie d'un milliard sur le budget de la France aurait pour contre-coup forcé un essor nouveau des affaires industrielles et commerciales, vu que les capitaux ont une tendance invincible à ne pas rester dans l'inaction et que corrélativement il en résulterait par conséquent une recrudescence des offres d'emplois, de telle sorte que l'équilibre tendrait rapidement à s'établir entre l'offre et la demande. Ce qu'il en résulterait d'une façon générale, c'est un accroissement progressif du bien-être et de la fortune publics, un milliard par an cessant d'être jeté dans le gouffre sans fond des dépenses improductives pour être employé désormais à accroître la somme des satisfactions utiles. Ajoutons, d'autre part, que la réduction et la suppression des armées ne se feront point d'une façon subite, sans aucune transition, mais petit à petit, au fur et à mesure des ententes internationales et que par conséquent il est visiblement chimérique de faire état des bouleversements économiques que pourrait entraîner, au premier moment, la brusque disparition des formidables armées actuelles.

On affecte aussi de craindre que la France agricole et industrielle ne soit à jamais perdue si elle ne continue point à se ruiner par le militarisme. Si l'on licenciait les armées on mettrait, hélas ! « à deux doigts de leur ruine les agriculteurs qui font l'élevage des 15 à 20.000 chevaux » indispensables à notre cavalerie actuelle. Et, chose plus grave encore, que ferions-nous des « millions de Français dont le principal moyen d'existence est de contribuer, dans leur spécialité, à l'entretien d'un contingent de 4 ou 500.000 hommes ». Ou encore, que ferions-nous « des ouvriers de nos arsenaux de Toulon, Brest, Lorient, Cherbourg, et Rochefort et de ceux du Creusot et de ceux des Forges et Chantiers de la Méditerranée, si l'on cessait demain de construire des cuirassées, des croiseurs et des torpilleurs ? La fabrication du drap de troupe fait vivre des millions de Français et pareillement la fabrication des chaussures pour nos soldats (1) ? » Ces craintes sont ridiculement utopiques, pour employer le terme dont on use volontiers vis-à-vis du

(1) Ferdinand BRUNETIÈRE, *Revue des Deux-Mondes*, article cité.

pacifisme. Quoique rentrés dans leurs foyers, où ils n'useraient plus ni drap rouge ou bleu, ni godillots, nos braves troupiers ne cesseraient point pour cela de porter des vêtements et des chaussures. Il est donc mal à propos de se désoler si vite sur le sort des fabricants d'étoffes ou de souliers. D'autre part, si nous ne fabriquions plus de canons, de fusils ou de vaisseaux blindés, nos capitaux ne resteraient pas enfouis au fond d'un bas de laine et notre milliard annuel nous servirait à entreprendre et à mener à bonne fin un grand nombre de travaux utiles, différés jusqu'ici faute d'argent, et qui profiteraient merveilleusement à l'industrie et au commerce. Il y aurait donc, non pas suppression d'activité, mais simple déplacement d'activité, réalisé dans l'intérêt général de la nation et de l'humanité.

Le pacifisme n'est donc nullement utopique. — On le voit donc, le pacifisme n'est nullement l'utopie qu'on semble redouter ; loin de préparer aux peuples d'amers désenchantements, il ne leur réserve que le bien-être et la félicité.

Exercices et devoirs. — **I. Lecture.** — *La vraie gloire se trouve dans la paix.* — Tout le genre humain n'est qu'une famille dispersée sur la face de toute la terre ; tous les peuples sont frères, et doivent s'aimer comme tels. Malheur à ces impies qui cherchent une gloire cruelle dans le sang de leurs frères, qui est leur propre sang ! La guerre est quelquefois nécessaire, il est vrai ; mais c'est la honte du genre humain qu'elle soit inévitable en certaines occasions. Ne dites point qu'on doit la désirer pour acquérir de la gloire! La vraie gloire ne se trouve point hors de l'humanité. Quiconque préfère sa propre gloire aux sentiments de l'humanité est un monstre d'orgueil, et non pas un homme; il ne parviendra même qu'à une fausse gloire; car la vraie ne se trouve que dans la modération et la bonté. On pourra le flatter pour contenter sa vanité folle; mais on dira toujours de lui en secret, quand on voudra parler sincèrement : « Il a d'autant moins mérité la gloire qu'il l'a désirée avec une passion injuste. Les hommes ne doivent point l'estimer, puisqu'il a si peu estimé les hommes, et qu'il a prodigué leur sang par une brutale vanité. »

FÉNELON.

II. Devoirs de rédaction. — *1° Est-il vrai que le pacifisme et l'arbitrage ne soient que de vaines théories et que c'est se faire illusion d'espérer qu'ils remplaceront un jour la guerre?*

2° On a prétendu que le pacifisme est un « mensonge » et que si, par impossible, il venait à être réalisé il causerait la ruine de beaucoup d'industries nationales, faisant ainsi beaucoup de mal au lieu de beaucoup de bien. Que pensez-vous de cette allégation?

3° En tête d'un prospectus pacifiste distribué au Pavillon de la Paix, à l'exposition de Milan (1906), on lisait cette épigraphe : « Les peuples auront la Paix... quand ils la voudront. » Appréciez cette pensée.

III. Devoir de l'élève Jean-Pierre *(Développement du sujet n° 2).* — On a prétendu que le pacifisme est un « mensonge » et que si, par impossible, il venait à être réalisé il causerait la ruine de beaucoup d'industrie nationales, faisant beaucoup de mal au lieu de beaucoup de bien. Je n'en crois pas un mot.

Sans doute, il y aurait bien des choses qui seraient changées. On ne ferait plus de canons, de mitrailleuses, de fusils, de cuirassés, etc. ; mais on ferait, avec l'argent devenu disponible, bien d'autres choses réellement plus utiles.

Je vais en citer des exemples. Notre voisin Léonard a son fils aîné au régiment. Comme il faut, de temps en temps, lui envoyer de l'argent, on réduit le plus possible les dépenses de la maison. Mlle Louise Léonard, qui a 17 ans, voudrait bien avoir une machine à coudre : elle attendra que son frère soit revenu du régiment. M. Léonard porte, le dimanche, un habillement un peu râpé et Mme Léonard aurait fort envie, vu le changement de saison, d'une robe neuve un peu chaude. Hélas! il n'y faut pas songer, le « gars » absorbant tout l'argent disponible du ménage.

Je pourrais faire des remarques analogues à propos de la commune, du département et de l'État qui, eux aussi, sont obligés de calculer avant de dépenser. Il y a notamment, à dix kilomètres de chez nous, un pont à construire sur le Rhône. Voilà bien plus de quinze ans qu'on parle de le faire et toujours on renvoie le vote à plus tard, tout bonnement parce qu'on manque d'argent et qu'on ne peut surcharger davantage les contribuables.

Si donc les peuples adoptaient définitivement l'arbitrage et supprimaient la guerre, il n'en résulterait point de mal pour l'industrie, considérée dans son ensemble. Toute la différence serait qu'au lieu de faire des choses inutiles ou des engins de mort, on ne ferait que des choses utiles. Tout le monde s'en trouverait mieux, à commencer par la famille de notre voisin Léonard qui en est réduite à se priver de bien des choses.

CHAPITRE II

LE PACIFISME EST UNE UTOPIE

(Suite et Fin)

Objection : Le pacifisme ne tient pas compte des spoliations commises au détriment des peuples. — Le pacifisme, prétend-on encore, est une utopie parce qu'il ne tient pas compte de la situation particulière des peuples et qu'il n'a pas de remèdes à leur offrir pour certains maux dont ils souffrent. Des siècles de guerres et de spoliations sans nombre ont fait, en effet, à l'Europe un legs d'iniquités dont il n'est point possible de ne pas se soucier.

Il ne s'agit pas de remonter le cours des âges et de demander à l'histoire, qui n'oublie rien, la longue énumération des attentats qui, durant la suite des siècles, furent commis contre la liberté des provinces ou celle des peuples. L'exhumation des iniquités passées serait sans grande utilité pratique, tant parce qu'il serait absolument impossible de vouloir réparer toutes les injustices des siècles écoulés que parce que le temps, ce grand consolateur des infortunes, a réussi assez souvent à les apaiser, parfois même à les faire oublier.

Toutefois, il reste des plaies qui sont cuisantes comme au premier jour et dont la cicatrisation ne saurait être espérée du temps. L'Irlande, conquise depuis des siècles, nourrit encore des ressentiments contre ses vainqueurs. La Pologne, démembrée depuis plus d'un siècle, se raidit pour ne pas mourir et résiste avec héroïsme aux tentatives faites pour la russifier ou la prussifier. L'Italie s'enflamme à la pensée de l'irrédentisme et brûle d'accueillir dans son sein ses frères restés encore sous le joug de l'Autriche. Le petit Sleswig, ravi au Danemarck par la Prusse victorieuse, souffre en silence la domination allemande et l'Alsace-Lorraine garde toujours dans son cœur le deuil de la France vaincue. Voilà des faits, pour se borner à quelques-uns seulement, qui s'imposent à l'attention générale et dont on ne saurait faire fi ; voilà, dit-on, pourquoi le pacifisme est utopique, attendu qu'il ne s'en préoccupe pas et qu'il n'a pas de solution à offrir. En attendant, les nations européennes toujours en expectative restent sur le pied de guerre et s'épuisent de plus en plus en armements ruineux.

Réponse : La guerre seule est responsable de la situation de l'Europe actuelle et ne peut rien pour la changer. — Nous répondrons que le pacifisme n'est pas responsable de la gravité de cette situation. Elle est l'œuvre exclusive de la guerre et la guerre, loin de pouvoir aujourd'hui la modifier d'une façon heureuse, ne saurait que l'aggraver par de nouvelles iniquités, par de nouveaux malheurs.

La question d'Alsace-Lorraine. Solutions proposées. — Nous nous bornerons, dans un but de simplicité et de clarté, à l'examen d'un seul exemple, celui de l'Alsace-Lorraine, certainement le plus inquiétant et vraiment l'un des plus intéressants à étudier.

Tout d'abord, en France, un seul moyen a paru possible pour obtenir la réparation du droit odieusement violé : une guerre de revanche qui, glorieuse, rendrait à la France l'Alsace-Lorraine et ses cinq milliards, et peut-être aussi, par surcroît, la rive gauche du Rhin, comme aux temps héroïques de la Révolution. Mais, s'il en advenait ainsi, c'est dans le cœur des Allemands que naîtrait le désir de la revanche et le différend, loin d'être définitivement réglé, resterait plus que jamais pendant.

Si, au contraire, la France était vaincue de nouveau, l'Allemagne exigerait sûrement de nouvelles provinces et de nouveaux milliards et ce serait entre les deux pays, plus encore que maintenant, une haine à mort. De toutes façons, une nouvelle guerre ne réussirait donc qu'à augmenter les inimitiés actuelles entre les deux pays.

La seule manière de ramener l'harmonie entre les deux nations consiste donc, comme le demandent les pacifistes, à résoudre le différend par des concessions réciproques, si dures qu'elles puissent paraître à l'une ou à l'autre des parties.

Comment et à quelles conditions serait réalisée cette réconciliation de la France et de l'Allemagne ? Diverses solutions ont été préconisées.

L'idée d'un plébiscite alsacien-lorrain a rallié des suffrages ; mais, vraiment, aurait-il une grande utilité aujourd'hui? C'est en 1871 qu'il aurait dû avoir lieu.

On a préconisé également la neutralisation de l'Alsace-Lorraine ; mais cette solution, tout en constituant une perte pour l'Allemagne, ne donnerait qu'une demi-satisfaction à la France.

On a songé, de même, à l'échange d'une colonie française contre la restitution, par l'Allemagne, de l'Alsace-Lorraine, notre ancienne province ; cette combinaison pourrait être acceptée, avec avantage pour les deux nations. Enfin, certains esprits ont eu l'idée d'un compromis assez ingénieux : l'abandon à la France de l'Alsace-Lorraine et, en compensation, la faculté laissée à l'Allemagne de coloniser la Mésopotamie. « Le travail allemand, dit le docteur Molenaar, aurait bientôt changé ce désert en pays fécond et l'empire ottoman y gagnerait même peut-être. En tout cas, la civilisation de l'Orient y gagnerait et les massacres arméniens et d'autres abominations cesseraient si une forte puissance était établie aux bords de l'Euphrate et du Tigre (1) ».

(1) Article de la *Patrie* (Munich 1904). Voir l'*Européen* du 10 novembre 1904.

Laquelle de ces diverses solutions convient-il de tenter de faire prévaloir ? Il importe peu, « tout est indifférent », selon l'expression du général prussien A von der Lippe ; une seule chose est nécessaire, comme nous le disions : réaliser l'entente, grâce à des concessions réciproques et « quelque grand que soit le sacrifice » (1).

Le XIVe Congrès universel de la Paix tenu à Lucerne du 19 au 23 septembre 1905, après avoir étudié avec attention cette question a, lui aussi, conclu dans le même sens (2).

(1) En Allemagne, l'élément militaire lui-même en est arrivé à reconnaître la nécessité d'un accord transactionnel pacifique entre la France et l'Allemagne. On lit notamment dans la brochure du général prussien A von der LIPPE, intitulée, *Autres temps, autres chemins* (Berlin, 1904, chez O. Salle, p. 45) :

« Je lisais récemment qu'une ligue franco-allemande s'est formée à Munich visant un rapprochement des deux puissances, basé sur des concessions réciproques. Quoi qu'on fasse, soit qu'on partage le pays d'Empire le long de la frontière linguistique en démantelant Metz, Thionville et le cordon des forteresses françaises près de la frontière, soit qu'on crée un Etat tampon — tout est indifférent — *mais ce qu'il faut absolument, c'est que les deux puissances fassent des concessions, quelque grand que soit le sacrifice.* »

(2) Voici un extrait du texte du vœu émis par le Congrès :

« Le XIVe Congrès universel de la Paix.

. . . .

« Emet le vœu que les Gouvernements français et allemand entrent en négociations et s'efforcent, par des concessions réciproques et au besoin par des compensations équitables, à établir entre les deux pays un régime de paix et de droit conforme tant à leur intérêt qu'à celui du monde civilisé. »

Cette proposition a été éloquemment soutenue par

Si cette entente patriotique était conclue, la réconciliation de la France et de l'Allemagne serait complète, car les deux pays ne sont divisés par aucune question vitale et leurs intérêts ne sont en opposition nulle part. Par suite la France et l'Allemagne pourraient, de concert, réduire leurs armements et leurs dépenses militaires et provoquer, par une entente avec les autres nations d'Europe, un désarmement progressif et général. Le règne ruineux de la paix armée serait fini et les divers peuples pourraient enfin appliquer à la réalisation des réformes sociales les sommes fabuleuses qui, jusqu'à présent, ont été gaspillées sans aucun profit en dépenses militaires.

Seul le pacifisme peut améliorer la situation de l'Europe. — Il est donc souverainement injuste d'accuser le pacifisme d'utopie en prétendant qu'il ne se soucie point des maux que les spoliations guerrières ont causés parmi les nations européennes et qu'il n'a point de remèdes à leur offrir pour faire disparaître le grave malaise dont elles souffrent. Tout au contraire, l'évidence montre à tous les yeux

M. Quidde, de Munich et par le vénérable pacifiste M. Frédéric Passy. A la fin de son allocution, prenant entre ses mains celles de M. Quidde, M. Frédéric Passy s'est écrié d'une voix très émue, aux applaudissements ininterrompus de l'Assemblée pleine d'enthousiasme :

« Que cette poignée de main que j'échange avec notre collègue Quidde soit le symbole de la réconciliation prochaine de deux peuples autrefois ennemis et désormais unis dans la paix et la fraternité ! »

que la guerre seule est responsable des iniquités dont le monde est désolé, qu'elle ne peut que les perpétuer et les accroître et que si les peuples veulent enfin chercher un adoucissement à leur situation, c'est uniquement vers le pacifisme qu'ils doivent lever les yeux.

Exercices et devoirs. — I. — **Le martyre de la Pologne.** — Au xviiie siècle, la Prusse, la Russie et l'Autriche se partagèrent la malheureuse Pologne, affaiblie par ses dissensions intestines et vaincue à trois reprises.

La Pologne prussienne fut particulièrement malheureuse. Mais, en dépit d'un siècle de persécutions, elle « s'entête à vivre, elle garde sa physionomie propre, elle maintient sa langue, ses traditions, sa culture. Elle a une âme pleine de souvenirs qu'il ne dépend pas d'elle d'abolir, on veut qu'elle sanctionne l'ingratitude de l'Europe par l'oubli d'elle-même, de ses grandeurs passées, des services qu'elle a rendus. Pour la germaniser, pour la convaincre de la supériorité de ses vainqueurs, on fouette ses enfants, on dépouille ses paysans de leurs terres, on leur interdit de construire des bâtiments de ferme, et si, dans leur héroïque résistance, ils dressent sur le sol natal des roulottes qu'ils habitent, on leur enjoint de n'y point faire de feu, on les condamne à y mourir de froid et de faim. Le président de la commune de Lindenbusch a envoyé à un paysan polonais la sommation suivante :

« Il résulte d'un rapport du gendarme du district que « vous avez installé un foyer dans votre demeure en « forme de voiture (wagennhœlichen) Comme lors de « votre installation, il vous a été interdit d'établir un

« foyer, je vous ordonne par la présente d'éloigner « immédiatement l'appareil de cuisson (*sic*) en question. « Si cela n'était pas fait dans les trois jours à partir de « la présente sommation, il vous sera infligé une « amende de 80 marks par application du § 132 de la « loi de police générale (1). »

Ces mesures de violence sont une honte pour la Prusse.

II. Devoirs de rédaction. — *1° Dans quelles circonstances l'Alsace et la Lorraine ont-elles été enlevées à la France ? Que pensez-vous de cette annexion et quelles en ont été les conséquences pour l'Allemagne et pour la France ?*

2° La France et l'Allemagne sont restées ennemies depuis 1871 parce que cette dernière a ravi l'Alsace-Lorraine à la France vaincue. Pensez-vous qu'une guerre heureuse pour la France, pourrait ramener plus tard l'harmonie entre les deux nations ?

3° La Pologne, vaincue et démembrée, il y a plus d'un siècle, au profit de la Prusse, de la Russie et de l'Autriche, s'efforce opiniâtrément de conserver sa langue et sa nationalité. On vous a parlé en classe des mesures de prussification prises récemment à l'encontre des Polonais par le gouvernement allemand. Que pensez-vous de ces mesures et de la résistance patriotique des Polonais ?

III. Devoirs de l'élève Jean-Pierre *(Développement du 1er sujet)*. — En 1870, la Prusse, confiante en son armée, désirait vivement la guerre avec la France. De son côté, Napoléon III la voulait aussi.

La guerre eut donc lieu et nous fûmes écrasés, trahis,

(1) Gabriel Séailles, *Courrier européen* du 25 janvier 1908.

vaincus. L'Allemagne, enivrée de sa victoire, exigea une rançon de cinq milliards et nous ravit l'Alsace-Lorraine.

C'était une grave injustice et une grosse faute. Prendre un pays malgré ses habitants est une chose barbare qui ne devrait plus se voir à notre époque de civilisation.

Nous souffrons depuis de longues années de notre défaite; nous avons dépensé et dépensons encore des sommes considérables pour être forts et nous tenir à l'abri d'une nouvelle attaque.

Mais nous ne sommes pas seuls à souffrir. L'Allemagne a augmenté ses armées pour devenir plus redoutable encore. Elle dépense en vue de la guerre plus d'un milliard par an et les contribuables allemands trouvent qu'une si grosse somme est bien dure à payer.

C'est là la punition de l'Allemagne. Bien mal acquis ne profite jamais, dit un proverbe. L'exemple de l'Allemagne prouve que ce proverbe est vrai pour les peuples comme pour les individus.

CHAPITRE III

LE PACIFISME EST LA NÉGATION OU TOUT AU MOINS L'AFFAIBLISSEMENT DU PATRIOTISME. RÉFUTATION.

Objection : Le pacifisme est l'affaiblissement du patriotisme. — Pour repousser le pacifisme, on a allégué qu'il est la négation ou tout au moins l'affaiblissement du patriotisme, cette vertu essentielle des peuples.

Or l'imputation est absolument calomnieuse et, tout au contraire, le pacifisme se concilie admirablement avec le patriotisme.

Distinction du patriotisme et du nationalisme. — Tout d'abord écartons de notre chemin le nationalisme, patriotisme cocardier et tapageur, qui n'est que la contre-façon du véritable patriotisme.

Le nationalisme est fait du mépris et de la haine des autres nations ; il consiste surtout à s'exagérer outre mesure la puissance et les vertus de sa nation et à rabaisser avec aveuglement celles des autres, à jalouser les peuples voisins, à se réjouir de leurs malheurs, à s'affliger de leurs succès et de leurs progrès, à rêver de s'enrichir de leurs dépouilles et de prospérer en les abaissant. Ce singulier patriotisme pousse aux pires aventures, expose à tous les risques, à tous les revers qui sont la suite inévitable des entreprises guerrières ; dangereux pour les nations voisines, il est néfaste pour le peuple même qui l'éprouve.

Le véritable patriotisme se concilie fort bien avec le pacifisme. — Remarquons ensuite que c'est bien à tort que le nationalisme prétend faire dériver le patriotisme de l'antagonisme naturel des peuples. Rien n'est moins exact qu'une telle affirmation.

Il est banal de faire observer que, de toutes parts, les individus sont groupés en familles, les familles en cités plus ou moins grandes et rapprochées, les cités en nations et que l'ensemble des nations constitue l'humanité. Il n'est pas moins superflu, non plus, de faire constater que, nulle part, les hommes ne vivent d'une vie isolée ; dans la famille, tous les membres agissent les uns pour les autres ; dans la cité et la nation, la vie n'est qu'un échange perpétuel de services ; dans l'humanité, il en est encore de même et les nations ne cessent d'entretenir entre elles des rapports constants, échangeant leurs produits, travaillant de concert à accroître le trésor de leurs connaissances, de leurs inventions et de leurs chefs-d'œuvre. Les nations tendent donc à former entre elles, comme nous l'avons vu déjà (1re partie, chap. III, page 26), une vaste association, pour ainsi dire une famille et, de même qu'on s'aime dans la famille ordinaire, dans la cité, dans la nation, pourquoi ne s'aimerait-on pas aussi dans l'humanité ? On comprend, certes, que le patriotisme commande d'aimer avant tout son pays, d'être fier de son patrimoine de qualités, de vertus, d'œuvres belles, grandes et glorieuses par lesquelles il s'est distingué à travers les siècles et qui lui ont fait sa place dans le concert humain, d'être prêt enfin soit à le défendre si jamais son existence était mise en danger, soit à contribuer obscurément soi-même à en accroître les ressources, les richesses et la réputation ; mais il convient de reconnaître que l'humanité n'est que l'association naturelle des peuples, que les bienfaits de la civilisation ont été dus à la collaboration de tous et que les nations sont faites, non pour s'entre-détruire et se haïr, mais pour s'entr'aider et s'aimer.

Le patriotisme est un sentiment relativement récent. — Le patriotisme, tel que nous l'entendons de nos jours est un sentiment relativement récent. L'antiquité ne l'a pas connu parce que, dans les temps anciens, la patrie n'était nullement ce qu'elle est pour nous aujourd'hui. Pour les citoyens de la Grèce ou de Rome, la patrie était une petite cité, bornée par son enceinte de murailles. Tous se connaissaient plus ou moins et délibéraient ensemble sur la place publique (1). Tout autre est la patrie moderne :

(1) L'Empire d'Alexandre le Grand et l'empire romain ne formaient pas véritablement des patries, car elles n'étaient point constituées par des nations homogènes et la plus grande partie de leurs provinces n'appartenait à l'empire que par force et pour avoir subi la loi du vainqueur.

c'est un corps très vaste où entrent des éléments divers, mais pourtant cohérents.

Ce que c'est que la patrie. Éléments dont elle est formée. — Au sens étymologique la patrie est *la terre de nos pères*. Elle suppose donc la communauté de territoire ; quand ce territoire forme un certain tout géographique nettement délimité par la nature c'est une excellente garantie d'homogénéité, par conséquent d'union et de force pour un peuple. Mais ce caractère n'existe pas toujours et n'est pas indispensable.

La communauté de race, quoique souhaitable, n'est pas non plus indispensable. Comme l'a fait observer Renan, on n'a pas le droit « d'aller par le monde tâter le crâne des gens, puis de les prendre à la gorge en leur disant : Tu es de notre sang, tu nous appartiens » (1) ni, inversement, de rejeter de la patrie des concitoyens qui, à en juger par leur aspect physique, appartiennent peut-être à telle ou telle race différente de la nôtre.

La communauté de langue est certainement un lien puissant et une grande cause d'union pour une nation. Pourtant, si « la langue invite à se réunir, elle n'y force pas » (2). La communauté de croyances, d'intérêts, de mœurs et de coutumes, de passé historique et de lois est, elle aussi, une cause désirable d'union, mais la condition suprême et indispensable entre toutes, c'est la communauté de sentiments et de

(1) Ernest RENAN, *Qu'est-ce qu'une nation ?*
(2) Ernest RENAN, *Qu'est-ce qu'une nation ?*

volonté. Quand on s'afflige des mêmes douleurs, des mêmes infortunes, quand on se réjouit des mêmes prospérités, quand on palpite aux mêmes souvenirs et qu'on s'éprend des mêmes espérances, quand la chose publique est vraiment la chose de chacun et de tous, quand on se sent tous prêts à se dévouer, s'il le fallait, pour le pays, on peut dire qu'on forme une seule nation, une même patrie, parce que le concert des volontés y existe et que les cœurs y battent à l'unisson. C'est ce qui a permis de considérer une nation comme une véritable personne morale.

Si la patrie est « là où on est bien ». -- La vraie patrie. — Si une nation est ainsi une âme, un principe spirituel, une individualité morale, si la généralité de ceux qui la composent sont animés des mêmes sentiments, émus des mêmes souvenirs, on comprend combien est blasphématoire cette prétendue maxime : « La patrie est là où l'on est bien. » Non, la patrie est là où ont vécu les ancêtres, où ont travaillé et sont morts nos parents, où nous sommes nés nous-mêmes et avons grandi, où nous avons éprouvé nos premières joies et goûté la douceur de vivre. D'autres pays peuvent être plus beaux que celui où nous avons vu le jour ; n'importe ! La petite ville ou le modeste village où s'est écoulée notre enfance ne nous deviendra jamais indifférent. Si, plus tard, les circonstances de la vie nous en éloignent, ce sera toujours avec un singulier plaisir que nous y reviendrons. Un instinct puissant nous y attache et il n'est pas jusqu'aux côteaux, jusqu'aux chaumières familières à notre enfance qui ne nous soient chers. Après une longue absence, la vue seule de la flèche du vieux clocher nous fait battre le cœur en nous annonçant l'approche du petit village aimé où dorment tant de souvenirs, où restent encore bien des amis d'autrefois, où nous avons rencontré nos premières et peut-être nos plus douces affections.

De même, telle ou telle autre nation peut être plus puissante, plus riche, plus influente ou plus célèbre que celle à laquelle nous appartenons. N'importe, c'est à notre propre nation que nous sommes instinctivement attachés. Si nous allons à l'étranger, nous avons bientôt la nostalgie de notre propre pays ; le drapeau national aperçu flottant à la fenêtre du consulat, une affiche de théâtre annonçant la représentation d'une pièce des auteurs de notre pays, la langue nationale entendue tout à coup en coudoyant, au milieu de la rue, des compatriotes inconnus rencontrés par hasard, cela suffit pour faire vibrer d'une façon intense le sentiment national, nous transporter, par l'imagination, dans le regretté pays d'enfance et nous faire souvenir que, selon la forte et célèbre parole de Danton « on n'emporte pas la patrie à la semelle de ses souliers ».

Si le pays auquel on apppartient a essuyé des revers et éprouvé des malheurs, ce n'est point une raison qui lui aliène notre attachement. « On aime, a dit avec âme Renan, en proportion des sacrifices qu'on a faits, des maux qu'on a soufferts ensemble. Un héritage de regretset de souvenirs douloureux vaut un héritage de gloire. Avoir souffert ensemble contribue autant à faire l'unité nationale qu'avoir vaincu ensemble, car la souffrance en commun unit encore plus que la joie. En fait de souvenirs nationaux, les deuils valent mieux que des triomphes, car ils imposent des devoirs et commandent l'effort en commun (1) ».

Un temps viendra — c'est l'absolue conviction des pacifistes — où les peuples comprendront que toutes les nations sont solidaires et que la guerre n'est qu'une criminelle folie, survivance odieuse des siècles de barbarie. Mais, pour le moment, hélas! elles restent sous les armes, s'épuisant en préparatifs de guerre immenses. Les patriotes veulent que les plus grands efforts soient faits pour garantir constamment la sécurité du pays et le mettre efficacement à l'abri de toute surprise, de tout danger.

Le pacifisme et la défense de la patrie. — Le pacifisme n'est nullement l'ennemi de ce militarisme défensif. Il convient de bonne grâce de la nécessité de veiller à la conservation nationale et de prendre toutes les mesures imposées par les circonstances présentes. Du moment que le service militaire, obligatoire pour tous, est une nécessité, il devient un devoir, et tout jeune soldat doit le remplir avec amour, avec courage, se tenant toujours prêt à toutes les éventualités, comme à tous les sacrifices. Ne faut-il pas que, le moment venu, chaque jeune citoyen prenne

(1) Ernest Renan, *Qu'est-ce qu'une nation ?*

allègrement sa part de la défense commune? Ses aînés, dont, maintenant, les cheveux blanchissent ou grisonnent, ont jadis fait le guèt à la frontière pour qu'il pût dormir en paix dans son berceau d'enfant; c'est son tour, à vingt ans, d'avoir l'arme au bras et de veiller, lui aussi, pour que la génération qui s'en va s'endorme calme et confiante dans la tombe des aïeux et pour que la génération qui arrive à la vie puisse grandir insouciante et heureuse.

Nos pères de la Révolution, dont le nom restera béni à jamais de tous les peuples parce qu'ils proclamèrent les « Droits de l'homme et du citoyen », donnant ainsi à l'humanité sa charte d'affranchissement et de liberté, nos pères de 1789 et de 1793 n'en étaient pas moins sincèrement attachés à leur pays; ils estimaient que

Mourir pour la Patrie
Est le sort le plus beau, le plus digne d'envie;

et, l'ennemi ayant envahi nos frontières, ils ne tardèrent pas à montrer, par leur héroïsme et leur vaillance légendaires, qu'ils savaient joindre la vertu de l'exemple à la force du précepte.

Nous, les pacifistes d'aujourd'hui, nous ne renions rien des sublimes enseignements de nos pères; quand nous nous étudions, est-il aucun de nous qui ne se sente au fond de soi des bouillonnements de cette bravoure qui fit la gloire de nos aïeux, de cette célèbre *furia francese* qui se manifesta avec éclat sur tant de champs de bataille de l'Europe? Nous est-il possible de relire les fastes de notre histoire sans qu'une émotion singulière nous fasse reconnaître qu'il y a toujours identité de nature valeureuse entre les Français d'aujourd'hui et ceux d'autrefois? Si donc nous sommes partisans déterminés de la paix qui, seule est conforme aux aspirations de l'humanité, ce n'est nullement que nous soyons hantés de la « peur de la guerre ». Les pacifistes ne sont point de ces gens au « type flasque », stigmatisés par Roosevelt comme dépourvus de toute énergie virile, prêts à subir des humiliations et à commettre des lâchetés. Ils préconisent et veulent la paix, mais ce n'est point parce qu'ils trembleraient à la vue d'une épée et qu'ils ne pourraient, sans défaillir, entendre le sifflement des balles ou apercevoir l'éclair des canons; si l'heure de l'épreuve suprême venait à sonner, les pacifistes, on peut en être sûr, feraient leur devoir de patriotes avec intrépidité.

Les pacifistes, en dépit de la haine qu'ils ont pour la guerre, ne vont point jusqu'à déconseiller la résistance à l'oppression et à l'invasion. Ils n'ont point honte de penser qu'il est beau pour un peuple de ne vouloir point mourir et de se défendre jusqu'au dernier homme contre ses agresseurs. En 1871, c'étaient Gambetta et les partisans de la « lutte à outrance » qui se trouvaient dans le vrai; qu'auraient fait les Allemands si les Français ne s'étaient point lassés de la lutte et si tout buisson, tout pli de terrain, tout mur, tout fossé avaient caché des patriotes décidés au sacrifice de leur vie? Les Boërs ont vaillamment montré ce que peut contre un ennemi victorieux une poignée de braves, et nous, Français de 1870-1871, incomparativement plus nombreux que les héros sud-africains, nous avons payé, de l'Alsace-Lorraine et d'une rançon de cinq milliards, notre défaillance de la dernière heure (1).

Pacifiste et patriote, c'est tout un. — Toute équivoque est donc dissipée, croyons-nous, entre le patriotisme et le pacifisme et nous pensons qu'il n'est pas de patriote sensé qui ne puisse et ne doive se ranger au pacifisme, quelle que soit l'ardeur de son attachement à la patrie.

Exercices et devoirs, — **Lecture.** — *L'amour de la France.* — ... Oui, nous aimons l'humanité ; mais nous croyons que, pour la bien servir, il faut bien servir, bien défendre et bien aimer d'abord notre pays — non pas seulement parce qu'il est la terre natale, le patrimoine des aïeux, mais parce que la France est un des plus puissants instruments de progrès, de civilisation et de justice qui aient jamais paru dans le monde.

Oui, à toutes les époques — c'est là la grandeur et l'originalité de sa magnifique histoire — elle a été l'initiatrice des pensées les plus généreuses, la bienfaitrice de l'humanité, le chevalier de l'Idéal. Le jour où cette pure lumière pâlirait, la conscience universelle serait obscurcie.

Préservons-là donc de toute atteinte; regardons tou-

(1) « La France en 1870 n'a pas *voulu*. Là est le vrai secret, non de ses premiers, mais de ses derniers échecs... »
Paul et Victor Margueritte, *Histoire de la Guerre 1870-71*, Hachette éditeur.

jours au-delà des frontières. Soyons toujours attentifs, vigilants et fiers.

C'est un grand républicain, un fils dévoué et enthousiaste de la Révolution française, en même temps qu'un fervent patriote, Edgar Quinet, qui a dit : « Si la France se fait cosmopolite, elle deviendra immanquablement dupe de tous les autres peuples.

Oui, restons avant tout patriotes, comme nos pères de la Révolution ; car travailler à maintenir ou à accroître la force et la gloire de la République française, c'est encore le plus sûr moyen, voyez-vous, de servir la cause du genre humain et du droit éternel.

Paul DESCHANEL (Discours prononcé le 6 octobre 1901, à propos de la remise d'un drapeau à des vétérans de 1870-1871).

II. Pensées. — *1° S'il est doux de mourir pour la patrie, il ne l'est pas moins de vivre pour elle, de lui consacrer son temps, ses forces et le meilleur de son cœur.*

MICHELET.

Nota. — L'explication de cette pensée a été demandée aux examens du brevet élémentaire en 1907, sous la forme suivante : Expliquez et développez cette pensée de Michelet : « S'il est doux etc... » Donnez la règle de conduite que vous en tirerez pour votre vie.

2° *La patrie est l'image agrandie du foyer domestique.*

II. Devoirs de rédaction. — *1° On vous a dit à l'école qu'il existe deux patriotismes : l'un qui procède de la haine des autres peuples et qui pousse à la guerre ; l'autre qui concilie l'amour de son propre pays avec celui de l'humanité. Quel est celui qui vous paraît devoir être choisi ?*

2° *Vous avez entendu émettre cette prétendue maxime :*

« La patrie est partout où l'on est bien. » Pensez vous qu'elle soit juste ?

3° Une vieille maxime dit : « Si tu veux la paix prépare la guerre. » S'appuyant sur cette maxime, on a prétendu que les pacifistes, qui rêvent le désarmement des peuples, en préparent l'écrasement, l'égorgement. Que pensez-vous de cette assertion ?

III. Devoir de l'élève Jean-Pierre (*Développement du 3ᵉ sujet*). — Une vieille maxime dit : « Si tu veux la paix, prépare la guerre. » Cette maxime n'est pas fausse : si un peuple se rend redoutable en accroissant ses armées et ses moyens de défense, les autres peuples n'oseront point l'attaquer et il aura la paix.

Cependant on n'a point tort, me semble-t-il, de prêcher la paix, le désarmement des peuples. Si tous les peuples s'inspiraient de ces idées, il n'y aurait plus de guerres.

La maxime : « Si tu veux la paix, prépare la guerre » ne doit donc pas toujours rester vraie. Tant que les peuples n'auront pas renoncé à s'entre-détruire, chaque nation fera bien de se tenir sur ses gardes ; mais ce n'est pas une raison pour que les peuples n'essayent pas de s'entendre en vue de la paix.

CHAPITRE IV

LE PACIFISME ET L'ANTIPATRIOTISME

Objection : Le pacifisme conduit à l'antipatriotisme et à l'hervéisme. — On a prétendu aussi, pour discréditer le pacifisme que, par ses tendances nettement internationalistes, il fait le jeu de l'antipatriotisme et de l'hervéisme et que, somme toute, il exerce donc une influence néfaste sur les esprits en qui il diminue l'attachement profond à la patrie. Ce n'est là ni plus ni moins qu'une odieuse calomnie. Entre les rodomontades périlleuses du nationalisme et les déclarations insensées de l'hervéisme, le pacifisme se contente de représenter la vérité, le bon sens et la sagesse. Depuis quand serait-il indispensable d'être nationaliste forcené pour aimer sincèrement son pays, sa patrie ?

Réponse : Au contraire, le pacifisme combat énergiquement l'antipatriotisme. — De même que le pacifisme s'élève vivement, ainsi que nous l'avons vu, contre le nationalisme, de même il condamne, non moins résolument l'antipatriotisme et l'hervéisme qui renient le devoir militaire et soutiennent avec impudeur qu'en cas d'agression étrangère, le devoir civique serait de faire crosse en l'air vis-à-vis des envahisseurs, de tirer sur nos propres officiers, de désorganiser la défense nationale en se mettant en insurrection et en décidant la grève générale. Comment ces rêveurs, ces déments, fils dénaturés à qui, grâce aux efforts des ancêtres, tout a été prodigué, même la liberté du blasphème, ne s'aperçoivent-ils point que leurs étranges théories sont destructives de l'existence nationale elle-même et qu'au milieu d'une Europe en armes et prête aux pires convoitises, il est nécessaire pour chaque peuple, nonobstant ses sentiments pacifiques, de rester sur le qui-vive et de tenir, lui aussi, « sa poudre sèche et son épée aiguisée », s'il ne veut point périr ?

Examen des arguments des antipatriotes. — Nous allons néanmoins passer en revue les théories des antipatriotes, car, vu le bruit qu'elles font et l'acharnement qu'on met à les répandre parmi le peuple, il importe de savoir au juste ce qu'elles sont et ce qu'elles valent.

Part de vérité dans leurs critiques. — Tout d'abord, commençons loyalement par reconnaître que tout n'est pas condamnable dans l'antipatriotisme et l'hervéisme. Lorsque Pierre Renaudel avoue que, s'il a des haines, « elles ne sont point pour les peuples qu'on mène à la guerre, sans qu'ils sachent pourquoi, mais pour tous ces autocrates qui disposent sans remords de la vie de leurs semblables, trouvant dans la guerre un moyen d'échapper au paiement des responsabilités réclamé par leur peuple » (1) ; lorsqu'il soutient que « les guerres ne sont la plupart du temps, qu'un exutoire par où l'on écoule le trop-plein de l'énergie des peuples » (1), lorsqu'il fait la critique du militarisme, se plaignant de l'incessante accumulation « des matériels de guerre pour qui (*sic*) les peuples sont écrasés d'impôts et des armées où vont s'engloutir, en même temps que les ressources, les meilleures forces vives des nations » ; lorsqu'il conclut enfin « que les gens du peuple » ne gagnent « aux aventures guerrières » que « la mort, les fièvres, les impôts à payer » (1), on ne peut guère le contredire, car ces allégations sont la pure vérité et les pacifistes ne se font pas faute de les répandre eux-mêmes.

Lorsque nous lisons dans l'*A B C du Libertaire*, que « la patrie a une signification... haute et profondément humaine », qu'elle est « la terre toute entière » et qu' « elle sera digne de ce titre, c'est-à-dire paternelle à tous, quand, à la suite des efforts dont le succès ne rentre pas, quoi qu'on en ait dit, dans le domaine des utopies, la terre tout entière sera régie par la justice » (2), nous ne nous récrions pas, mais à la condition expresse que l'on n'interprète pas abusivement ces paroles et qu'on les prenne,

(1) Pierre Renaudel, *Pour le socialisme*, Arguments page 94.

(2) Jules Lermina, *L'A B C du Libertaire*, publication de la colonie communiste d'Aiglemont (Ardennes), page 22.

non point comme une image exacte de la réalité actuelle, mais comme un simple souhait, une radieuse espérance pour l'humanité future.

Les mauvais arguments. — Ces réserves faites, passons à l'examen des arguments des antipatriotes.

1° Les travailleurs seuls peuvent se dire patriotes. — Certainement, l'un des plus curieux est celui par lequel ils tentent audacieusement de s'attribuer le monopole du patriotisme. « Le patriotisme vrai, disent-ils, le seul utile et actif, consiste à s'employer de son mieux, chacun selon ses moyens, à entretenir la vie commune, à améliorer les conditions de l'existence au sein de chaque nation.

» Les seuls qui aient le droit de dire qu'ils aiment leur pays, parce qu'ils le prouvent, ce sont ceux qui travaillent, ceux qui produisent. Le paysan qui laboure, l'ouvrier qui fabrique, l'inventeur, le savant, l'artiste qui créent du bien-être et de la beauté pour tous ; les révolutionnaires qui, par leur énergie, leur exemple, entraînent les foules timides à la conquête de plus de justice sociale, ne sont-ce pas, ceux-là, les vrais patriotes ?

» Mais ce patriotisme-là, n'est pas de commande, il n'est pas officiel, il n'est pas celui qu'on enseigne à l'école. Il n'est pas une religion ; il n'est ni un mensonge, ni un moyen d'asservissement. Etc, etc.. (1). »

(1) *Nouveau manuel du soldat*, la patrie, l'armée, la guerre, 13e édit., p. 5. (Brochure antimilitariste éditée par la Fédération des Bourses du travail de France et des colonies).

La réponse est toute simple : Il est inutile, en l'espèce, de faire un tel déploiement de rhétorique anarchiste ; personne ne doute, en effet, que le travail ne soit un devoir essentiel du patriote. Enrichir, embellir la demeure commune, la patrie, c'est évidemment fort bien et les travailleurs manuels ou intellectuels ont droit sans conteste à la reconnaissance de tous. Mais pourquoi serions-nous coupables de nous attacher à ce pays fécondé par notre sueur et de repousser vaillamment ceux qui voudraient nous en dépouiller ? Pourquoi devrions-nous faire « crosse en l'air » devant l'envahisseur et nous employer à abattre de nos mains notre propre gouvernement et à paralyser la juste défense de notre armée, seul obstacle qui puisse s'opposer aux dévastations de l'ennemi, à notre défaite, à notre servitude ? Lorsqu'un cambrioleur s'introduit, pour y opérer, dans le domicile d'un citoyen, la règle est-elle de blâmer ceux qui spontanément courent sus à l'intrus et n'est-il point licite de résister à qui veut piller et dépouiller ?

Voilà seulement ce qui est en cause, et la singulière attitude de l'anarchisme est ici, on le voit, un audacieux défi au plus vulgaire bon sens.

2° La patrie n'est qu'un mot. — Les antipatriotes ne se piquent pas de logique ; après avoir soutenu qu'eux seuls sont patriotes, ils proclament que la « patrie n'est qu'un mot » (1) que, du reste, la Révolution française a été destructrice de l'idée de

(1) *Nouveau manuel du soldat*, p. 7.

patrie, qu'enfin toutes les patries sont méprisables parce qu'elles se targuent de mérites qu'elles n'ont pas et que, somme toute, s'il fallait de toute force en choisir une, la patrie ne saurait être que là où l'on vit heureux.

Or, il n'est point exact que la patrie ne soit qu'un mot, puisque, selon l'étymologie elle-même et la vieille définition traditionnelle, elle est la « terre des pères », où sont ensevelis les aïeux et que, à la considérer seulement dans le présent, elle est une vaste association, une petite humanité, au sein de laquelle nous travaillons les uns pour les autres, dans le but d'améliorer le sort commun et de nous rendre à chacun la vie plus tranquille, plus douce et plus belle.

3° La Révolution française a été destructrice de l'idée de patrie. — Il n'est point vrai, non plus, que la Révolution française se soit attaquée à l'idée de patrie. Les révolutionnaires se faisaient gloire, au contraire, d'être des patriotes et l'histoire est là pour attester qu'ils savaient mourir héroïquement pour leur pays. Quand, après avoir rappelé cette parole de Camille Desmoulins : « Il faut repousser les barrières de la Révolution, jusqu'aux extrémités du monde », l'antimilitariste E. Girault ajoute : « Ce qui prouve qu'il y a déjà plus d'un siècle on reconnaissait l'absurdité de l'idée de patrie » (1), il fait donc, sciemment ou inconsciemment, mentir odieusement l'histoire et, d'une pensée quelque peu ampoulée, selon

(1) E. GIRAULT, *La crosse en l'air*, brochure antimilitariste p. 4.

le ton de l'époque, signifiant simplement qu'il fallait porter la liberté chez les divers peuples encore opprimés par la tyrannie des rois, il a fait, à tort, un blasphème contre la patrie, sans penser que la patrie était pour les hommes de la Révolution une chose particulièrement sacrée.

4° La meilleure patrie. — Il n'est point vrai davantage que toutes les patries sont méprisables parce qu'elles font faussement miroiter aux yeux des avantages ou des mérites qu'elles n'ont pas, se vantant « de détenir à l'heure actuelle, le maximum de liberté, de bien-être, de science, de justice, de progrès » (1).

En fait, l'on aime son pays, sa patrie, non point pour ce motif de vanité plus ou moins fondé, mais tout bonnement parce qu'on y est né et qu'on y a grandi, de même que nous aimons notre père et notre mère, non point parce qu'ils sont le plus bel homme et la plus belle femme du monde, mais tout simplement parce qu'ils sont *nos* parents et que c'est à eux que nous sommes redevables de la vie et des bienfaits dont nous avons profité dans notre enfance.

Il a donc tort, l'auteur anarchiste que nous citions, d'ajouter : « Entendez les ignorants ou les canailles :

« La France est le pays le plus libre du monde.

« Ça n'est pas vrai. Pas plus que l'Angleterre, du reste.

(1) E. GIRAULT, *La crosse en l'air*, p. 4.

« Il y a en France des libertés qu'il n'y a pas en Angleterre, et en Angleterre, des libertés qu'il n'y a pas en France. Toutes les nations ont leurs lois scélérates et draconiennes avec leurs libertés publiques, même la Russie, même la Turquie, n'en déplaise aux partisans des « meilleures patries » qui en parlent sans rien connaître de l'ethnologie, ni de l'anthropologie ; mais aucune ne possède la plus grande somme de liberté et de bien-être qu'elle pourrait posséder... (1) »

Il a tort, disons-nous, parce qu'il fait état d'un argument inexistant.

Qu'en fait on soit instinctivement porté à apprécier avec complaisance les avantages ou les mérites propres de sa patrie à soi, de même qu'on prête volontiers à ses propres parents des qualités qu'ils n'ont peut-être pas toujours au degré supposé ; que l'on soit fier, si l'on est Français, du beau passé de la France et de la grande part qu'elle a prise à la conquête des libertés publiques, il n'y a là rien que de très humain, de très naturel. Mais c'est évidemment absurde de rejeter l'idée de patrie sous le singulier prétexte, que chaque patrie, considérée isolément, ne saurait être la meilleure de toutes.

Quant à prétendre que la patrie est là où l'on vit heureux c'est montrer un étrange détachement de cœur. Renie-t-on ses parents s'ils tombent dans le malheur ? Est-il beau de se détourner d'eux s'ils ont

(1) E. GIRAULT, *La crosse en l'air*, p. 4.

besoin d'aide et d'affection ? N'est-ce pas, au contraire, en de telles circonstances, le moment de leur montrer qu'ils n'ont point élevé des ingrats et que l'on sait se souvenir des bienfaits jadis reçus? Il en va de même de la patrie. Ce n'est pas lorsqu'elle a été écrasée, pillée, rançonnée qu'il faut la dédaigner et se demander si l'on ne pourra, hors d'elle, jouir plus égoïstement de la vie. Une telle conduite serait honteuse. Il est du devoir de chacun de faire tous ses efforts pour que la patrie reprenne son ancienne prospérité, sa situation enviée. Le bonheur commun dépend de la coopération de tous. La devise qui s'impose n'est pas : « Chacun pour soi », mais « chacun pour tous, tous pour chacun »

5° La patrie n'est que le groupement des propriétés. — On a dit encore que la patrie n'est que « le groupement des propriétés » (1) et que « les ouvriers n'ont pas de patrie » (2). Ce sont là deux blasphèmes.

Sans doute, la patrie comprend le « groupement des propriétés », mais elle comprend surtout autre chose : la communauté de passé historique et de langue, une certaine similitude de caractère, de goûts et d'intelligence, un trésor commun de libertés lentement conquises et de gloires diverses, enfin, pour tout dire en un mot, le sentiment d'une sorte de

(1) Jules Lermina, *L'A. B. C. du Libertaire*, p. 20.

(2) « Les ouvriers n'ont pas de patrie. On ne peut leur ravir ce qu'ils n'ont pas. » (*Manifeste du parti communiste*, par Karl Marx et Friedrich Engels, édition française, p. 40.)

parenté unissant intimement tous les enfants d'une même contrée et leur donnant un caractère commun, par quoi se révèle nettement leur nationalité.

Nous sommes pour ainsi dire les enfants de notre sol qui influe, à la longue, sur notre état physique, nos qualités corporelles, intellectuelles et morales. Est-il nécessaire, vraiment, de faire remarquer, par exemple, que le ciel embrasé de l'Egypte où de la Libye, l'atmosphère enchanteresse et alanguissante de Naples, les salubres et fertiles montagnes et côteaux de la France, les plaines basses de la Belgique et de la Hollande, les brumes de l'Angleterre, les froids brouillards de la Sprée, les plaines désolées et glacées du Nord de la Russie ne sauraient exercer sur l'organisme humain une action identique ? Si l'on tient compte, en outre, des facteurs puissants que sont le temps et la race, qu'y a-t-il d'étonnant à ce que les nations constituent des individualités ethniques nettement caractérisées, à ce que les citoyens d'une même contrée puissent se considérer comme appartenant à une même famille, à une même patrie ?

Remarquons que l'expression est même moins figurée qu'il ne semblerait au premier abord. Les familles, pour peu qu'on remonte seulement à quelques générations, s'enchevêtrent, se mêlent, se croisent, de sorte que, sans qu'on y prenne garde le moins du monde, bien des individus d'une même localité, d'un même pays, ont entre eux des liens insoupçonnés de lointaine parenté. Tel où tels membres d'une famille ont prospéré, brillé, se sont enrichis; tels autres ont décliné, sont tombés de l'opulence dans la misère; après quelques générations, le souvenir des ancêtres communs s'est évanoui et tel « trimardeur », plein de fiel et de haine contre la société, qui croit n'avoir rien de commun avec « l'infâme société bourgeoise et capitaliste » contre laquelle il vitupère, ne se doute pas qu'il a dans les veines le même sang que tel « bourgeois ventru » dont, ce matin, sur la route, le carrosse l'a éclaboussé ou couvert de poussière. Si l'on dressait les arbres généalogiques des familles d'un pays, que de parentés curieuses ils nous révèleraient, que de surprises ils causeraient, et combien ils aideraient à comprendre que, malgré les différences inévitables de richesse ou de situation, les habitants d'une même nation ont des raisons de se considérer comme des frères!

Le « groupement des propriétés » n'est donc pas ce qui constitue essentiellement la patrie. Un Français, un Anglais, un Allemand, un Italien, se distinguent facilement à l'étranger avant même que, par leur langage, ils aient fait soupçonner leur nationalité, et cette distinction n'a rien à voir, comme bien on pense, avec le « groupement des propriétés » ; elle provient uniquement de cette empreinte spéciale que reçoivent à leur insu tous les enfants du même pays et par laquelle se révèlent ainsi les différentes nationalités.

6° Les prolétaires n'ont pas de patrie. — On

voit combien, d'autre part, il est absurde de soutenir que « les ouvriers, les prolétaires n'ont pas de patrie ». Riches ou pauvres, tous les hommes ont une patrie, comme tous ont eu des parents, une famille.

Les prolétaires ont peut-être une raison spéciale de ne pas renier la patrie, car, visiblement, elle a été leur nécessaire bienfaitrice.

Dans la civilisation actuelle, nous travaillons tous les uns pour les autres et, selon un vers célèbre,

Nul ne peut se vanter de se passer des hommes.

Toutefois, si certains pouvaient, avec quelque apparence de raison, affecter des airs d'indépendance vis-à-vis de la société et de la patrie, ce seraient peut-être les « bourgeois » et les « riches », s'ils se targuaient de ne devoir qu'à la munificence de leurs parents tous les bienfaits qu'ils ont reçus avant de parvenir à l'âge d'homme.

Mais, pour les « prolétaires », il n'en est pas de même et la société, la patrie tutélaire, a dû veiller avec sollicitude sur leur berceau et leur jeunesse. Est-ce pour les demoiselles de la haute bourgeoisie qu'on a créé les secours aux filles-mères et l'inspection des enfants du premier âge? pour les « ventrus et les repus », qu'on a organisé l'instruction gratuite, les cantines scolaires, les bureaux de bienfaisance et d'assistance, l'admission gratuite des indigents dans les hôpitaux, l'assistance médicale gratuite, l'assistance aux vieillards, etc., etc...? L'enfant du prolétaire ne doit donc pas seulement de la reconnaissance, une très grande reconnaissance, à ses parents qui peinent et se privent pour lui, mais aussi au pays où il grandit, à sa patrie qui, elle aussi, l'a entouré de sa sollicitude et de ses soins. Ah ! sans doute, les lois sociales ne sont pas parfaites et l'on peut assurément rêver une patrie encore plus généreusement secourable aux travailleurs, aux prolétaires ; mais est-ce une raison pour répondre par de la haine aux bienfaits déjà reçus ?

7° Nous aimons notre patrie puisque nous les aimons toutes. — Les antipatriotes prétendent encore qu'on a tort de leur faire grief de s'élever contre la patrie, attendu qu'ils aiment toutes les patries. « Il faut aimer votre pays, dit-on, répète le *Nouveau Manuel du soldat*. Mais ne l'aimons-nous pas, puisque nous voulons le bonheur par l'entente de ceux qui l'habitent, comme nous voulons le bonheur par l'entente de ceux qui habitent au delà des montagnes, des fleuves, des mers ? Ne l'aimons-nous pas, puisque nous aimons même ceux qui habitent autour de lui, dans les pays qui se différencient du nôtre par le langage, les mœurs, les coutumes et les climats (1) ? » Du reste, la patrie, au sens bourgeois du mot, est-elle autre chose que de « l'égoïsme national, qui tient éloignés les peuples, en les enfermant dans les rêves d'un chauvinisme outrancier (2) ? » La vraie « patrie est plus large et s'ap-

(1) *Nouveau manuel du soldat*, p. 4.

(2) Pierre Renaudel, *Pour le socialisme, Arguments*, p. 91.

pelle l'humanité ». Pourquoi, dès lors, ne serait-il point permis aux ouvriers de toutes les nations de se « tendre fraternellement la main par-dessus les frontières », puisque tous sont « rivés indistinctement à la même chaîne de misères » ? (1) Les ouvriers, ainsi, ne feraient que ce que font les capitalistes, les bourgeois, qui menacent « chaque fois qu'on parle d'impôt sur le revenu, de faire passer leurs capitaux à l'étranger, pour éviter de participer aux charges fiscales de leur pays » (2). Elles aussi, « les religions ne font-elles pas abstraction des questions de nationalité ? Les ordres religieux, les congrégations, n'ont-ils pas le plus souvent leurs chefs à l'étranger ? Le clergé séculier français ne reconnaît-il pas pour chef suprême du catholicisme un pape italien » ? Encore une fois, pourquoi se choquerait-on de l'internationalisme des ouvriers, pourquoi le vouerait-on à l'indignation, alors qu'on ne s'offusque nullement de l'internationalisme des capitalistes, des moines et des prêtres ?

Ne nous laissons pas éblouir par des mots et livrons-nous à un examen attentif de la question. L'internationalisme des congrégations et du clergé a toujours été considéré partout comme un danger au point de vue de la sécurité nationale ; ce n'est donc pas un argument à retenir. Quant à l'internationalisme du capital, il résulte un peu de la nature

(1) Pierre Renaudel, *Pour le socialisme*, Argument, p. 91.
(2) Pierre Renaudel, *ibid.*, p. 92.

des choses et il ne saurait être question de l'empêcher, pas plus qu'on ne peut sérieusement songer à empêcher le feu de brûler et l'eau de couler. La femme de l'ouvrier qui, en vue du repas de la maisonnée, achète à l'épicerie du coin un hareng de deux sous, un peu de riz, de café ou de sucre fait, elle aussi, de l'internationalisme puisque, grâce aux divers intermédiaires du commerce, elle envoie son argent à des producteurs qui ne sont point de son pays. Mais cet internationalisme, comme celui du capitaliste achetant des titres étrangers, n'est nullement à critiquer et plus la civilisation se développe, plus aussi s'accroît entre les peuples cette communauté des échanges et des capitaux.

Convenons même que la tendance générale de la civilisation est nettement internationaliste comme nous l'avons établi nous-même plus haut (voir livre Ier, chap. III, p. 26).

Ainsi cela est donc admis. La seule question pendante, c'est de savoir si l'on doit être attaché à son propre pays et si l'on doit être prêt, au cas où il serait attaqué, à se dévouer pour le défendre. Or, de même que nul n'hésiterait à s'opposer, fût-ce au péril de sa vie, aux entreprises de cambrioleurs ayant fait irruption dans le domicile familial, de même il est naturel pour un peuple de se défendre héroïquement contre d'injustes agresseurs. La couardise, la lâcheté, qui sont des vices pour les individus, ne sauraient être des vertus pour les peuples.

L'antipatriotisme est rétrograde et anti-social.

— Ajoutons qu'en excitant à la haine une certaine classe de citoyens contre les autres, les anarchistes font une œuvre rétrograde et anti-sociale. Nous disons rétrograde, parce qu'ils perpétuent les vieilles idées d'antagonisme qui firent le malheur des peuples dans le passé. Alors, en effet, que le voisin était nécessairement l'ennemi, alors qu'on pensait que le « malheur des uns fait le bonheur des autres » les peuples étaient en guerre perpétuelle et vivaient dans les larmes et la misère.

Les antipatriotes font une œuvre anti-sociale parce qu'ils font faussement accroire aux prolétaires que les intellectuels et les riches sont leurs ennemis-nés, qui ne sauraient être trop combattus, alors, au contraire, que le bien général des ouvriers ne peut résulter que de la collaboration intime du capital et du travail. En donnant aux individus « la conviction que leurs intérêts respectifs sont opposés et s'excluent, c'est-à-dire en leur laissant la haine au cœur, que font-ils, les antipatriotes, sinon de leurs propres mains, armer la haine et rendre la lutte plus atroce et plus forcenée ? Il n'est pas de pire folie que la leur (1). »

Qu'on estime que la société actuelle soit loin d'être parfaite et qu'on se montre ardent à la poursuite des réformes sociales désirées : rien de mieux. Mais il ne faut jamais perdre de vue que la haine, la grève générale et l'insurrection n'engendrent que des souf-

(1) D'après IZOULET, *La cité moderne*, p. 469.

frances, des crimes et des malheurs et qu'elles ne peuvent être, par conséquent, considérées comme des moyens d'amélioration sociale.

Enfin la duplicité préconisée par les antipatriotes est honteuse. — Enfin la duplicité recommandée comme un devoir strict aux jeunes soldats, la balle envoyée traîtreusement dans le dos des chefs, la crosse lâchement levée en l'air au-devant des armées ennemies envahissant le sol national, tout cela choque étrangement les natures droites, loyales et courageuses. La vie, certes, est bonne et souhaitable, mais à condition pourtant qu'on ne la vive pas avec le mépris de soi-même. De tous temps, la droiture et la loyauté ont été entourées de l'estime des hommes et ce ne sont point les basses excitations des antipatriotes de nos jours qui parviendront à transformer l'âme humaine et à lui ravir l'idéal sur lequel elle s'est toujours guidée.

Ajoutons que s'il fallait chercher autre part qu'au fond de soi des motifs de rester fidèle aux vieilles traditions de courage et de dévouement, il suffirait d'être attentif aux exemples que nous fournissent incessamment les animaux eux-mêmes. Ces « frères inférieurs » — comme on les a pittoresquement et justement appelés — n'ont nul besoin, pour nous servir de leçon, des inventions ingénieuses des conteurs et des fabulistes ; leur vie, toute simple et toute nue, parfois dramatique comme la vie humaine, est suffisante pour nous apprendre à vivre, dans la plus noble acception du mot.

Qu'on veuille bien nous permettre un court exemple. Un jeune moineau, « le jaune au bec, le duvet sur la tête », dit Ivan Tourguenef, était tombé du nid, tout près de « Trésor », le chien de chasse de l'illustre écrivain, « et se tenait tout coi, écartant piteusement ses petites ailes à peine emplumées ». Comme Trésor s'approchait, « tous les muscles tendus », du pauvre petit oiselet, « tout à coup, s'arrachant d'un arbre voisin, un vieux moineau à poitrine noire tomba comme une pierre, juste devant la gueule du chien ; et, tout hérissé, éperdu, pantelant, avec un piaillement plaintif, désespéré, il sauta par deux fois dans la direction de cette gueule ouverte et armée de dents crochues.

» Il s'était précipité pour sauver son enfant ; il voulait lui servir de rempart. Mais tout son petit corps frémissait de terreur, son cri était rauque et sauvage ; il se mourait, il sacrifiait sa vie.

» Quel énorme monstre le chien devait paraître à ses yeux ! Et pourtant il n'avait pas su rester sur sa branche, si haute et si sûre ; une force plus puissante que sa volonté l'en avait précipité.

» Trésor s'arrêta. On eût dit qu'il avait reconnu cette force. Je me hâtai, ajoute Tourguenef, d'appeler mon chien, tout confus et je m'éloignai, plein d'une sorte de saint respect.

» Oui, ne riez pas, c'était bien du respect que j'éprouvais devant ce petit oiseau héroïque... (1) »

(1) Ivan Tourguenef, *Petits poèmes en prose.* (Hetzel, éditeur.)

Ne rions pas non plus quand on parle de patriotisme et de dévouement à la patrie ; toujours il se trouvera des âmes valeureuses, prêtes à faire pour leur pays le sacrifice de leur vie au moment du danger et qui obéiront ainsi à une sorte d'instinct de leur nature. Toujours ces dévouements remueront les hommes, exciteront leur admiration et leur inspireront un « saint respect »... Il n'est pas près de se lever le jour où, selon le vœu des anarchistes, l'humanité ricanera de

Ceux qui pieusement sont morts pour la patrie.

Exercices et devoirs. — I. Lectures. — 1° *La guerre sainte.* — Lorsque l'étranger pousse ses canons sur la terre maternelle, lorsque le sabot de ses chevaux s'enfonce dans les sillons, lorsque sa torche incendie nos villages, lorsque les monuments de l'art s'écroulent sous ses projectiles, lorsque les femmes meurent par le fer et les enfants par la faim, oui, la guerre pour le foyer, la guerre pour la patrie, la guerre pour l'indépendance devient la guerre sainte. Alors l'arme de meurtre devient l'arme de justice, le glaive est sacré. Et même vaincus ceux qui combattent alors ce fier combat, ceux qui se plantent, fusil en main, devant la frontière forcée comme devant une mère insultée, ceux-là, fussent-ils écrasés, dispersés et battus, méritent la reconnaissance de l'histoire, car, ne pouvant sauver la liberté, ils sauvent du moins l'honneur.

J. Claretie.

2° *Les patries.* — Les patries ! Gardons, respectons,

soutenons ces organisations nationales qui sont pour nous, en l'état actuel de l'humanité, les formes nécessaires de la vie sociale. Songeons que la désagrégation des peuples de liberté, la déchéance des nations intellectuelles, amèneraient bientôt un régime d'autocratie barbare sur l'Europe latine, loin de préparer l'union des peuples libérés.

Les patries doivent entrer non pas mortes, mais vivantes, dans la fédération universelle. C'est par la vertu des peuples fidèles à leur génie, respectueux des autres, respectueux d'eux-mêmes que se réalisera un jour le rêve du vieux prophète d'Israël : « La maison d'Iaveh sera établie sur le sommet des montagnes et s'élèvera au dessus des collines. » Alors toutes les nations s'y rendront ; les peuples innombrables la visiteront, disant : « Montons à la montagne d'Iaveh, afin qu'il nous enseigne ses voies et que nous marchions dans ses sentiers. » Iaveh jugera entre les nations. Il jugera entre les peuples innombrables. De leurs épées ils forgeront des hoyaux et de leurs lances des faucilles.

Ce jour, quand il se lèvera, qu'il trouve la France n'ayant perdu ni son nom, ni le souvenir d'elle-même, ni sa puissance, ni son génie. Qu'il la trouve debout, le front ceint de la couronne d'olivier, armée et vêtue de justice et d'intelligence, fière d'être une bonne ouvrière et jalouse seulement de n'être devancée par aucune de ses sœurs sur les cimes radieuses de la concorde et de la paix.

ANATOLE FRANCE.

II. Pensées. — *1° L'humanité ne peut être conçue que comme une fédération de patries.*

2° A rebours de ce que pensent et proclament les inter-

nationalistes antipatriotes, c'est la patrie qui est le seul moyen d'arriver à une fédération internationale. La nation est la cellule du grand corps de l'Internation.

JULES BOIS.

III. Devoirs de rédaction. — *1° Vous avez entendu dire que « toutes les patries se valent. » En fait, est-ce vrai? D'autre part, aime-t-on sa patrie parce qu'elle est « la meilleure des patries » ?*

2° La France s'est distinguée entre toutes les nations par le grand rôle qu'elle a joué dans l'histoire de la civilisation et dans la conquête des libertés humaines. Vous direz ce que vous avez retenu des leçons qu'on vous a faites à ce sujet.

3° Pour bien aimer son pays, est-il nécessaire de haïr celui des autres? Comment entendez-vous la conciliation du patriotisme et de l'internationalisme?

III. Devoir de l'élève Jean-Pierre (*Développement du 1er sujet*). — J'ai entendu dire par des antipatriotes que « toutes les patries se valent. » C'est manifestement faux. Il est bien certain que tous les pays ne sont pas également riches, fertiles, ni également agréables à habiter. Leur degré de civilisation ou de liberté n'est point évidemment le même non plus. Si j'étais né chez les Cafres ou chez les Hottentots, ou même encore en Russie ou en Turquie, il est bien certain que je n'aurais vraisemblablement pas un si beau sort qu'en France.

D'autre part, si l'on aime son pays, ce n'est nullement parce que c'est « la meilleure patrie ». A ce compte-là, il y aurait trop de pays qu'il ne faudrait pas aimer.

On aime son pays parce que c'est naturel, instinctif.

C'est la même chose que pour les parents. J'aime bien mon père et ma mère, non pas seulement parce que je les trouve bons ou beaux, mais surtout parce que c'est à eux que je suis redevable de la vie et des mille choses dont je profite.

Je serais un ingrat si je n'aimais ni mes parents, ni mon pays.

CHAPITRE V

LE PACIFISME ET L'ANTIPATRIOTISME

(*Suite et fin*).

Arguments antimilitaristes contre l'armée : 1° Les soldats ne sont que des « brigands ». — Les antimilitaristes ne sont pas seulement les adversaires irréconciliables de l'idée de patrie : ils réservent pour l'armée et le service militaire la plus grosse part de leur haine. Pour Gustave Hervé nos soldats ne sont que des « brigands », au sens vulgaire du mot, des « cambrioleurs », des « détrousseurs ». Dans son n° 50 de la *Guerre sociale* (3 décembre 1907) il a consacré son article de fond à un parallèle entre trois cambrioleurs audacieux qui venaient de dévaliser récemment l'express de Toulouse et nos soldats alors envoyés au Maroc pour y faire respecter la France, outragée par l'assassinat d'un de nos nationaux, le docteur Mauchamp. Il établit « froidement » et avec détails que les « détrousseurs d'Etampes » valent mieux que « ceux du Maroc » ; quant à lui, il se sent « plus de sympathie » pour les premiers que pour les seconds.

Voilà jusqu'où vont les extravagances insensées des antimilitaristes ! Gustave Hervé préfère, place plus haut dans son estime, des « brigands », des voleurs, des assassins, que de loyaux soldats du pays qui vont risquer bravement leur vie pour l'honneur du nom français et simplement pour obéir à leur devoir ! C'est le comble de la démence.

2° Transformation des armées en milices. — Passons à des arguments un peu moins insoutenables. Les antipatriotes prétendent qu'il faut abolir les armées et s'en tenir, comme en Suisse, à de simples milices (1). Nous répondons que tous les hommes sensés souhaitent, comme les antimilitaristes, l'abolition des armées, mais qu'en l'état actuel de la situation mondiale, ce ne saurait être qu'un vœu actuellement irréalisable. Les armées sont, pour le moment, indispensables à la sécurité du pays ; les peuples sont si formidablement armés, les détails de la mobilisation ont été perfectionnés à tel point qu'une déclaration de guerre serait suivie d'une invasion foudroyante. Un pays qui n'aurait point, pour sa sauvegarde, une puissante armée, bien exercée et bien outillée, serait à la merci de ses ennemis. L'exemple de la Suisse n'est pas à retenir, attendu que la Suisse est garantie par son état de neutralité et encore a-t-elle néanmoins, ces dernières

(1) Voir notamment, *Pour le socialisme,* par Pierre Renaudel, p. 121.

années, accru, par mesure de précaution, la puissance de son organisation militaire.

On a allégué aussi qu'en cas d'agression étrangère, nous aurions la ressource suprême d'un soulèvement national et qu'avec de l'héroïsme, un peuple injustement assailli peut toujours repousser son agresseur. L'exemple de la Révolution n'est-il pas là, au surplus, pour confirmer l'exactitude de cette thèse?

Hélas! bien des choses ont changé depuis la Révolution et les exemples de la fin du XVIIIe siècle ont singulièrement perdu de leur valeur pour le nôtre. Ne nous lassons point de le répéter, les conditions de la guerre se sont totalement transformées et un peuple non préparé à résister serait envahi, battu, annihilé avant d'avoir pu organiser un soulèvement général, du reste d'une inefficacité certaine.

Ajoutons à ce propos que le soulèvement patriotique de 1792 et 1793 a été présenté, quant à sa vraie efficacité, sous des couleurs singulièrement trompeuses. La vérité est que nous aurions bel et bien été battus si nos ennemis n'avaient fait preuve d'une extrême lenteur qui permit à nos troupes improvisées de s'aguerrir et de devenir vaillantes et redoutables. La chose ne saurait être contestée aujourd'hui (1).

(1) Voir à ce sujet une intéressante et instructive étude : *Préparation au service réduit*, par le général LIBERMANN, étude parue dans la *Revue des Deux-Mondes*, du 1er août 1906. — S'appuyant sur l'histoire militaire, le général Libermann établit notamment que les victoires de la Révolution ne sauraient être imputées exclusivement à la force de l'élan national de 1792, mais, pour une bonne part, aux

3° C'est une folie pour les prolétaires de participer à la guerre. — Les antipatriotes allèguent que « la guerre ne profite qu'aux gouvernants, aux capitalistes et aux prêtres », qu'elle est « la ruine pour les paysans et les ouvriers » et que « ceux-là ne doivent donc jamais y participer (1) ».

Quoique la guerre soit une triste chose, une calamité affreuse, c'est un devoir pour tous de la subir, car tous les citoyens se doivent à la défense commune du pays.

« S'entre-tuer entre malheureux, disent encore les antipatriotes, est la pire des folies, le plus monstrueux de tous les crimes (2) ». Evidemment, tuer

fautes et à la lenteur des armées étrangères qui nous laissèrent le temps de nous aguerrir et d'acquérir une expérience suffisante de l'art de la guerre. A notre époque surtout, où la rapidité des mobilisations et des premières hostilités est devenue presque foudroyante, ce serait donc pure folie de croire que l'exaltation patriotique peut suppléer à la préparation patiente et méthodique de la guerre. Notre intrépide résistance de 1870-1871 contre l'Allemagne victorieuse est, hélas ! une confirmation éclatante de cette vérité, puisque, en définitive et malgré leur héroïsme, nos armées improvisées furent battues. L'écrivain militaire allemand Von der Goltz a formellement reconnu lui-même dans son ouvrage : *Gambetta et ses armées* (Paris, Sandoz et Fischbacher, 1877) l'absolue nécessité, pour une nation, d'un long apprentissage du métier des armes : « Plus on rendra justice à cette armée de milices, qui finit par être détruite, plus aussi cet exemple parlera-t-il fort en faveur des armées permanentes... L'unité, la continuité et, on peut le dire, l'esprit pratique dans l'action, est l'avantage très important qu'une bonne armée de ligne a sur toute armée composée de milices. » (Pages 405 et 416.)

(1) E. GIRAULT, *La crosse en l'air*, p. 5.

(2) E GIRAULT, *La crosse en l'air*, p. 5.

est une abomination, un monstrueux forfait ; pourtant quand, passant au milieu d'un bois, on se trouve attaqué, a-t-on jamais hésité à se défendre? Tendre la gorge à l'agresseur ne serait-ce point, non seulement « la pire des folies » et des stupidités, mais le comble de la lâcheté? Une nation attaquée a, de même, le droit de se défendre et c'est par conséquent un devoir pour tous les citoyens en âge de le faire de coopérer à cette défense.

4°. L'objet des guerres ne vaut pas qu'on se fasse tuer. — Les antipatriotes ne se trompent pas moins en soutenant que l'objet des guerres ne vaut pas qu'on se fasse tuer (Hervé) et qu'au surplus les prolétaires n'ont pas d'intérêt dans la question « les exploités n'ayant rien, absolument rien à défendre (1) ».

Assurément il faut regretter que beaucoup de guerres aient été entreprises par des princes avec une légèreté coupable, disons mieux, criminelle; ce ne sont nullement ces guerres-là que nous prétendons innocenter; nous n'avons en vue que les guerres de défense nationale, seules justes. Mais, d'autre part, ajoutons qu'il n'appartient pas au soldat lui-même de se prononcer juridiquement sur la légitimité ou la non-légitimité de la guerre; ce n'est point son affaire et il n'aurait, du reste, ni la compétence nécessaire, ni les éléments d'appréciation suffisants pour mener à bien une besogne si délicate. Il n'a qu'à marcher

(1) E. Girault, *La crosse en l'air*, p. 5.

où la nation l'appelle; là est pour lui le devoir; les responsabilités incomberont à qui de droit, et il ne saurait en avoir cure (1).

D'autre part, quand les hostilités sont déchaînées, que le canon tonne, que villes et villages sont en feu, que les champs de bataille sont déjà couverts de morts et de mourants et qu'on ne voit partout que destruction et carnage, il est hors de propos de se demander si la guerre est fondée ou non. Une question plus haute se pose et domine tout : celle du salut de la patrie en danger. La guerre de 1870-71 fut, certes, une guerre condamnable, entreprise « le cœur léger », selon un mot tristement célèbre. Cela a-t-il empêché que, dès nos premiers désastres, l'intégrité de la France ne fût en danger? Et, sans l'héroïsme de la République naissante qui fit surgir du sol des armées improvisées qui balancèrent la victoire alors que tout semblait irrémédiablement perdu, qui pourrait dire jusqu'où les Allemands seraient allés dans leur désir de s'annexer nos provinces?

(1) De même, dans la vie ordinaire, l'ouvrier se borne à faire les choses de son métier, sans se préoccuper de ce qu'il en adviendra.

Voilà un fusil, un revolver qui sortent d'une manufacture d'armes et qui, peut-être, serviront à commettre un suicide ou un assassinat. La conscience du travailleur ne se charge pas de ces appréhensions : à chacun sa tâche et les responsabilités pour ceux à qui elles reviennent! En temps de guerre, le soldat ne doit pas raisonner autrement; c'est pour son pays qu'il a armé son bras, qu'il expose sa vie. Il n'a pas à envisager d'autres considérations.

5° L'indépendance du pays est chose indifférente pour le prolétaire. — Et quelle folie d'ajouter que la guerre, que l'indépendance du pays sont choses indifférentes au prolétaire, au paysan, à l'ouvrier !

« Les prolétaires, s'écrie E. Girault dans la *Crosse en l'air*, n'ont pas de sol à défendre puisqu'ils piochent et labourent pour le compte des autres.

» Les ouvriers n'ont pas de demeures à préserver puisqu'ils paient des loyers aux propriétaires.

» Les travailleurs n'ont pas de richesses à sauvegarder puisqu'ils demandent des retraites ouvrières (1). »

La vérité est que « les prolétaires, les ouvriers, les travailleurs » sont, plus que les riches, intéressés au bonheur de la patrie. Les guerres ne dépouillent pas, en effet, les riches de leurs fortunes privées. Les Allemands, par exemple, n'ont point enlevé en 1871 aux propriétaires rentiers d'Alsace-Lorraine, les prés, les terres, les maisons, les usines, les titres, actions ou obligations qu'ils possédaient. Chacun a continué comme auparavant à profiter de ce qu'il avait. Ce qui a changé, ce sont les lois, la langue officielle, les tribunaux, les habitudes, une infinité de petites choses qui ont rendu la vie amère aux annexés, accoutumés, jusqu'alors, à la loi et aux coutumes françaises. Ce qui a changé, c'est l'ancienne liberté, remplacée par une infinité de tracasseries

(1) E. Girault, *La crosse en l'air*, p. 5.

des fonctionnaires allemands. Or, si le riche, en pareil cas, trouve que les vexations subies sont par trop insupportables, sa fortune lui permet de s'éloigner et de se fixer ailleurs ; avec de l'argent on vit partout. Au contraire, « le prolétaire, l'ouvrier, le travailleur » sont pour ainsi dire comme attachés à la glèbe natale ; avec quelles ressources iraient-ils avec leurs familles sur la terre étrangère ? Et même à supposer qu'ils pussent s'y transporter, leur existence y serait à la merci du hasard, puisqu'ils n'auraient pas, en arrivant, la certitude d'y trouver du travail et du pain. De plus, le riche qui, dans sa jeunesse, a appris sur les bancs du lycée ou du collège les langues étrangères a plusieurs idiomes à sa disposition et peut quitter son pays sans être trop dépaysé à l'étranger. « Le prolétaire, l'ouvrier, le travailleur, » dont toute la science linguistique se borne, hélas ! à de pauvres rudiments de sa langue maternelle, en est fatalement réduit, pour cette raison encore, à ne pas aborder des lieux où ne résonnent que des langues inconnues.

Quant au fait qu'« ils labourent et piochent pour le compte des autres, qu'« ils paient des loyers aux propriétaires » et qu'« ils demandent des retraites ouvrières », ce sont des circonstances regrettables que l'anti-patriotisme ne saurait changer. Tout au contraire, si « les prolétaires, les ouvriers, les travailleurs » laissaient écraser leur pays injustement attaqué par quelque nation voisine, croient-ils qu'ils travailleraient moins « pour le compte des autres », qu'ils paieraient « des loyers » moins chers et qu'ils toucheraient plus tôt de grosses « retraites ouvrières » ?

6° La caserne est une école de brutalité et de vice. — Les antipatriotes se sont acharnés contre l'armée et le service militaire. « Le militarisme, disent-ils est un moyen d'asservissement. La caserne fait de nous une machine à obéir, comme elle en fait une machine à astiquer et à marcher au pas. Il faut obéir aux ordres les plus idiots, les plus contradictoires, les plus immoraux, les plus grossiers, il faut obéir comme un chien qui sent levé sur lui le fouet du maître...

« Les années de service sont, pour chaque citoyen, un apprentissage de brutalité et de bassesse (1). »

De plus, disent-ils encore, « l'armée n'est pas seulement l'école du crime, elle est encore l'école du vice, l'école de la fourberie, de la paresse, de l'hypocrisie et de la lâcheté (2) ».

Voilà, certes, un tableau fortement poussé au noir. La loyauté fait un devoir de reconnaître, que la 3e République s'efforce d'atténuer le plus possible les inconvénients inhérents, à la vie de caserne. La discipline militaire, on tend à la dépouiller de sa morgue et de sa dureté anciennes ; on recommande aux officiers de se montrer bons, paternels pour leurs hommes. Par des conférences appropriées on s'efforce d'occuper d'une façon profitable les longs loisirs que laissent les exercices militaires. Que tout

(1) Georges Yvetot, *Nouveau manuel du soldat*, p. 7 et 8.
(2) *Ibid.*, p. 10.

ne soit pas parfait en ce sens, c'est incontestable; mais il est également certain que la tendance que nous signalons existe.

Il faut reconnaître aussi que l'armée est restée l'école du courage et que le soldat français notamment a assez de vaillance pour regarder bravement la mort en face. Les quelques expéditions militaires que nous avons eues, depuis 1871, ont surabondamment démontré que nos soldats n'ont pas dégénéré et que la bravoure de nos officiers n'est point un mythe.

Ces quelques remarques faites et bien que le régiment, comme toutes choses, ait des avantages qui ne sauraient être sérieusement contestés et qu'il nous serait facile de développer, nous n'entreprendrons point, par opposition au parti pris de dénigrement des antipatriotes, de faire l'éloge systématique de la vie militaire. Nous ne nous refusons pas à en reconnaître les inconvénients. Comme a dit le pacifiste Charles Richet, « au régiment, le soldat perd l'habitude du travail. Les ouvriers des champs ou de la ville, qui étaient forcés de gagner, très rudement, leur pain de chaquejour, trouvent que la caserne est un repos relatif.

« Pour l'homme de la campagne, si la besogne n'est pas fatigante, elle est insupportable ; car il n'en comprend pas l'utilité, tandis qu'il sait très bien pourquoi il doit sarcler son champ ou mener sa charrue. En tout cas, sans prendre goût au métier militaire, il perd toute ardeur pour le métier de paysan.

Il quitte le service avec joie, car le service est une servitude, mais il le quitte perverti, il s'est dégoûté du travail de la terre, il a appris à flaner, à ne rien faire pendant de longues fins de journée et à se promener dans les rues.

« L'alcoolisme, la prostitution et l'hypocrisie, voilà ce qu'apprend la vie à la caserne (1). »

Mais, ces concessions faites, nous n'en sommes que plus à l'aise pour affirmer que si la suppression de la vie militaire est une chose souhaitable, elle n'est nullement possible en l'état actuel de l'Europe : les armées sont, pour le moment, la sauvegarde indispensable de l'existence et de la sécurité des nations. Ce serait folie d'y toucher. L'Europe, telle que nous la voyons, est condamnée à vivre présentement avec son mal.

7° En cas de grève, l'armée est employée contre les grévistes. — Une des raisons pour lesquelles les antipatriotes ont voué une haine à l'armée, c'est que, lors des grèves, les soldats sont employés contre les grévistes. Cette raison n'a aucune importance : il est évident, en effet, que si les armées étaient supprimées, les gouvernements organiseraient des forces de police qui, en cas de grève, joueraient absolument le rôle qui a incombé jusqu'ici à la troupe. Quel serait donc l'avantage qu'auraient les grévistes à la substitution ?

(1) Dr Charles Richet, *Les guerres et la paix*. Cité dans le *Nouveau manuel du soldat*, p. 11.

8° Il faut déserter l'armée. — Les antipatriotes n'hésitent pas à conseiller aux jeunes soldats la désertion. « Désertez ! leur disent-ils. Cela vaut encore mieux que de servir d'amusement aux bourgeois alcooliques et fous furieux qui prendraient soin de vous dans les bagnes militaires (1). »

Si la guerre venait à être déclarée, « qu'ils abandonnent immédiatement le régiment (car il y a 99 chances sur 100 pour qu'ils soient tués par d'autres prolétaires (2) ».

En outre, il leur est encore recommandé de pratiquer l'antimilitarisme de la façon suivante :

« Faire la grève des réservistes et résister aux policiers et aux gendarmes en se rassemblant dans chaque ville ou village au moment de la mobilisation.

« Entraîner les travailleurs à la grève générale.

« Au cas où l'enrégimentation se ferait par la force, mourir pour mourir, frapper les chefs avant d'arriver à la frontière (3). »

Georges Yvetot termine ainsi son *Nouveau Manuel du Soldat* :

« Camarades, votre raison doit vous interdire de tuer d'autres hommes, vos semblables. *Vous vous*

(1) Georges Yvetot, *Nouveau manuel du soldat*, p. 30.
(2) E. Girault, *La crosse en l'air*, p. 7.
(3) E. Girault, *La crosse en l'air*, p. 7.

refuserez à obéir si l'on veut faire de vous des meurtriers (1) !

» Votre conscience de travailleurs vous défend de tirer sur d'autres travailleurs. Si l'on vous envoie dans les grèves : *Vous ne tirerez pas !*

» L'on veut faire de vous des machines à tuer...! Révoltez-vous ! Et que tremblent enfin ceux qui osent vous armer contre vos frères, car *votre ennemi, c'est seulement celui qui vous exploite, vous opprime, vous commande et vous trompe.*

« Si l'on veut absolument que vous soyez des meurtriers avec les armes mises en vos mains, *ne soyez pas des fratricides !* »

Il est difficile, avouons-le, de pousser plus loin la déraison, la folie ! Comment ! voilà une nation qui est attaquée et, au lieu de se défendre comme le ferait n'importe quel individu, victime d'une sauvage agression, elle devrait mettre tout en œuvre pour faciliter la sombre besogne des envahisseurs ? Ses propres habitants devraient s'opposer à la mobilisation prescrite pour les sauver et l'armée nationale aurait le triste devoir de déserter ou de tirer sur ses chefs ? Mais c'est le renversement du sens commun !

L'antimilitarisme augmente les chances de guerre au lieu de les diminuer. — Ajoutons que l'antimilitarisme va même directement contre son but, car « loin de diminuer, pour nous, les chances de guerre, il les augmente et les aggrave. En nous

(1) Les passages mis ici *en italique* sont imprimés en caractères gras dans la brochure.

désarmant, en faisant de nous une proie facile pour les junkers prussiens et pour les ulhans du Kaiser germanique, l'antimilitarisme offrirait une prime à la guerre, à l'invasion, au démembrement.

» S'il nous est permis de souhaiter que l'Europe et le monde se décident un jour à alléger les charges de la paix armée, nous ne pouvons espérer y parvenir que par des moyens tout différents, en apprenant aux peuples à se mieux connaître et à se mieux estimer, en développant chez eux le sentiment du droit et de la justice, en fortifiant et non en ruinant l'idée de patrie, si bien que le patriotisme de chacun soit assez conscient et assez éclairé pour comprendre et pour respecter le patriotisme d'autrui (1). » Telle est la vérité, tel est le témoignage indéniable du bon sens.

9° Seule, la guerre sociale est juste — Les antimilitaristes affirment enfin que l'autonomie ou l'asservissement politique d'un pays sont chose indifférente et que seule la lutte sociale leur importe. « Que telle nation en écrase une autre, le régime propriétaire et capitaliste en sera-t-il modifié, et la collectivité recouvrera-t-elle ses droits confisqués par les individus ?

» Point. Victorieuse ou vaincue, toute nation reste soumise au joug de l'exploitation capitaliste, et les arcs de triomphe qu'élèvent les satisfaits ne

(1) Anatole Leroy-Beaulieu, *L'Antimilitarisme, le Christianisme, et le Pacifisme*, *Revue des Revues* du 15 mars 1906.

sont pour la masse que les portes de l'enfer capitaliste.

» Seule, la guerre sociale est juste. » (1) Et pour mener à bien cette « guerre sociale » qui doit aboutir à l'effondrement définitif de l'édifice vermoulu de la vieille société capitaliste, tous les moyens sont bons à condition qu'ils soient efficaces. Il faut se souvenir notamment de la parole de Karl Marx : « La force est l'accoucheuse des sociétés » et ne pas oublier que les révolutions sont faites par des « minorités conscientes ». Un socialiste, Georges Sorel, a fait l'éloge de la violence et les militants ouvriers ont inventé une arme nouvelle, dont ils attendent des merveilles : la grève générale ! Tous les efforts doivent tendre à l'organisation de ce phénomène monstre auprès duquel toutes les discussions sur l'armée et le patriotisme ne sont que des vétilles, des disputes d'enfants. Peu importe qu'étant Français, par exemple, nous devenions sujets du Kaiser, du Tsar ou du Grand Turc. « Ceux qui deviendraient nos maîtres seraient tout simplement des fonctionnaires étrangers, ni plus méchants ni meilleurs que les fonctionnaires français. Nous n'aurions qu'à les combattre et à les détruire sur le terrain de la lutte sociale, comme nous devons combattre et détruire ceux que nous subissons actuellement, voilà tout (2) ! »

Telle est, dans toute sa force, l'argumentation

(1) Jules Lermina, *L'A. B. C. du Libertaire*, p. 21.
(2) E. Girault, *La crosse en l'air*, p. 6.

fondamentale des antipatriotes. Ils ne se rendent pas compte que l'autonomie, c'est-à-dire, la liberté, est nécessaire à un pays pour discuter de ses revendications économiques et sociales. S'ils étaient courbés sous la dure main d'un maître, les moindres de leurs velléités de lutte sociale ne tarderaient point à être réprimées avec la plus impitoyable rigueur. Qu'ils aillent en Pologne, et même en Alsace-Lorraine, et ils verront combien sera vite épuisée la longanimité de l'autocratie prussienne ! N'a-t-on pas présentes à la mémoire les persécutions sans nombre, les tracasseries odieuses subies par la brave nation polonaise, tombée depuis plus d'un siècle sous la domination étrangère ?

A un point de vue plus général les théories antipatriotiques constituent, en raison des préoccupations dont elles s'inspirent, un véritable recul de la civilisation. Elles restaurent le principe archaïque d'antagonisme et de lutte qui nous rappelle les plus sombres jours de l'histoire. Dans les temps anciens, alors que l'humanité se dégageait à peine de l'animalité primitive, l'homme, selon un mot célèbre, était un loup pour l'homme ; les peuplades et les nations se jalousaient et se combattaient incessamment.

Alors pourtant n'existait point, si ce n'est à un degré absolument infime, le capital, ce monstre moderne qui s'engraisse, paraît-il, de la sueur des travailleurs, ni cette appropriation spoliatrice, cette mainmise tentaculaire des possédants sur le sol, les machines et les « divers instruments de production » d'où, selon les contempteurs de la société actuelle, proviennent toutes les souffrances du prolétariat. Et cependant, quoique la population clairsemée fût très au large sur le globe pour ainsi vierge et ne demandant qu'à produire, c'est précisément à ces époques si bien garanties des méfaits du capitalisme que les hommes ont mené la vie la plus dure et que l'histoire a enregistré les famines les plus cruelles et les plus longues.

La vérité est que les peuples souffraient parce qu'ils étaient dans l'ignorance et parce que, au lieu de s'entr'aider, ils employaient leurs forces à s'entre-détruire. Le progrès s'est accompli de deux façons : d'une part, en pénétrant les lois de la nature et en la forçant à se mettre de plus en plus au service de l'intelligence humaine ; d'autre part, par la vertu bienfaisante de l'union, par l'association des hommes se considérant enfin, non plus comme des ennemis, mais comme des alliés naturels, comme des ouvriers de la même tâche, presque des frères.

Prêcher actuellement la haine parmi les hommes, leur faire accroire que leurs intérêts, au lieu d'être solidaires, sont antagoniques, allumer dans le cœur des prolétaires l'envie des pires convoitises et les exciter avec violence contre ceux qui leur semblent les favorisés du sort, c'est donc vraiment tourner le dos à la civilisation et reprendre le chemin de la barbarie.

Sans doute, tout n'est pas parfait dans l'organisation de la société contemporaine et bien des abus restent à extirper, bien des améliorations et des réformes à y introduire. Mais, au lieu de faire appel à la violence et à la haine, qui ne savent que détruire, pourquoi ne pas réconforter l'âme de ceux sur qui pèse le poids du jour en leur montrant l'immensité du chemin parcouru par l'armée prolétarienne en marche vers le bien-être ? Qu'était-ce que la civilisation antique ? « Une poignée d'hommes libres portés sur un monde d'esclaves », a-t-on dit avec un rare bonheur d'expression (1). Or, notre civilisation du xxe siècle rêve bien autre chose : elle veut que dans cette gigantesque caryatide, l'humanité entière devienne la poignée d'hommes libres » et que la matière, de plus en plus docile au joug puissant de la science, soit « le monde d'esclaves » de jadis.

Qu'on ne s'indigne pas outre mesure des inégalités inévitables qui subsistent dans notre société ; outre que l'égalité complète est une chimère, souvenons-nous que, dans le passé comme de nos jours, c'est, non à la foule moutonnière, mais à une élite de valeur qu'ont été dus et que sont dus les progrès successifs de la civilisation. N'est-il pas dans la nature des choses qu'elle en bénéficie et la multitude a-t-elle vraiment intérêt à décourager ceux qui, par leur génie et leurs inventions, ne cessent d'améliorer les conditions générales de la vie et du bien-être de tous ? « L'erreur fatale de la multitude, a dit un

(1) Izoulet, dans la *cité moderne* (Introduction p. xii.)

éminent sociologue, c'est de croire que les « dirigeants » sont purement et simplement des parasites, vivant dans l'oisiveté aux dépens du labeur des foules... La vérité est que le grand nombre est obtus et indolent et que le monde ne marche que par une poignée de clairvoyants et d'audacieux (1) ».

La « guerre sociale » tant prônée par les antipatriotes, avec accompagnement de « grève générale », est donc un non-sens sociologique ; loin de pouvoir justifier le reniement du patriotisme, elle ne parvient pas à se légitimer elle-même. L'association, voilà « l'unique recours de l'homme dans sa chétivité. L'union est son rempart ; l'accord, sa fortune ; la solidarité, son salut » (2). L'union dans la famille, ce doux nid qui abrite nos êtres les plus chers ; l'union dans la patrie, cette famille agrandie, si riche du labeur de nos aïeux ; l'union dans l'humanité, l'union partout et toujours, voilà par quel puissant moyen nous parviendrons à réaliser un peu plus de justice, un peu plus de bonheur ici-bas. Et en attendant que les peuples aient enfin définitivement renoncé aux folies ruineuses du militarisme, aux boucheries sanglantes de la guerre, une chose s'impose absolument : l'attachement invincible au sol natal, le dévouement absolu au Pays, en un mot l'amour de la patrie et le respect du drapeau !

(1) JEAN IZOULET, *La cité moderne*, introduction p. XXVI et XXVII.

(2) JEAN IZOULET, *La cité moderne*, introduction, p. VI.

EXERCICES ET DEVOIRS. — I. Lecture. — *Repentir.*

J'aimais froidement ma patrie
Au temps de sa sécurité ;
De son grand renom mérité
J'étais fier sans idolâtrie.

Je m'écriais avec Schiller :
« Je suis citoyen du monde.
En tous lieux où la vie abonde
Le sol m'est doux et l'homme m'est cher.

. . . .

Mon compatriote, c'est l'homme !... »
Naguère, ainsi je dispersais
Sur l'univers ce cœur français :
J'en suis maintenant économe.

J'oubliais que j'ai tout reçu,
Mon foyer et tout ce qui m'aime,
Mon pain et mon idéal même,
Du peuple dont je suis issu.

. . . .

Je ne l'avais pas bien senti :
Mais depuis nos sombres journées,
De mes tendresses détournées
Je me suis enfin repenti ;

Ces tendresses je les ramène
Etroitement sur mon pays,
Sur les hommes que j'ai trahis
Par amour de l'espèce humaine,

Sur tous ceux dont le sang coula
Pour mes droits et pour mes chimères :
Si tous les hommes sont mes frères,
Que me sont désormais ceux-là !

SULLY-PRUDHOMME (*Poésies*, tome II, page 222, Alphonse Lemerre, éditeur).

II. Pensée. — *Le moyen d'éviter la guerre, dans la situation actuelle du monde, c'est d'être en état de la repousser.*

PAUL DESCHANEL.

III. Devoirs de rédaction. — *1° Le service militaire ; ce qu'il était autrefois ; ce qu'il est aujourd'hui. Pourquoi s'impose-t-il comme un devoir à tous les citoyens?*

2° Est-il vrai que les ouvriers, que les travailleurs n'ont rien à défendre et que par conséquent le service militaire ne devrait pas leur être imposé, mais seulement à ceux qui « possèdent » ?

3° Votre frère aîné est parti, en octobre dernier, au service militaire. Cet événement a-t-il été une joie dans votre famille? qu'en pensent maintenant vos parents?

IV. Devoir de l'élève Jean-Pierre (*Développement du 3e sujet*). — En octobre dernier, mon frère Edouard est parti au service militaire pour 2 ans.

Cela a été un événement plutôt triste dans ma famille. Ma mère surtout s'effrayait des marches avec sac au dos et de la dure vie du soldat et elle craignait qu'Edouard ne tombât vite malade au régiment.

Aujourd'hui nous avons tous un peu changé d'idée au sujet du service militaire. Nous comprenons que c'est un devoir qu'il faut accomplir de bon cœur. Ma mère n'est plus inquiète sur la santé de notre pioupiou qui se porte à merveille. Quant à mes petites sœurs, elles sont fières, lorsqu'il vient en permission, de lui donner la main et de toucher sa baïonnette.

Pour moi, je pense parfois au moment où ce sera mon tour d'être soldat. Comme mon frère, je ferai alors avec zèle mon devoir.

LIVRE III

L'ennemie du pacifisme : la guerre.

—

CHAPITRE PREMIER

LA GUERRE ; SA PLACE IMMENSE DANS L'HISTOIRE ; LES CAUSES DE GUERRE QUI N'EXISTENT PLUS

Il ne suffit pas de défendre le pacifisme, il faut terrasser la guerre. — Ce serait n'avoir rien fait d'avoir vanté les mérites et les bienfaits du pacifisme si l'on s'en tenait là, car, d'après les adorateurs de la guerre, les beautés du pacifisme ne sont que de candides rêveries qui s'évanouissent au froid contact de la réalité. Il faut donc s'attaquer au monstre lui-même, à la guerre, et montrer avec une irrésistible évidence comment elle a abusé étrangement les hommes et quel préjudice immense elle a causé et cause encore à l'humanité.

Grande place de la guerre dans l'histoire. — Tout d'abord, constatons que la guerre tient une place immense dans l'histoire. Luttes incessantes entre peuplades anciennes pour la conquête d'esclaves ou de butin, guerres diverses entre les différents peuples de l'antiquité, migrations tumultueuses et invasions des Barbares, guerres féodales sans cesse renaissantes, guerres religieuses, guerres d'équilibre européen, guerres d'ambition, guerres d'extension territoriale, guerres de succession, guerres d'indépendance, guerres pour atteindre ses frontières naturelles, guerres pour recouvrer des provinces perdues, guerres pour soutenir son commerce ou se procurer des colonies, etc., etc., l'histoire, depuis des milliers d'années, n'a su pour ainsi dire que répéter incessamment ces mots. Dès lors, si, dans les siècles passés, la guerre s'est imposée à l'humanité avec tant de violence et de continuité, n'est-il pas chimérique de rêver aujourd'hui sa disparition ?

Les causes de guerre qui ont disparu. — C'est une question que nous examinerons plus loin. Pour le moment, et nous en tenant à l'incontestable évidence, bornons-nous à constater que beaucoup de causes de guerres anciennes ont, du moins, cessé d'exister.

1° Guerres de cannibalisme. — Autrefois, la lutte et la guerre étaient la préoccupation continuelle de nos premiers ancêtres. Tout ce que les monuments, les instruments, la linguistique nous ont appris sur eux, nous confirme que dans les temps préhistoriques, la chasse et la guerre étaient leur occupation incessante. Pour eux, du reste, il n'y avait guère de distinction bien nette, surtout à l'origine, entre la chasse et la guerre : l'animal, l'étranger, c'étaient des ennemis d'abord, puis, quand ils avaient été vaincus, de la chair à dévorer ; car, quoiqu'on ne puisse prétendre que tous les groupements humains ont dû nécessairement avoir leur phase de cannibalisme, il est infiniment probable que cette barbare coutume a été fort répandue.

« Il n'y a pas de race, pas de peuple considérable, pas de groupe géographique important dans l'humanité, dit M. de Nadaillac, d'accord en cela avec les anthropologistes, qui n'ait pratiqué l'anthropophagie : hommes noirs, bruns, jaunes, blancs ... tous sans exception ont immolé et dévoré leurs semblables (1). » Ces mœurs sont, du reste, confirmées par celles des peuples sauvages d'Océanie, d'Afrique ou d'Amérique, qui ont pu être directement observées (2).

Or, depuis bien des siècles, la civilisation a fait renoncer les peuples policés à ces honteuses guerres d'anthropophagie.

2° Guerres d'esclavage. — Il en a été de même des guerres entreprises, dans la suite, en vue de l'esclavage. Cessant de tuer et de manger le vaincu, l'homme des temps anciens s'avisa d'en faire un captif, condamné à travailler pour le profit de son maître. Cela a été le point de départ de l'esclavage qui a suscité

(1) De Nadaillac, L'Anthropologie et les sacrifices humains. *Revue des Deux-Mondes,* novembre 1884, p. 405. Cité par Lagorgette, *Rôle de la Guerre*, p. 116

(2) Voir les Récits des voyageurs, les ouvrages d'anthropologie. On en trouvera un résumé saisissant dans le *Rôle de la Guerre*, par Lagorgette, p. 115 et 116.

un nombre incalculable d'expéditions guerrières et qui, sous la forme adoucie du servage, a survécu pour ainsi dire jusqu'à nos jours. A l'heure actuelle, l'esclavage subsiste encore dans l'intérieur de l'Afrique où les peuplades nègres se font d'incessantes guerres pour conquérir et vendre des esclaves.

3° Guerres de pillage. — Autrefois, alors que l'agriculture et l'industrie étaient ignorées ou méprisées, la guerre apparaissait comme le meilleur moyen de se procurer en abondance ce dont on manquait. « Rome, dit Montesquieu dans son *Esprit des lois* (Chap. Ier), Rome étant une ville sans commerce et presque sans arts, le pillage était le seul moyen de s'enrichir ». Le même auteur dit encore, citant une assertion de Tacite relative aux mœurs guerrières des Germains : « Vous persuaderiez aux Germains bien moins de labourer la terre et d'attendre l'année que d'appeler l'ennemi et de recevoir des blessures ; ils n'acquerront pas par la sueur ce qu'ils peuvent avoir par le sang. » (*Esprits des lois*, XXX, 3).

Cet instinct de pillage excitait le soldat à combattre : « Le pillage, a dit Proud'hon, est l'âme de la guerre : c'est ce qui la rend populaire. Sans cet appât, il est douteux qu'elle trouvât tant de suffrages pour l'appuyer, à plus forte raison tant de bras pour la faire. Le roi conquiert, c'est son lot ; la multitude pille : le chien qui a ramené le gibier n'a-t-il pas droit à la curée (1) ? »

(1) PROUD'HON, *La Guerre*, tome II, p. 249.

Or, d'une part, ce dédain du travail, cette ignorance de l'agriculture et des arts, cette soif de pillage ont à peu près disparu parmi les peuples ; d'autre part, ils se rendent compte que la guerre devient de plus en plus inapte à procurer l'aisance et le repos, désirés des nations modernes : autrefois, une guerre heureuse faite sans préparatifs coûteux accroissait en esclaves, en tributs, en terres partagées, la richesse publique ou celle des particuliers ; aujourd'hui, une guerre heureuse coûte infailliblement bien plus qu'elle ne pourrait rapporter.

4° Guerres génésiques. — Dans les temps anciens, nombre de guerres de peuplades furent faites pour conquérir des femmes. C'est qu'alors, dans beaucoup de tribus, on cédait trop à la barbare coutume, pratiquée à Sparte notamment, de faire périr à la naissance, non seulement les nouveau-nés chétifs, mais encore les filles, méprisées pour leur moindre valeur sociale ; et l'on trouvait plus expédient de ravir aux peuplades voisines leurs jeunes filles tout élevées que de prendre le soin, pourtant rudimentaire à l'époque, d'élever et de nourrir celles qui naissaient dans la tribu. Chose curieuse, en maints pays et bien que ces guerres génésiques n'existent plus depuis des siècles le souvenir s'en est perpétué obscurément dans les coutumes relatives au mariage (1).

(1) Il n'est pas sans intérêt de faire connaître que ces guerres génésiques qui disparurent peu à peu devant le progrès de la civilisation laissèrent chez les peuples des traces

5° Guerres de religion. — Autrefois la religion, la religion chrétienne surtout, fut une inlassable instigatrice de guerres. Combattre et exterminer les hé-

singulièrement persistantes ; les coutumes et même la religion en furent pour ainsi dire tout imprégnées. Selon les lois de Manou, une des huit formes légales de la cérémonie du mariage était le rite du Rakshasa, c'est-à-dire « l'enlèvement par la force d'une jeune fille qui crie et pleure, ses parents ayant été tués ou blessés en la défendant et leur maison dévastée. » En Grèce, notamment à Sparte, le mariage par capture était conforme à la coutume. Chez les Romains, la mariée se réfugiait aux genoux de sa mère et était emmenée de force par le marié et ses amis. Chez les Gaulois, le matin du mariage, le marié, accompagné par ses amis à cheval, enlevait sa femme. Les Teutons avaient fréquemment recours au rapt pour se procurer des femmes et d'après Olaüs Magnus, les nations scandinaves étaient continuellement en guerre dans ce même but, de même que les Slaves des anciens temps.

Ces mœurs barbares se sont perpétuées jusqu'à nos jours parmi maintes peuplades non civilisées de l'Afrique et de l'Océanie ; les témoignages des voyageurs et explorateurs foisonnent à ce sujet. Sans recourir à leurs relations, qu'il est difficile de se procurer, on trouvera une foule d'exemples dans l'ouvrage ci-après d'Henri Coupin, *Les bizarreries des races humaines*, p. 108 à 110 (1 vol. Vuibert et Nony, Paris.)

Même dans nos contrées d'Europe on constate encore à l'heure actuelle d'étranges survivances de ces mœurs cruelles des vieux âges. En maints pays, on les retrouve dans les coutumes des cérémonies nuptiales, notamment en Russie, en Suède, en France. A titre d'exemple, nous citerons ce que nous savons des populations de l'Ain, en France. Le matin du mariage, dans beaucoup de villages de la Bresse ou du Bugey, autrefois la future mariée se cachait avec sa demoiselle d'honneur dans une meule de paille, un grenier, une maison voisine, etc. C'était au fiancé et aux gens de sa suite à découvrir la retraite de la fiancée et à faire pour ainsi dire la conquête de la jeune femme. Nous devons ajouter que cette vieille coutume tend à tomber en complète désuétude.

rétiques, étendre sans cesse le domaine de la « vraie religion », c'était l'œuvre pie par excellence, l'œuvre méritoire par-dessus toutes les autres. Les rois de France juraient, lors de leur sacre à Reims, d' « employer toutes leurs forces à exterminer de leur royaume autant qu'il s'y trouvera d'hérétiques. » Les Croisés, lors de la prise de Jérusalem, firent un tel carnage des Musulmans que les chevaux marchaient dans le sang. Saint Bernard prêchant la deuxième croisade s'écriait avec une éloquence fougueuse : « Volez aux armes, et que le monde chrétien retentisse des paroles du prophète : Malheur à qui n'ensanglante pas son épée. » Lors de la Croisade des Albigeois, le légat du pape Innocent II s'écriait, lui aussi, au sac de Béziers pour exciter la fureur des catholiques : « Tuez les tous, Dieu saura bien reconnaître les siens. » Plus tard, lors des malheureuses guerres de religion qui ensanglantèrent la France, les cruautés, les persécutions furent poussées à leurs extrêmes limites ; les détails qu'en racontent les historiens ont de quoi faire frémir. Plus tard encore, c'est toujours la religion qui arma la main de Louis XIV contre les protestants et qui le poussa à la néfaste révocation de l'Edit de Nantes (1685). Le clergé célébra avec transport cet attentat comme l'événement le plus heureux qu'on eût pu souhaiter, comme la plus grande, la plus admirable pensée du règne. « Vous avez exterminé les hérétiques, s'écria louangeusement Bossuet s'adressant à Louis XIV ; c'est le digne ouvrage de votre règne(1). »

(1) Bossuet, *Oraison funèbre de Michel Le Tellier.* —

Or ces guerres de religion sont bien définitivement passées et, en tous pays, la conscience publique protesterait hautement contre leur retour.

Nous pouvons donc conclure, dès maintenant, que diverses causes de guerre, extrêmement puissantes dans le passé, n'existent plus à notre époque, plus éclairée, plus civilisée et plus humaine. Mais il n'en résulte pas, de ce fait, que la guerre soit nécessairement et définitivement condamnée. La question subsiste et nécessite un plus ample examen.

EXERCICES ET DEVOIRS. — I. **Pensée.** — *Mon premier vœu est de voir la guerre, cette plaie de l'humanité, bannie de la terre.*

WASHINGTON.

II. Devoirs de rédaction. — *1° En étudiant l'histoire de votre pays, vous avez vu que des guerres de religion ont eu lieu. Indiquez en quelques mots seulement ce que vous savez à cet égard et dites ce que vous pensez de ces guerres. Vous paraissent-elles légitimes?*

2° Parmi les causes qui, durant le cours de l'histoire, ont engendré des guerres entre les peuples, un certain nombre ont disparu. Citez-en quelques-unes. Terminez

Pour être juste, nous devons reconnaître que le christianisme n'eut pas le monopole de l'intolérance. Nous lisons par exemple dans le Coran : « Faites la guerre à ceux qui ne croient point en Dieu ni au jour dernier, qui ne regardent point comme défendu ce que Dieu et son Apôtre ont défendu... Quand vous rencontrerez les infidèles tuez-les jusqu'à en faire un grand carnage. » Et pour encourager ses adeptes à bien suivre ces préceptes, le Coran ajoute : « Les braves tombés sur le champ de bataille monteront au ciel, leurs péchés leur seront pardonnés. »

par une conclusion dans laquelle vous indiquerez votre sentiment sur la guerre.

3° Dans une lettre à un de vos amis, vous indiquez que votre instituteur a entrepris dans votre école un cours très simple de pacifisme. Votre étonnement tout d'abord au sujet de cette nouvelle matière d'enseignement ; votre surprise ensuite et le vif intérêt que vous y prenez.

III. Devoir de l'élève Jean-Pierre (*Développement du 3e sujet*).

Mon cher ami,

Je vais t'apprendre une grande nouvelle : dans notre école, notre instituteur a organisé un cours de pacifisme.

« Qu'est-ce que c'est que cette bête-là », vas-tu me dire ? Mon cher, c'est précisément la réflexion désobligeante et pleine de défiance que nous nous sommes faite tous le premier jour ; mais maintenant notre prévention, je t'assure, est totalement tombée et aucun cours ne nous semble aussi attrayant, aussi instructif.

Le pacifisme est la doctrine qui se propose d'organiser la paix entre les peuples. Je m'imaginais que tout allait être dit en une leçon ou deux et qu'après ce serait fini et qu'on n'en parlerait plus.

Eh ! bien, je me suis entièrement mépris ; nous avons déjà eu une huitaine de leçons (une par semaine) et plus nous avançons, plus je m'aperçois que le sujet est vaste et que nous sommes loin d'être au bout.

J'éprouve encore une autre surprise : c'est que ces leçons sont extrêmement intéressantes.

Je ne veux pas terminer sans te citer un exemple.

Tu sais, puisque tu étais de nos invités, que nous avons marié ma grande sœur au printemps dernier. Pour obéir à un vieil usage du pays, ma sœur et sa demoiselle d'honneur s'étaient cachées au fond du cellier dans une cuve vide qu'on avait recouverte presque entièrement afin de dissimuler la présence des hôtes qu'elle contenait. Le futur et les jeunes gars de la noce passèrent plusieurs heures en recherches infructueuses, tellement la cachette avait été bien choisie, et je crois fort que si personne, en désespoir de cause, ne les avait aidés à la deviner, ils la chercheraient encore.

Moi, je m'amusais fort de ce jeu de cache-cache, ce qui ne m'empêchait pas de le trouver singulièrement bizarre, vu la cérémonie qui se préparait.

Eh ! bien, mon cher ami, aujourd'hui, je juge la chose tout différemment. Notre instituteur nous a appris, dans son cours de pacifisme, que, dans les temps anciens, les peuplades se faisaient parfois la guerre pour conquérir des femmes. On avait la cruauté, paraît-il, de tuer à leur naissance les filles qui venait au monde, parce qu'on les méprisait, de même que les garçons chétifs et malingres, tués également ; et puis, quand on le jugeait à propos, on se mettait en campagne pour aller s'emparer des jeunes filles ou des femmes des peuplades voisines, moins barbares dans leurs coutumes. « Le souvenir de ces tristes temps s'est perpétué, a ajouté notre maître, dans les usages locaux relatifs au mariage de divers pays, où la fiancée se cache le matin du mariage. Pour l'ignorant, cette ancestrale coutume n'est que bizarre ; pour l'homme averti, elle est un naïf témoignage de la barbarie ancienne. »

Cela, mon cher ami, m'a émerveillé ! Ainsi, sans le savoir, ma grande sœur revivait les temps antiques ;

sans le savoir, elle rappelait une époque où des hommes ennemis auraient pu la molester, la brutaliser et l'emmener bien loin de sa famille en pleurs. J'en ai frémi !...

En attendant de tes bonnes nouvelles, je te serre cordialement la main.

Ton ami sincère,

JEAN-PIERRE.

CHAPITRE II

LES SOPHISMES EN FAVEUR DE LA GUERRE : LA GUERRE, ÉTAT NATUREL DE L'HOMME. — SON ORIGINE DIVINE. — SON INDESTRUCTIBILITÉ.

Autres sophismes en faveur de la guerre : La guerre, état naturel de l'homme. — Les conclusions auxquelles nous sommes parvenus dans le chapitre précédent ne sont pas faites pour abattre les fanatiques de la guerre et du militarisme. Qu'importent, allèguent-ils, que quelques causes de guerre aient peut-être disparu si la guerre elle-même est indestructible et éternelle ! Elle a toujours duré et durera toujours. Comme l'a reconnu le philosophe anglais Hobbes, elle est notre état naturel. Née avec le monde, elle ne peut disparaître qu'avec lui. La guerre correspond, du reste, aux instincts de lutte et d'égoïsme de l'homme ; elle n'est qu'un cas particulier de cet antagonisme général qui est la loi de la nature. De même que l'extermination est la condition indispensable de la vie dans le monde végétal ou animal, de même la lutte, la guerre, est la loi fatale de l'homme. Joseph de Maistre l'a proclamé en un superbe langage, l'homme a été chargé d'égorger l'homme ; « la terre entière, continuellement imbibée de sang, n'est qu'un autel immense où tout ce qui vit doit être immolé sans fin, sans mesure, sans relâche, jusqu'à la consommation des choses, jusqu'à l'extinction du mal, jusqu'à la mort de la mort (1). »

Si l'on consulte l'histoire, on n'y aperçoit, en effet, « qu'une série de guerres et de crises extérieures et intérieures, auxquelles les associations humaines ont toujours été en proie. Qu'on remonte au berceau des nations, qu'on descende jusqu'à nos jours, qu'on examine les peuples dans toutes les situations possibles, toujours on trouve la guerre (2) ».

Dans les temps anciens la guerre apparaissait aux peuples batailleurs comme une pourvoyeuse de butin dont ils n'avaient à attendre que des richesses et de la gloire. Elle correspondait, en outre, à leur nature violente et savait leur procurer les mâles satisfactions qu'ils aimaient : « La plus grande jouissance de l'homme, disait un jour à ses officiers le célèbre Gengis-Khan, c'est de vaincre ses ennemis, de les chasser devant soi, de leur ravir ce qu'ils possèdent, de voir les personnes qui leur sont chères le visage baigné de larmes, de monter leurs chevaux, de presser dans ses bras leurs femmes et leurs filles (3). » Le

(1) Joseph de MAISTRE, *Soirées de Saint-Pétersbourg*, II, p. 30.

(2) D'après de LILIENFELD, *La pathologie sociale*, p. 17.

(3) DUBEUX et VALMONT, *Tartarie*, p. 313 (LETOURNEAU, *La*

terrible conquérant mongol ne faisait qu'exprimer la pensée des hommes de guerre de son temps, de tous les temps même, pourrait-on ajouter, puisque la guerre n'a cessé de se faire aimer des hommes. Qui ne sait, qu'aujourd'hui encore, la gloire militaire brille toujours d'un vif éclat et qu'elle suscite, comme dans le passé, d'ardents enthousiasmes? D'autre part et, plus peut-être que dans les temps anciens, les peuples font la veillée des armes, perpétuellement prêts à courir au combat dès le moindre signal et ne sachant jamais si cette inquiétude incertaine du présent ne va pas faire place subitement aux affres d'une conflagration générale. Le spectacle impressionnant de ces millions et millions de soldats européens ainsi que de leur matériel immense, la seule pensée des ravages effroyables dont s'accompagnerait tout choc des peuples actuels, tout cela prouve bien que le règne de la guerre n'est pas fini et que nous sommes loin d'avoir sous les yeux ces symptômes annonciateurs de la paix définitive si complaisamment rêvée par les pacifistes. Telle est, fidèlement résumée, la thèse des partisans de la guerre.

Leur foi tenace en la perpétuité de la guerre est singulièrement aveugle. Qui ne voit qu'appliquer à l'homme la fameuse loi de « la lutte pour la vie », constatée par Darwin dans le règne végétal et le règne animal, c'est faire une grossière erreur? Lorsque des milliers de graines, s'échappant d'une plante, tombent

Guerre, p. 202). Cité par LAGORGETTE, *Le Rôle de la Guerre*, p. 56.

en un même point du sol, il est fatal qu'elles s'étouffent et que, seules, puissent survivre celles qui sont douées d'une force germinative plus grande ou que le hasard a favorisées en les lançant sur un sol meilleur. Il est fatal aussi que, parmi les animaux, certaines espèces peu pourvues de moyens de défense ne puissent résister à la dent vorace de leurs ennemis et qu'elles tendent à décroître et à disparaître. Mais il n'en est plus de même chez l'homme. A l'encontre du végétal qui croît ou meurt où le vent a fait tomber sa graine, l'homme peut se déplacer et vivre loin du lieu où il a vu le jour. Son intelligence lui a fait découvrir la vapeur et, sur mer comme sur terre, c'est pour ainsi dire sans peine qu'il voyage à son gré. Les plantes et certaines espèces animales ont une puissance de reproduction tellement rapide, tellement immense, qu'il est fort heureux que des causes étrangères en assurent la limitation. Chez l'homme, rien de pareil. Sa natalité est très faible, si faible même qu'elle inspire des inquiétudes en divers pays aux patriotes et aux démographes. De plus, l'homme est un être sociable ; il serait extrêmement malheureux s'il devait vivre isolé ; il ne peut se passer de l'assistance constante de ses semblables et les merveilles de sa civilisation sont dues à l'effort de tous, dans le présent et dans le passé.

Sans doute il n'est que trop vrai que les hommes n'ont pas su toujours comprendre la fraternité réelle qui les unit et que, bien à tort, ils se sont crus les ennemis les uns des autres ; mais ce n'est pas une raison pour assurer que la vérité n'éclairera jamais leurs yeux. Parce que nous ne touchons point encore au but à atteindre ce n'est pas une raison pour prétendre que l'humanité ne s'en est point approchée et qu'elle n'y parviendra jamais. Il n'est pas contestable, en effet, que les instincts des peuples ont perdu leur caractère sanguinaire des premiers âges et que les mœurs se sont adoucies peu à peu au fur et à mesure des progrès de la civilisation. S'il est vrai que nous n'avons pu encore chasser complètement le spectre horrible des batailles, la guerre nous apparaît, du moins, comme un cauchemar affreux, comme une calamité dont tous les hommes souhaitent ardemment d'être préservés. La situation n'est donc plus la même que jadis.

D'autre part, c'est pur enfantillage de prétendre que, parce que la guerre a toujours existé jusqu'ici, elle durera toujours. C'est méconnaître complètement le rôle du progrès qui, précisément, est de faire cesser ce qui avait toujours duré avant lui. Mille exemples pourraient être allégués pour corroborer cette assertion. Qu'il nous suffise d'en citer un seul dont nous avons déjà parlé, mais qu'on ne saurait trop rappeler parce qu'il est décisif, celui de l'esclavage, jadis considéré unanimement comme la pierre angulaire de la civilisation et actuellement aboli, sans que la civilisation ait pâti le moins du monde de sa disparition.

Il en sera de la guerre comme de l'esclavage : elle

disparaîtra comme lui et l'humanité s'en réjouira avec transports.

La guerre et son origine divine. — Les fanatiques de la guerre prétendent aussi que la guerre est indestructible parce qu'elle est d'origine divine : « Elle est, a dit le maréchal de Moltke, conforme à l'ordre des choses établi par Dieu. » Joseph de Maistre, qui a été un des plus ardents et des plus éloquents apologistes de la guerre, estime qu'elle est divine parce que, humainement, elle est incompréhensible. En dépit de sa compassion naturelle, l'homme est toujours prêt à marcher contre son frère, à l'égorger, à l'exterminer ; chose curieuse, il n'a qu'aversion pour le bourreau qui, pourtant, n'égorge que des criminels, et sympathie ardente pour le soldat qui tue des gens qui ne lui ont rien fait. « Il y a quelque chose de mystérieux dans le prix extraordinaire que les hommes ont toujours attaché à la gloire militaire. »

Nulle autre part que dans la guerre « la main divine ne se fait sentir plus vivement à l'homme : on dirait que c'est un département, passez-moi ce terme, dont la Providence s'est réservée la direction (1). »

« Le genre humain, dit encore le même auteur, peut être considéré comme un arbre qu'une main invisible taille sans relâche et qui gagne souvent à cette

(1) Joseph de Maistre, *Soirées de Saint-Pétersbourg* ou *Entretiens sur le Gouvernement temporel de la Providence.*

opération. » Et de même que « le jardinier habile dirige moins la taille à la végétation absolue qu'à la fructification de l'arbre », car « ce sont des fruits, et non du bois et des feuilles, qu'il demande à la plante », de même « les véritables fruits de la nature humaine, les arts, les sciences, les grandes entreprises, les hautes conceptions, les vertus mâles, tiennent surtout à l'état de guerre. On sait que les nations ne parviennent jamais au plus haut point de grandeur dont elles sont susceptibles qu'après de longues et sanglantes guerres... On dirait que le sang est l'engrais de cette plante qu'on appelle le génie (1) ».

La guerre, instrument de la justice divine. — On a soutenu aussi que la guerre n'existe que pour réaliser les desseins impénétrables de Dieu et que l'homme, à son insu, n'y est qu'un jouet. « Il n'y a pas de puissance humaine, a dit Bossuet, qui ne serve malgré elle d'autres desseins que les siens. Le long enchaînement des causes particulières qui font et défont les empires dépend des ordres secrets de la divine Providence. Dieu tient du plus haut des cieux les rênes de tous les royaumes... Veut-il faire des conquérants ? Il fait marcher l'épouvante devant eux et il inspire à eux et à leurs soldats une hardiesse invincible... Il exerce par ce moyen ses redoutables jugements, selon les règles de sa justice toujours infaillible. »

(1) *Considérations sur la France*, Londres 1797 (anonyme) p. 49.

La guerre serait aussi un moyen céleste de régénération de l'humanité : « Lorsque l'âme humaine, dit Joseph de Maistre, a perdu son ressort par la mollesse, l'incrédulité et les vices gangréneux qui suivent l'excès de civilisation, elle ne peut être retrempée que dans le sang (1). » Elle est, de même, un châtiment dont Dieu se sert à son gré pour punir et corriger les hommes. Elle est, d'après Bossuet, « un fléau divin destiné à nous châtier et nous serons toujours punissables ; elle est le fruit des passions, une suite de péché, et passion et péché sont immortels. » « Lorsque les crimes, et surtout les crimes d'un certain genre se sont accumulés jusqu'à un point, affirme, de son côté, Joseph de Maistre, l'ange exterminateur déchaîne la guerre sur tous les peuples de la terre ; d'autres fois, ministre d'une vengeance précise et infaillible, il s'acharne sur certaines nations et les baigne dans le sang (2). »

La guerre, « Jugement de Dieu ». — Si, dans les batailles, l'homme n'est ainsi qu'un jouet, il s'ensuit par conséquent que la guerre est « un jugement de Dieu ». D'après lord Bacon, les guerres « figurent les suprêmes épreuves du droit, où les princes et les Etats, qui ne reconnaissent pas de supérieurs sur terre, s'en remettent à la justice de Dieu pour le règlement de leurs contestations par la décision qu'il

(1) *Considérations sur la France*, Londres, 1797 (anonyme) p. 49.
(2) Même ouvrage, p. 96.

plaira au Tout-Puissant de rendre en faveur de l'une ou de l'autre partie ».

Proud'hon remarque que les peuples en conflit, avant de s'en remettre au sort des combats, implorent, chacun de leur côté, l'assistance du Ciel qu'ils adjurent de leur être favorable. « C'est, dit-il, comme si la justice humaine, confessant son impuissance, suppliait la justice divine de faire connaître, par la bataille, de quel côté est et sera le droit (1). »

Dieu ne peut être que du côté de la justice, « mais à sa manière qui n'est pas toujours la nôtre... Par des vues dont le résultat immédiat nous trompe et dont le résultat futur nous échappe, tantôt cette justice inflige à ceux qu'elle veut servir une défaite heureuse, tantôt elle donne à ceux qu'elle veut perdre l'empire du monde, comme un présent de nul prix... Le conquérant ambitieux et injuste réussit pour un temps ; Dieu le permet ainsi... mais le retour est terrible. Le seigneur brise la verge dont il a frappé le reste du monde. » (Jérémie, I ; Isaïe, XIV) (2). Impitoyablement, l'Esprit saint insulte au vaincu désarmé, le raille sans pitié : « Comment êtes-vous tombé, bel astre qui luisiez au ciel comme l'étoile du matin, vous qui frappiez les nations ? » (Isaïe) (3).

Voilà donc les choses admirables qu'on oppose au

(1) PROUD'HON, *La guerre.*

(2) Louis VEUILLOT, *La guerre et l'homme de guerre.* Cité par LAGORGETTE, dans son *Rôle de la Guerre*, p. 300 et 301.

(3) Cité par LAGORGETTE, même ouvrage, p. 301.

pacifisme! La guerre, c'est-à-dire le meurtre et la destruction en grand, est d'essence divine, et pourtant le meurtre individuel est un crime. Comment s'opère la transition du crime à la chose digne de respect : mystère! On ne peut disconvenir que le meurtre collectif reste un crime. A quel moment le meurtre collectif, suffisamment amplifié et répété, cesse-t-il d'être ignominieux pour devenir glorieux, voilà ce que les amis de la guerre ne nous révèleront jamais. Chose curieuse, on accuse le pacifisme de faire fi des réalités tangibles et, justifiant une fois de plus le mot si connu sur la paille et la poutre, les défenseurs de la guerre se perdent dans des suppositions gratuites de pure fantaisie! Quelqu'un a-t-il pu jamais se flatter de connaître vraiment les volontés particulières de Dieu et ne faut-il pas aux adversaires du pacifisme une dose extrême de suffisance présomptueuse pour se croire les confidents de la Divinité et les révélateurs de ses desseins impénétrables? Et quelle piètre idée ne se font-ils pas de l'Auteur des choses en lui prêtant les mesquines et basses passions humaines! S'imagine-t-on le Créateur prenant directement parti dans nos misérables intrigues et s'employant activement à faire battre un peuple par un autre? Quel rôle plein de grandeur on lui attribue, quelle noble occupation on lui prête! Avec son bon sens railleur, notre illustre chansonnier, Béranger, le faisait ressortir avec malice, témoin ces deux vers qu'il place dans la bouche de Dieu lui-même :

Si jamais j'ai conduit une cohorte,
Je veux bien que le diable m'emporte.

Les adversaires du pacifisme n'ont pas même pour eux la vraisemblance des faits. Comme l'a constaté avec une rude franchise Renan, « les nations les plus pieuses et les plus orthodoxes sont souvent battues par les moins pieuses et moins orthodoxes sans qu'on ait jamais pu constater qu'une providence supérieure ait favorisé d'autre parti que le plus courageux et le plus fort. Le prétendu Dieu des armées est toujours pour la nation qui a la meilleure artillerie et les meilleurs généraux (1) ».

Il est donc absurde de soutenir que la guerre tient de son origine divine un caractère exceptionnel de grandeur et un gage de perpétuité, comme aussi de prétendre — nous avons examiné déjà ce point plus haut — qu'ayant duré jusqu'ici elle durera toujours.

EXERCICES ET DEVOIRS. — I. **Pensée.** — *Les conquérants sont des fléaux non moins dangereux pour l'humanité que les inondations et les tremblements de terre.*

SÉNÈQUE.

II. Devoirs de rédaction. — *1° La guerre, dit-on, a toujours existé, elle existera toujours. Que pensez-vous de cette assertion? Vous paraît-elle exacte?*

2° D'après certains écrivains religieux, la guerre est d'essence divine et sert aux desseins de Dieu pour châtier

(1) Ernest RENAN, *Dialogues philosophiques*.

les peuples. Cette assertion vous paraît-elle admissible? Conclusion.

3° Des philosophes et des savants ont affirmé que la « lutte pour la vie » est une loi universelle dont relèvent les peuples comme les individus. Vous semble-t-il vraiment que les intérêts des peuples soient antagoniques et que la guerre soit pour eux une nécessité?

III. Devoir de l'élève Jean-Pierre (*Développement du 1er sujet*). — Je trouve absurde qu'on soutienne que la guerre existera toujours parce qu'elle a toujours existé jusqu'ici. On aurait pu faire le même raisonnement pour prédire l'impossibilité de n'importe laquelle de nos découvertes. Avant l'invention des chemins de fer, par exemple, toujours on avait voyagé à pied ou en voiture; si l'on en avait conclu que jamais on n'aurait de meilleur mode de locomotion on se serait fort trompé. Je pourrais facilement répéter cette comparaison sur plusieurs autres exemples et toujours j'en arriverais à cette conclusion qu'on ne peut pas affirmer que l'avenir sera semblable au présent ou au passé.

En ce qui concerne la guerre, c'est ne pas prouver grand'chose que de rappeler qu'elle a toujours existé. Aussitôt que les peuples seront plus instruits, plus conscients de ce qu'ils peuvent faire, ils s'entendront pour ne plus se battre et se détruire follement. Ce sera la fin des guerres et le commencement de la vraie civilisation.

CHAPITRE III

LES SOPHISMES EN FAVEUR DE LA GUERRE (*suite*) : LA GUERRE, FONDATRICE DU DROIT ET CRÉATRICE DES NATIONALITÉS ; LA GUERRE, ÉNONCIATRICE DU DROIT.

La guerre, fondatrice du droit. — Nous n'en avons pas fini avec les sophismes en faveur de la guerre, car il en a été formulé pour ainsi dire une infinité.

La guerre a été présentée comme la fondatrice du droit et la créatrice des nationalités.

C'est surtout en Allemagne que s'est affirmée cette divinisation de la force. La maxime de Bismarck : « La Force prime le Droit » qui, en France, a été trouvée si barbare, si odieuse, est hautement dépassée : il ne suffit plus de subordonner le Droit à la Force, il faut annihiler complètement le Droit et proclamer qu'une seule chose subsiste, la Force, créatrice de ce que nous avons coutume d'appeler le Droit. La guerre, dit le colonel Marselli, n'est que « la conséquence d'une disproportion de puissance entre nations opposées ; elle naît de la nécessité de demander l'équilibre à un choc. De cette inégalité est issu le principe historique de la conquête. » D'après Merkel, le droit provient uniquement de la guerre; la mesure de sa formation « n'a pas à être cherchée dans quelque principe supérieur, mais dans le résultat de l'essai des forces réciproques, essai que la guerre impose aux partis en lutte ». Ainsi « le droit se forme par la lutte de facteurs opposés » (1), par la guerre. « Il n'existe qu'un seul titre au commandement, la force, et pour ce titre qu'une preuve, la guerre, affirme C. Rössler (2). Le sort de la guerre est la sentence qui décide des procès des peuples et son arrêt, pourvu qu'on parcoure toutes les instances, est *toujours juste*. Lorsque des peuples incapables, improductifs, occupent des terres riches en forces naturelles, alors *on doit* leur prendre leur pays, les en chasser, les anéantir ou les contraindre à servir et, par leur service, à être quelque chose... Les titres, au sens du droit privé, n'ont pas de valeur dans l'histoire. La terre n'est pas là pour être habitée par des barbares et incapables... ! La guerre est le grand examinateur de l'humanité; elle reste l'*ultima ratio* pour le jugement des peuples. » Pour cet Allemand, dont la Force est le Dieu, « la guerre est de toutes choses la plus indispensable, grande, bienfaisante » et il estime que le « monde réel est infiniment plus parfait, plus beau et plus moral que le monde meilleur ».

(1) Brocher de la Fléchère.
(2) C. Rössler, *Syt. der Staatslehre*, p. 547 et suiv.

D'après un autre Allemand, Ad. Lasson, « le peuple le plus puissant est le meilleur, sa civilisation a le plus de valeur. Celui qui succombe doit reconnaître qu'il l'a bien mérité... Dans le grand processus de l'histoire universelle.. le fort s'affirme, parce qu'il est le plus digne, dans les circonstances données, de servir la grande cause de l'humanité. C'est la justice immanente, éternelle, de l'histoire du monde. » Par suite, le vainqueur a le droit « de disposer du vaincu comme il l'entend, de même qu'il aurait été traité par lui s'il avait été terrassé... Une conquête... est juste dès qu'il va de l'intérêt (du vainqueur) : elle est alors aussi rationnelle que toutes les actions qui émanent de la raison d'Etat... Le vainqueur aura à rechercher quelle quantité du peuple et du territoire ennemis procurera un enrichissement réel à son Etat et il s'en appropriera tout autant avec une entière légitimité. Le maître d'une puissance étatique qui, au lieu de se conformer froidement et le plus possible à l'intérêt de son Etat, se montrerait miséricordieux envers l'ennemi abattu, trahirait sa patrie et serait blâmable au nom de la morale » (1).

(1) Nous avons emprunté cette citation et celles qui précèdent à l'excellent ouvrage de M. Lagorgette, *Le rôle de la Guerre*, p. 307. M. Lagorgette avertit son lecteur que Lasson est un « esprit sérieux » qui « ne vise pas au paradoxe », puis il ajoute en note : On pourrait douter de l'exactitude de paroles si incroyables. Notre traduction de Rössler et de Lasson est pourtant littérale : encore perd-elle la saveur du texte allemand, auquel nous renvoyons. » Ajoutons, de notre côté, que ces appréciations ne sont point, en Allemagne, des opinions isolées : « L'idée de Force,

Quand on a lu toutes ces horreurs, l'on ne peut s'empêcher d'éprouver une nausée et de se demander si un pays où sont admises de si odieuses théories n'est pas un pays de sauvages ou de barbares ! Amère dérision des choses, c'est pourtant précisément en Allemagne que le célèbre Kant proclama la valeur exceptionnelle de la personne humaine. La personne, soutenait-il, est auguste et sacrée ; le devoir est de la considérer pour elle-même, c'est-à-dire comme une fin, jamais de la traiter comme moyen, pour la faire servir à un but intéressé. Que les enseignements du maître ont donc eu peu de fruit parmi ses compatriotes ! Les Allemands de nos jours prennent précisément le contre-pied de la doctrine de Kant. Le philosophe de Kœnigsberg plaçait le devoir pur au-dessus de tout ; l'Allemagne actuelle le nie en l'identifiant avec la force qui n'est que la brutalité et la violence. L'auteur de la *Critique de la Raison pure* voulait que le respect de la personne humaine fût le principe par excellence s'imposant en tout et à tous ; l'Allemagne actuelle fait le même cas des peuples et des hommes que d'un bétail quelconque : dans toute

comme l'a fort bien dit M. Aguiléra dans son ouvrage, *L'idée du droit en Allemagne depuis Kant jusqu'à nos jours*, est l'idée-mère et le point autour duquel a évolué toute la vie juridique de l'Allemagne. »

Pour l'étude plus détaillée de cette intéressante question de l'identification du droit et de la force, nous renvoyons le lecteur au bel ouvrage déjà cité de M. Lagorgette, *Le Rôle de la Guerre*, p. 302 et suiv.

la mesure où on le peut la règle est de les faire servir à ses besoins et à ses intérêts; le droit s'étend jusqu'où va le pouvoir, la force. Tout est permis à condition de pouvoir. Cette singulière morale est identique à celle des apaches et des voleurs de grand chemin. Si elle est bonne, si elle est le devoir pour les peuples, pourquoi serait-elle mauvaise et répréhensible pour les individus et à quel titre réprouve-t-on des pratiques isolées qu'on glorifie dès qu'elles sont généralisées et accomplies par un peuple tout entier? L'acte change-t-il donc de nature par le simple effet de la répétition? Si tuer ou voler sont des crimes, alors qu'ils sont accomplis isolément, par l'effet de quel miracle peuvent-ils cesser d'être des crimes lorsqu'ils sont perpétrés par des foules assemblées, organisées et disciplinées dans le but de rendre ainsi plus redoutables leurs efforts combinés? C'est une singulière doctrine que celle qui admet de telles métamorphoses!...

La vérité est que la Force est l'ennemie du Droit et que la guerre doit être exécrée parce qu'elle repose sur la Force, c'est-à-dire sur l'injustice et la violence.

La guerre, créatrice des nationalités. — On a dit encore — et sur ce point l'on pense être inattaquable — que la guerre est une bienfaitrice à qui les peuples doivent la constitution des nationalités. Si l'on veut faire entendre que la guerre est pour quelque chose dans la formation historique des États modernes, rien n'est plus vrai; mais il faut vite ajouter qu'aucune gratitude n'est due à la guerre pour ce prétendu bienfait.

Tout d'abord, remarquons que, sans la guerre, sans la Force mise au service de l'oppression, les nationalités se seraient constituées d'elles-mêmes. Dès que deux provinces, deux pays se sentent de l'affinité l'un pour l'autre, l'union se formera d'elle-même si aucune Force étrangère n'intervient pour s'opposer injustement à cette union. L'unité italienne, par exemple, s'est constituée, il est vrai, en 1859, à la suite de la guerre d'indépendance qu'entreprit victorieusement contre l'Autriche, le Piémont, soutenu par la France ; mais elle se serait faite d'elle-même bien plus tôt si l'Autriche ne s'était obstinée à s'opposer par la force à l'éclosion des sentiments unitaires de la péninsule italique. D'autre part, si, au lieu d'être vaincue, l'Autriche avait été victorieuse, la cause de l'unité italienne succombait, ce qui prouve bien que la guerre, considérée en elle-même, n'a aucun mérite propre à revendiquer dans l'espèce.

Ajoutons que si les nationalités européennes sont constituées, elles le sont en partie avec la violence et en violation, alors, des droits imprescriptibles des peuples. L'Allemagne a incorporé dans l'unité germanique l'Alsace-Lorraine dont le cœur bat pour la France, le Sleswig, amputé au Danemarck, une partie de la Pologne dont plus de cent ans de tyrannie odieuse n'ont pu amener la prussification. Et ceci n'est qu'un exemple entre beaucoup d'autres ; que de cas de servitude ne pourrions-nous pas signaler dans l'Europe, telle qu'elle est constituée avec ses nationalités formées par la guerre ! Si, au contraire, la guerre n'avait pas imposé sa tyrannie et fait prévaloir ses violences, non seulement les nationalités se seraient constituées d'elles-mêmes, mais, en se formant, elles se seraient mises en harmonie avec les aspirations des peuples, trop foulées aux pieds dans l'Europe actuelle.

La guerre, énonciatrice du droit. — On a prétendu aussi que la guerre, si elle n'est pas le fondement du droit, est du moins le moyen le plus naturel de procédure pour régler les différends internationaux. Envisagée ainsi, la guerre ne serait point la créatrice, mais l'énonciatrice du Droit ; elle serait pour les peuples ce que sont, pour les individus, les procès devant les tribunaux.

Cette conception n'est pas plus raisonnable et soutenable que les précédentes. Pour que la guerre pût être considérée comme une procédure, il faudrait qu'il fût dans son essence de faire immanquablement triompher ceux qui représentent le bon droit ; or, on sait bien qu'il n'en est nullement ainsi. Comme le disait un adage de notre vieux droit public : « Droit ne peut souffrir guerre » ; c'est là une vérité absolue qu'a confirmée le philosophe Kant par ces paroles décisives : « la raison condamne sans exception la guerre comme voie de droit ». Il y a donc toujours eu et il y aura toujours antinomie entre la guerre et le droit.

EXERCICES ET DEVOIRS. — I. **Pensée.** — *La guerre est la plus vaine et la plus féroce des folies humaines.*

HAY (*homme d'Etat américain*).

II. Devoirs de rédaction. — *1° Des philosophes allemands ont prétendu que la guerre est le fondement du droit. Que pensez-vous de cette affirmation?*

2° On a soutenu que c'est grâce à la guerre que se sont constituées les nationalités européennes et que, par suite, il faut donc savoir gré à la guerre de ce bienfait. Cette assertion vous semble-t-elle exacte?

3° Les particuliers ont des tribunaux pour régler leurs différends; la guerre, a-t-on prétendu, est le grand tribunal des peuples; ses arrêts, comme ceux des tribunaux, peuvent être parfois plus ou moins bien rendus; néanmoins ils doivent être respectés. Apprécier cette opinion.

III. Devoir de l'élève Jean-Pierre (*Développement du 1er sujet*). — Des philosophes allemands ont prétendu que la guerre est le fondement du droit; je trouve qu'ils ont absolument tort.

L'autre jour, en venant à l'école, le grand Jules a battu son jeune camarade, le petit Antoine, et s'est emparé d'une partie des quelques pommes rouges appétissantes que ce dernier avait dans son panier pour manger à son dîner (1). La chose a été sue par le maître qui a fait restituer les pommes volées et qui a fait honte à l'agresseur de son vol et de son odieux abus de force. Tous, nous nous sentions révoltés contre

(1) Dans beaucoup d'écoles rurales, les enfants venant des hameaux éloignés prennent à l'école le repas de midi et ne rentrent que le soir dans leur famille.

Jules que nous méprisions : lui-même baissait la tête et savait bien qu'en conscience il avait mal agi.

Quand je vois, par l'histoire, qu'un peuple puissant s'est jeté sans raison sur un peuple plus faible, l'exterminant, le pillant et s'emparant d'une partie de ses provinces, je ne puis m'empêcher de penser que ce peuple puissant s'est comporté comme le grand Jules, voleur de pommes au préjudice d'un camarade plus faible ; il n'a pas mieux agi et si la conduite de Jules est honteuse et odieuse, celle du peuple spoliateur n'est ni moins honteuse, ni moins odieuse.

A l'école, il s'est trouvé quelqu'un, notre instituteur, pour rétablir la justice et faire restituer au petit Antoine ses pommes volées. Dans l'histoire, il n'en est pas toujours de même et les iniquités commises par un peuple subsistent ; mais elles n'en restent pas moins des iniquités.

CHAPITRE IV

LES SOPHISMES EN FAVEUR DE LA GUERRE : LA GUERRE, ÉCOLE DE VERTU, INSTRUMENT DE CIVILISATION ET MOYEN PROVIDENTIEL DE SÉLECTION.

La guerre, en somme, chose excellente. — On a prétendu que la guerre, malgré des inconvénients inévitables auxquels elle ne peut pas mieux échapper que toute entreprise humaine, est, en somme, une chose excellente. D'après cette appréciation bienveillante elle ne serait rien moins qu'une école de vertus, un instrument de progrès et de civilisation, un moyen de sélection, un obstacle à la stagnation, une excitatrice des énergies des peuples. Nous allons voir, qu'elle est bien loin, hélas ! de pouvoir prétendre à ces divers mérites.

La guerre, marque de grandeur pour l'homme. — D'après Proud'hon, qui l'a, du reste, considérée comme un « fait divin », la guerre est, pour l'homme, une marque distinctive de grandeur. « Les loups, les lions, dit-il, pas plus que les moutons et les castors ne se font pas entre eux la guerre : il y a longtemps qu'on a fait de cette remarque une satire de notre espèce. Comment ne voit-on pas, au contraire, que là est le signe de notre grandeur ; que si, par impossible, la nature avait fait de l'homme un animal exclusivement industrieux et sociable et point guerrier, il serait tombé dès le premier jour au niveau des bêtes, dont l'association forme la seule destinée... Vivant en communauté pure, l'humanité serait une étable... Philanthropes, vous parlez d'abolir la guerre ; prenez garde de dégrader le genre humain (1). »

Cette étrange assertion n'est autre chose qu'un audacieux et vain paradoxe sans consistance aucune. Ne sait-on pas que le propre de la guerre est de détruire et que c'est dans le recueillement de la paix, indispensable au travail et aux recherches, que l'humanité s'est élevée peu à peu de l'animalité à la civilisation splendide dont nous sommes les heureux bénéficiaires ?

La guerre, école de vertus. — D'après Proud'hon, c'est par la guerre que « les mœurs se retrempent », que « les nations se régénèrent ». « Force, bravoure, vertu, héroïsme, sacrifice des biens, de la liberté, de la vie, de la famille, voilà à quelle sublimité de vertu nous appelle la guerre. »

Ici encore, tout est erreur. La guerre s'accompagne de toutes les orgies, de tous les crimes, meurtres, vols et viols ; les récits des historiens, la

(1) Proud'hon, *La Guerre et la Paix*, 1862, tome Ier p. 39.

foule des mémoires des contemporains en signalent d'innombrables exemples. Voilà comment « les mœurs se retrempent » par la guerre. D'autre part, la guerre fauche sur les champs de bataille les existences les plus vaillantes, les plus jeunes ; beaucoup, parmi les soldats que la mort épargne, ne reviennent que mutilés ou avec des rhumatismes ou des maladies dont ils souffriront le restant de leurs jours ; voilà comment la guerre s'entend à « régénérer les nations » !

Sans doute, la guerre offre des occasions de déployer de la force, de la bravoure, de l'héroïsme ; mais la vie entière, la vie de famille, la vie de travail, la vie sociale, offrent aussi d'incessantes et plus précieuses occasions de faire montre — et d'une façon plus soutenue, plus méritoire, quoique moins brillante — de force, de vaillance, de bravoure, de ténacité, d'héroïsme même. Le père de famille qui lutte sans trêve ni relâche pour suffire, par son modique travail, aux besoins des siens ; la mère de famille qui s'abîme la santé à soigner son enfant malade, paraissent incontestablement plus dignes d'admiration que le soldat partant en guerre pour attaquer et pour tuer.

Quant au « sacrifice des biens, de la liberté, de la vie, de la famille », il ne faut pas oublier qu'il s'agit nécessairement des biens, de la liberté, de la vie et de la famille d'autrui, car, s'il n'y avait pas d'agresseur, personne évidemment ne serait exposé à rien redouter pour soi-même.

Si l'on fait valoir que la guerre, en nécessitant un séjour de quelques années des jeunes gens à la caserne, doit recueillir le mérite des qualités précieuses d'endurance physique et de discipline qu'acquiert ainsi la jeunesse masculine, nous ferons remarquer que l'avantage est payé trop cher : le militarisme ruine les peuples et, d'autre part, combien de jeunes gens, arrivés au régiment avec l'âme saine, n'y ont-ils pas contracté, grâce à des promiscuités pour ainsi dire inévitables, l'habitude de la débauche et n'en sont-ils repartis que gangrenés moralement et physiquement !

Il serait donc bien plus avantageux, si les peuples avaient la sagesse de renoncer à la guerre, de modifier profondément l'éducation donnée à la jeunesse et de réserver à l'éducation physique la grande importance qu'elle devrait avoir, puisque c'est d'elle que dépendent la solidité de l'individu, son avenir d'adulte et pour ainsi dire la santé même de sa famille future.

Remarquons, d'autre part, que la vie militaire laisse complètement de côté la moitié de l'humanité, les femmes, et que, pourtant, les femmes — peut-être plus que les hommes parce qu'elles sont mères et que l'enfant tient davantage d'elles — ont besoin d'être robustement constituées et de jouir, elles aussi, d'une excellente santé physique. Le militarisme est évidemment impuissant ici et, seule, serait efficace une réforme profonde de l'éducation donnée à la jeunesse, tant dans la famille que dans les écoles.

La guerre, instrument de progrès et de civilisation. — La guerre, qui ne saurait donc être une école de vertus, est-elle, du moins, un instrument de progrès et de civilisation ?

« Sans sacrifices de vies, a-t-on dit, il ne se fait rien de grand, même rien d'ordinaire en ce monde. Le monde ne marche qu'à force de vies sacrifiées (1). » Cette pensée ne manque pas de justesse. Pour ne citer qu'un exemple, ce sont ces vies nombreuses de mineurs engloutis, brûlés par les explosions du grisou qui ont ému de tout temps les ingénieurs et les ont incités à rechercher avec obstination les moyens de plus en plus perfectionnés de prévenir de si épouvantables catastrophes. Une partie de la gloire des inventeurs leur revient vraiment et l'on peut dire sans exagération que leur mort a servi la cause de l'humanité.

Mais cette constatation ne saurait profiter à la guerre. La vie industrielle, la vie courante se chargent assez du soin de faire des hécatombes parmi les hommes et il serait vraiment absurde de chercher à les multiplier.

Le philosophe français Victor Cousin a soutenu que « la guerre n'est pas autre chose qu'un échange sanglant d'idées, à coups d'épée et à coups de canon, et une bataille autre chose que le combat de l'erreur et de la vérité. La victoire et la conquête ne sont pas autre chose que la victoire de la vérité du jour sur la

(1) Césare Balbo, Sommario. — Cité par Emile OLLIVIER dans l'*Empire libéral*, t. V, p. 446.

vérité de la veille, devenue erreur du lendemain » (1). Or, rien n'est plus absurde. D'une part les chemins de fer, le télégraphe et l'imprimerie permettent continuellement entre les peuples des échanges d'idées si nombreux, si multipliés que l'on ne sent nullement le besoin de ceux que pourrait apporter la guerre. D'autre part, il est matériellement faux que la guerre puisse être regardée comme un « échange d'idées ». Ce n'est point pendant la lutte qu'on échange des idées, « à coups d'épée et à coups de canon »; ce soi-disant échange d'idées ne saurait avoir lieu qu'après que la conquête est achevée, par suite de la pénétration réciproque du vainqueur et du vaincu. Les choses ont, en fait, pu se passer ainsi à l'origine de la civilisation, alors que, par suite de l'imperfection des moyens de communication, les peuples restaient pour ainsi dire à l'écart les uns des autres; mais il n'en va plus de même aujourd'hui avec les progrès merveilleux qui ont été réalisés dans les moyens de communication internationale. Ajoutons que, contrairement à la singulière assertion de Cousin, la « vérité du jour », succédant à la vérité de la veille, devenue l'erreur du lendemain, ne doit nullement son succès à quelque conflagration guerrière, mais simplement à l'ascendant qu'elle a su prendre sur la raison et qui ne dépend que de son propre mérite et de sa propre valeur. Même au point de vue strictement militaire, la guerre n'a point fait pour

(1) Victor Cousin, *Cours de l'histoire de la philosophie* (*1828*), 9e leçon.

le progrès ce qu'on pourrait supposer. « Les batailles navales, fait judicieusement remarquer M. Tarde, ont englouti pendant l'antiquité d'innombrables escadres sans modifier le type de la trirème (1). » Les inventions et perfectionnements sont d'ordre plus particulièrement industriel et la guerre n'a fait, le plus souvent, qu'en profiter sans y avoir aucunement participé. La poudre, comme on sait, est due aux recherches des alchimistes, la boussole à de pacifiques navigateurs, la vapeur à des ingénieurs. D'une manière générale, le progrès provient, non de la guerre ou de la lutte, mais des recherches patientes et heureuses des hommes de génie.

Ernest Renan, encore sous l'impression patriotique que lui avait laissée la guerre de 1870-1871, écrivait en 1872 : « La guerre est une des conditions du progrès, le coup de fouet qui empêche une nation de s'endormir, en forçant la médiocrité satisfaite à sortir de son apathie. L'homme n'est soutenu que par l'effort et par la lutte (2). » Hélas ! l'effort et la lutte n'existent que trop dans la vie humaine et il n'est nullement besoin de la guerre pour l'apprendre aux peuples. Si l'on en doutait, qu'on jette un coup d'œil sur l'existence des masses prolétariennes, notamment dans les villes populeuses : que de labeur ininterrompu, que de luttes pour la faim, que de privations endurées en silence dans maintes et maintes

(1) G. Tarde, *L'opposition universelle*, p. 3.
(2) Ernest Renan, *La réforme intellectuelle et morale*, 187, p. 111.

familles ouvrières, que de profondes misères de tous côtés! Et pour comble d'infortune, l'on voudrait appeler la guerre, c'est-à-dire la dévastation et la mort, sur cette population qui souffre? Mais ce serait la plus insensée et la plus criminelle des folies!

Peut-être veut-on faire entendre qu'à côté de la démocratie travailleuse, qui peine et se prive, il y a une foule riche et désœuvrée qui s'endort dans les plaisirs et qu'il faudrait tirer de son « apathie »? Mais la guerre ne choisit pas ses victimes et ne sait point mesurer ses ravages; elle ne saurait donc fournir le remède nécessaire en ce cas. Qu'on revise plutôt les lois sociales, de façon à réaliser un peu plus de justice sur cette terre et à n'avoir plus dans la société une masse de miséreux et de misérables dont le labeur sans fin entretient dans l'opulence une minorité paresseuse et jouisseuse.

La guerre, nécessité pour les peuples. — On a prétendu que la guerre est un besoin pour les peuples et qu'elle leur rend l'inappréciable service de réaliser la sélection parmi eux. Dans ses *Essais*, Montaigne remarque que les Romains usèrent « à escient » des guerres « avec aucuns de leurs ennemis, seulement pour tenir leurs hommes en haleine, de peur que l'oisiveté, mère de corruption, ne leur apportast quelque pire inconvénient; pour servir de saignée à la République et esventer un peu la chaleur trop véhémente de leur ieunesse, escourter et esclaircir le branchage de cette tige foisonnant en trop de gaillardise, pour dériver cette esmotion chaleureuse qui était parmy eulx, de peur que ces humeurs peccantes qui dominoient toujours en eulx ne maintinssent la fiebvre et n'apportassent la ruyne entière... (1) » Cette conviction de la nécessité périodique de la guerre pour tenir les peuples en haleine s'est maintenue jusqu'à nos jours. Bacon, Machiavel, de Moltke ont vu dans la guerre un « exercice salutaire » et indispensensable. En 1825, Guillaume Ier écrivait au Général Oldwig von Natzner : « Nous avons eu une paix de dix ans, c'est bien long; cela ne vaut rien pour une armée prussienne qui ne peut se maintenir que par la force et les nerfs (2). » Chose plus étonnante, le cours d'histoire militaire professé en 1882 à l'École supérieure de guerre de Paris contenait, d'après Jean de Bloch, ces étranges déclarations : « Si la guerre a réellement pour base l'aspiration de l'humanité au progrès moral et matériel, il est très important que chaque génération en subisse l'influence fortifiante et que les traditions s'en transmettent directement des pères

(1) MONTAIGNE, *Essais*, chap. XXI, p. 503. Nous ne rappellerons pas ici que les anciens rois de France, Charles V et Charles VII, par exemple, s'efforcèrent d'occuper le plus possible leurs troupes mercenaires, qu'on appelait les *Grandes Compagnies*. Ces troupes, en effet, qui étaient sans soldé en temps de paix, pressuraient le pays, y commettant les pires excès. Il était naturel que les rois cherchassent à se débarrasser de ces bandes soldatesques dès qu'ils n'en avaient plus besoin. C'est ainsi que Duguesclin les conduisit en Espagne pour soutenir Henri de Transtamare contre don Pèdre le Cruel et que, de cette façon, il parvint à en délivrer la France.

(2) Cité par LAGORGETTE, *Le rôle de la Guerre*, p. 481.

aux fils. Il s'ensuit qu'on doit désirer voir la guerre se produire au moins tous les vingt ans. Les intérêts de l'armée convergent à cet égard avec ceux de la nation. La paix ne doit jamais durer plus de vingt années et il faut souhaiter que des périodes de calme si prolongées soient aussi rares que possible (1). »

« Que Dieu, s'écrie avec une ardeur sauvage l'historien allemand Heinrich Léo, que Dieu nous délivre de l'inertie des peuples européens et nous fasse présent d'une bonne guerre, fraîche, joyeuse, qui traverse l'Europe avec fureur, passe la population au crible et nous débarrasse de la canaille scrofuleuse qui emplit l'espace et le rend trop étroit pour les autres, afin que l'on puisse encore mener une vie humaine convenable dans l'air méphitique où l'on suffoque (2). »

La guerre est donc « un bienfait de l'humanité » selon l'expression d'un autre historien allemand, Treitschke (3).

La guerre, procédé de sélection des peuples. — De là à soutenir que la guerre est un procédé de sélection parmi les peuples, il n'y a qu'un pas et il a été maintes et maintes fois franchi. « La sentimentalité, dit Max Nordau, peut avoir les yeux mouillés en voyant périr un peuple. L'intellectuel reconnaît que ce peuple a disparu parce qu'il n'avait pas la

(1) Jean de BLOCH, *La Guerre*, t. V. p. 49.
(2) Volksblatt für Stadt u. Land. Halle, Juin 1853, n° 61. Cité par LAGORGETTE, *Rôle de la Guerre*, p. 478.
(3) Cité par LAGORGETTE, même ouvrage, p. 458.

force nécessaire pour durer, et le range parmi les formes biologiques vaincues sur lesquelles a passé l'évolution des mondes (1). » « On parle sans cesse des hasards de la guerre, a dit aussi dans le même sens Victor Cousin ; pour moi, je défie qu'on me cite une seule partie perdue par l'humanité. De fait, il n'y a pas une grande bataille qui ait tourné contre la civilisation. Le vaincu est toujours celui qui a mérité de l'être ; accuser le vainqueur et prendre parti contre la victoire, c'est prendre parti contre l'humanité et se plaindre du progrès de la civilisation (2). »

Il est inutile, croyons-nous, de s'attarder longuement à réfuter de telles assertions. Que la guerre soit utile pour maintenir en haleine les armées, pour leur donner des enseignements qui dépassent considérablement ce que la simple théorie peut leur offrir, cela n'est pas douteux : c'est surtout en forgeant qu'on devient forgeron et non point en écoutant de prolixes explications sur l'art de marteler le fer. Mais le pacifisme souhaite qu'on en arrive, le plus vite possible, à supprimer toutes les guerres et toutes les armées. L'argument ne subsiste donc plus contre lui. Comme l'a fort bien remarqué M. Lacombe, « la guerre ôtée, les prétendus services qu'elle rend n'ont plus de sens (3). »

Mais si l'on se place au point de vue, non plus de

(1) Cité par LAGORGETTE, même ouvrage, p. 462.

(2) Victor COUSIN, *Cours de l'histoire de la philosophie*, (1828), 9e leçon.

(3) LACOMBE, *La guerre et l'homme*, p. 290.

l'armée, mais de la nation, il n'en va plus de même : la guerre est — comment pourrait-on le nier ? — une destruction immense de richesses, une extermination non moins immense de vies humaines. Affirmer que la guerre est périodiquement bienfaisante et nécessaire est aussi sensé que de prétendre que de terribles tremblements de terre ou une peste effroyable sont, tous les vingt ans, indispensables à l'humanité pour la secouer de sa torpeur et l'empêcher de s'endormir dans le calme d'une vie tranquille. De tous temps, les bouleversements sismiques et les épidémies ont été considérés comme des calamités ; il n'est pas possible de porter sur la guerre un autre jugement.

Quant à prétendre, comme le veulent les adorateurs de la guerre, que la victoire va nécessairement au peuple moralement le meilleur et qu'elle favorise invariablement les intérêts de la civilisation, c'est le comble de la crédulité naïve et de l'aveuglement. Il est incontestable, au contraire, que dans les combats ce sont les qualités militaires seules qui concourent au succès et qu'il y sert de peu d'avoir l'âme noble et pure ou l'intelligence ouverte à toutes les merveilles des lettres, des sciences et des arts. Avoir bon jarret et bon pied, bon œil et bon bras, savoir à l'occasion se passer de manger quand on n'en a pas le temps ou quand on n'a rien à se mettre sous la dent, ne pas être trop assailli de scrupules lorsqu'il faut tuer ou piller, tel est l'essentiel et cela contribue certainement plus à la victoire que la connaissance approfondie d'Homère ou d'Aristote, de Phidias ou de Michel-Ange, de Racine ou de Bossuet, ou que la pratique vertueuse de la morale la plus pure.

Si, d'autre part, l'on jette un coup d'œil attentif sur les peuples, en quoi les Suisses, les Belges, les Danois, les Suédois, qui ont renoncé à la guerre, ont-ils de l'infériorité au point de vue du degré de civilisation? Et pourtant, si la guerre avait vraiment l'influence civilisatrice dont on veut bien la gratifier, ces peuples devraient nécessairement se trouver tout au bas de l'échelle de la civilisation. Par contre, un peuple qui ne vécut jamais que pour la guerre, le peuple spartiate, aurait dû, grâce à cette particularité exceptionnelle, effacer tous ses rivaux par l'éclat de sa civilisation. Or, au contraire, ce peuple n'a pas duré. Les Spartiates « se sont maintenus, nous dit Aristote, tant qu'ils ont fait la guerre. Quand leur domination a été établie, ils ont péri, faute de savoir vivre en repos et de s'être exercés aux autres vertus plus importantes que celles des combats (1) ».

On voit donc combien l'on aurait tort de regarder la guerre comme la compagne inséparable de la civilisation.

La guerre, excitatrice des énergies. — On a encore affirmé, en faveur de la guerre, qu'elle est, pour les peuples, un obstacle à la stagnation et une excitatrice de leurs énergies. D'après nombre d'auteurs allemands, la destruction engendre le bien. « Sans la

(1) ARISTOTE, *Politique*, Livre II, chap. VI.

guerre, a dit le maréchal de Moltke, le monde croupirait ». D'après Lasson, la guerre est pour tous les peuples un bain de santé, pour les peuples vieillissants, un bain de Jouvence (1). » Ernest Renan lui-même avoue que « l'homme n'est soutenu que par l'effort et par la lutte » et que s'il n'était stimulé par la crainte de la guerre, « il est difficile de dire à quel degré d'abaissement pourrait descendre l'espèce humaine. Le jour où l'humanité deviendrait un grand empire romain pacifié, n'ayant plus d'ennemis extérieurs, serait le jour où la moralité et l'intelligence courraient les plus grands dangers (2). »

Si les luttes armées avaient tant de vertu, la guerre étrangère ne devrait pas être seule à bénéficier de ces bienfaits ; la guerre civile, elle aussi, pourrait en revendiquer sa part. Et, en effet, il s'est trouvé des hommes pour faire l'apologie de ces luttes homicides qui arment le citoyen contre le citoyen, le frère contre le frère. Montesquieu a constaté qu' « il s'y forme souvent de grands hommes, parce que, dans la confusion, ceux qui ont du mérite se font jour ». « Chacun, ajoute-t-il, se place et se met à son rang, au lieu que, dans les autres temps, on est placé, et on l'est presque toujours, de travers. » « La lutte civile, ose affirmer un auteur, est pour chaque nation une condition de progrès et de grandeur, car

(1) Cité par LAGORGETTE, *Le rôle de la Guerre*, p. 456, note 1.

(2) Ernest RENAN, *La réforme intellectuelle et morale* (1872) p. 111.

elle fait naître, elle exige la discipline et toutes les vertus sociales... Sans les guerres civiles, les sociétés resteraient comme pétrifiées dans leur forme originelle (1). » Il n'est pas indispensable que la bonne cause triomphe : « les effets de la guerre civile, ajoute le même auteur, peuvent être salutaires, même si la cause mauvaise a triomphé. Elle réveille le courage des citoyens et fait d'eux des soldats prêts à défendre leurs droits. Elle secoue la torpeur de la nation, lui montre les vrais dangers qu'elle court. Elle aguerrit et elle éclaire (2). » Il est fâcheux que ces partisans si enthousiastes de la guerre, de la guerre civile même, n'aient pas examiné si, contrairement à l'opinion commune, les apaches, les voleurs et les assassins ne jouent pas un rôle bienfaisant dans la société. Montesquieu y eût peut-être découvert, non sans quelque apparence de vérité, bon nombre d'individus doués d'un réel mérite, de qualités d'action et de résolution notamment, et qui, mal placés par le hasard dans la vie, s'efforçaient de corriger eux-mêmes l'injustice de leur destinée. Peut-être les apologistes déterminés de la guerre civile eussent-ils aussi découvert que ces gens-là font montre, à un haut degré, de courage, d'habileté, de sang-froid, en somme de vertus sociales et que, sans la crainte salutaire qu'ils inspirent aux rentiers paisibles, la société s'endormi.

(1) Salières, *La Guerre*, p. 221. Cité par Lagorgette, *Le rôle de la Guerre*, p. 485, note 1.

(2) Salières, *La Guerre*, p. 129. Cité par Lagorgette, *Le rôle de la Guerre*, p. 485, note 1.

rait avec trop de molle quiétude dans la satisfaction déprimante des jouissances et des plaisirs.

Mais laissons l'ironie. Ainsi que chacun peut facilement le constater en jetant un coup d'œil autour de soi, la vie contemporaine n'est que trop déjà par elle-même une lutte, une lutte pénible pour l'homme de nos jours. Si cette société n'est point parfaitement organisée, si, selon l'expression de Montesquieu, beaucoup y sont placés « presque toujours de travers » au lieu d'avoir la place qu'ils mériteraient, ce n'est point dans la guerre étrangère ou dans la guerre civile qu'il faut chercher le remède nécessaire, mais dans les réformes économiques et sociales désirées et demandées, du reste, par la démocratie travailleuse. « Le jour où, pour reprendre l'expression de Renan, l'humanité deviendra un grand empire romain pacifié », mais un empire où règnera la justice, où les misérables manquant de pain ne seront plus obligés de s'exténuer pour que des privilégiés qui n'ont eu que la peine de naître s'abandonnent sans mesure aux jouissances les plus fastueuses de l'opulence, le jour où l'on aura réformé et renforcé l'éducation et l'instruction du peuple, le jour enfin où la belle devise française « liberté, égalité, fraternité », proclamée depuis plus d'un siècle, aura été effectivement mise en pratique, ce jour-là nous n'aurons pas à redouter pour l'humanité d'abaissement intellectuel ou moral, parce que, sans le vain secours de la guerre, la société aura été ainsi organisée aussi bien qu'il est possible de le souhaiter ici-bas. La justice sociale, voilà pour l'humanité le meilleur des « bains de santé », mille fois préférable à la guerre, qui ne vit que de crimes et ne fait que des ruines.

Exercices et devoirs. — **I. Pensée.** — *Dieu n'a fait ni petits ni grands, ni maîtres ni esclaves, ni rois ni sujets : il a fait tous les hommes égaux et il leur a commandé de s'aimer, afin qu'ils fussent unis et que les faibles ne tombassent point sous l'oppression des forts.*

Lamennais.

II. Devoirs de rédaction. — *1° Certains écrivains ont prétendu que la guerre est une école de vertus. Que pensez-vous de cette affirmation ?*

2° La guerre, a-t-on parfois soutenu, est un moyen de sélection parmi les peuples. Cette prétention vous semble-t-elle justifiée ?

3° Certains partisans de la guerre sont allés, dans leurs excès, jusqu'à vanter les bienfaits de la guerre civile. Peut-on souscrire à cette audacieuse affirmation ?

III. Devoir de l'élève Jean-Pierre (*Développement du 2e sujet*). — On nous demande d'examiner si la guerre peut être un moyen de sélection pour les peuples, c'est-à-dire si elle fait triompher nécessairement les meilleurs.

Un modeste exemple emprunté à notre vie scolaire prouvera, je crois, qu'il n'en peut pas être ainsi.

Lundi dernier, à notre récréation du matin, une contestation s'est élevée entre mes camarades Victor Taponard et Jacques Bonamour, à propos d'une partie de billes. Victor Taponard, qui n'était pas « en veine » et qui manque un peu d'adresse, perdait presque constamment; plein d'humeur et de colère, il contesta une partie et, à bout d'arguments, tomba à coups de poings sur Jacques Bonamour qui est plus jeune et moins fort que lui. La victoire fut pour Taponard qui empocha les billes dispersées sur le jeu; quant au pauvre petit Jacques, il en fut réduit à pleurer.

Ce petit événement m'a fait réfléchir. J'ai pensé tout de suite aux peuples et à leurs différends qui se règlent par la guerre. De même que le pauvre Jacques a été battu malgré son bon droit, de même les peuples les plus faibles sont nécessairement voués à la défaite, en dépit de l'excellence de leur cause et de toutes les vertus morales qu'ils pourraient avoir.

C'est donc, me semble-t-il, un mensonge de prétendre que la guerre est pour les peuples un moyen de sélection et qu'elle assure le triomphe des meilleurs. Dans les combats, c'est la violence et la ruse qui triomphent nécessairement et un peuple batailleur et perfide parviendra toujours à écraser une nation n'ayant pour toute défense que son honnêteté et ses vertus.

CHAPITRE V

LES SOPHISMES EN FAVEUR DE LA GUERRE : LA GUERRE, UNIQUE SAUVEGARDE DE L'HONNEUR NATIONAL, INDISPENSABLE MOYEN D'ÉTENDRE SES FRONTIÈRES ET DE SE CRÉER DES COLONIES OU DES DÉBOUCHÉS ÉCONOMIQUES

La guerre, unique sauvegarde de l'honneur national. — On a fait valoir en faveur de la guerre qu'elle est un moyen unique pour sauvegarder l'honneur national, pour conquérir ses frontières naturelles ou agrandir ses Etats, se créer des colonies ou des débouchés économiques indispensables.

Avec Anatole France, nous ferons remarquer, sur le premier point, que « si toutefois il subsiste encore un honneur dans les peuples, souillés de tous les crimes, c'est un étrange moyen de le soutenir que de faire la guerre, c'est-à-dire de commettre tous les crimes par lesquels un particulier se déshonore : incendie, rapine, viol, meurtre ». Nous ne prétendons pas que les peuples n'aient pas leur dignité et leur honneur tout comme les individus et que la lâcheté soit à recommander aux nations ; mais au lieu de recourir à la voie sanglante de la guerre, le mieux, pour un peuple, est de s'en remettre du soin de son honneur aux appréciations arbitrales, plus propres à faire attester son bon droit que la guerre elle-même, fatalement aveugle dans ses arrêts. Ainsi donc on ne saurait justifier les guerres offensives entreprises au nom de l'honneur national.

Pouvons-nous ajouter qu'il en est de même pour les guerres défensives? Nous n'osons aller jusque-là, car, si une nation se trouvait en butte aux affronts et aux violences d'une insolente voisine, on ne saurait la blâmer de lutter héroïquement pour son honneur. La bassesse, qui est une honte pour les individus, ne saurait devenir une maxime pour les peuples et il peut se rencontrer des cas où il est beau de préférer l'honneur à la vie. Ajoutons toutefois que dans le concert mondial des puissances l'opinion publique acquiert une force grandissante, naturellement disposée en faveur de l'équité, et que ces abus insolents d'injuste omnipotence deviennent de moins en moins possibles.

Mais, qu'on y prenne garde, l'honneur, bien souvent, a servi de prétexte à des guerres absolument condamnables et l'histoire est pleine d'exemples le confirmant. Maintes et maintes fois, de futiles questions de préséance, de vaines suceptibilités d'amour-propre, considérées à tort comme des atteintes graves à la dignité et à l'honneur, ont suffi pour déchaîner les maux de la guerre. Tel fut le cas, pour ne citer qu'un exemple de date récente, de la guerre franco-allemande de 1870 voulue par Bismarck et Napoléon III et dont la fameuse dépêche d'Ems, jugée offensante pour la France, fut le prétexte désiré. Le vainqueur lui-même reconnut « la frivolité sans pareille de cette guerre sanglante » (1), qui coûta de nombreux milliards aux deux nations, occasionna la mort de centaines de milliers d'hommes et créa entre la France et l'Allemagne une inimitié qui subsiste toujours et qui les incite à se ruiner en de perpétuels armements.

La guerre pour reculer ses frontières. — La guerre pour conquérir des frontières naturelles ou pour s'adjoindre de nouvelles provinces est chose non moins néfaste. Pendant de longs siècles les princes n'ont eu d'autre ambition, d'autre passion ; ils ont versé avec joie le sang des peuples sur les champs de bataille pour l'orgueilleuse satisfaction d'ajouter à leurs Etats quelque nouvelle province. A leurs yeux, le bonheur de la nation dépendait absolument de cette extension territoriale toujours plus grande. Pourtant il est d'une irrésistible évidence que cette conception est fausse : combien n'existe-t-il pas de pays de moyenne ou de petite étendue qui, simplement par le travail et l'exercice des libertés civiques,

(1) Dépêche de l'Empereur d'Allemagne au roi de Bavière (voir le *Journal des Débats* du 1er mars 1871). Une dépêche à l'Empereur de Russie est conçue en termes analogues (voir *Journal des Débats* du 4 mars 1871 et *Journal de Saint-Pétersbourg* 1er mars.) Cité par H. Dumesnil, *La Guerre*, p. 13 et H. Lagorgette, *Le rôle de la guerre*, p. 109.

ont atteint un degré de prospérité matérielle et morale que peuvent leur envier de grandes nations dont les territoires sont incomparablement plus vastes? La Suisse, cette laborieuse et sage petite nation, n'est-elle pas un exemple qui se présente aussitôt à l'esprit?

Quant à la fameuse théorie des *frontières naturelles*, au nom de laquelle tant de guerres ont été faites, tant de sang a été répandu, elle s'évanouit à la moindre réflexion. Comme l'a dit Renan « sont-ce les montagnes ou bien sont-ce les rivières qui forment ces prétendues frontières naturelles? Il est incontestable que les montagnes séparent, mais les fleuves réunissent plutôt. Et puis, toutes les montagnes ne sauraient découper des Etats; quelles sont celles qui séparent, quelles sont celles qui ne séparent pas?... »

Les guerres coloniales et économiques. — Où les partisans de la guerre se croient invincibles, c'est sur la question des guerres coloniales et des expéditions entreprises dans le but, pour un peuple, de s'assurer la suprématie industrielle et commerciale. De telles guerres ou expéditions sont, croient-ils, une nécessité inéluctable, une question de vie ou de mort. Sans colonies, sans « débouchés économiques », un peuple ne serait-il point condamné fatalement à périr? Or, ils ne prennent point garde qu'ils ont incessamment sous les yeux des exemples du contraire : des peuples pleins de vitalité, d'industrie et de richesse — la Suisse, par exemple, déjà citée — n'ont pas de colonies et n'entretiennent point d'escadres de cuirassés et de croiseurs pour porter au loin leur prestige et veiller à la sécurité de leurs débouchés économiques. Qu'on n'allègue pas que la Suisse est de superficie réduite et que son exemple ne peut être retenu, car il va de soi que les mêmes phénomènes d'activité industrielle et commerciale que nous observons chez elle ne s'en produiraient pas moins si elle avait une étendue double, triple ou décuple.

On ne prend pas garde davantage que les expéditions coloniales coûtent toujours bien des vies de soldats et bien des millions (1). La colonie conquise, il faut des millions, toujours des millions, pour la mettre en œuvre ; il faut y entretenir des garnisons, y élever des fortifications et construire des cuirassés pour être à même de la défendre contre des agressions possibles. Et après tant de sacrifices, obtient-on des profits suffisamment compensateurs ? Hélas ! non. Le budget de la colonie, indéfiniment déficitaire, ne se boucle chaque année qu'avec l'aide de la métropole. Sans doute on y fait quelque commerce d'importation et d'exportation, mais c'est un avantage dont profitent également les nations qui ne se sont point imposé les sacrifices de la colonisation et dont l'industrie et le commerce, par suite relativement

(1) « Une grande perte d'hommes, a dit J. B. Say est une grande perte de richesse acquise, car tout homme adulte est un capital accumulé qui représente toutes les avances qu'il a fallu faire pendant nombre d'années pour le mettre au point où il en est. »

peu chargés d'impôts, sont en état de soutenir fort avantageusement la concurrence. Les transactions, on le sait, sont régies, en effet, par la loi de l'offre et de la demande et la nation dont les prix de revient de ses marchandises ne sont pas inutilement grevés des charges onéreuses du militarisme et de la colonisation a les plus grandes chances d'obtenir l'avantage sur les marchés, en dépit des artifices imaginés parfois par les tarifs de douanes pour favoriser la métropole. Aussi n'est-ce point absolument sans raison qu'on a pu lancer cette boutade : «Les meilleures colonies sont celles autres. »

Nous n'irons pas toutefois jusqu'à prétendre que les colonies sont nécessairement nuisibles et que, sans distinction de cas, il conviendrait d'abandonner au plus tôt celles qu'on possède. Ce serait de l'exagération manifeste. Le bon sens et la sagesse ne s'opposent pas à ce qu'on tire parti des sacrifices anciens et à ce qu'on conserve ce qu'on a eu de la peine à acquérir. Respecter les mœurs, les coutumes et la religion des indigènes, s'efforcer de se les attacher en les initiant à la civilisation, s'occuper dans une large mesure de faciliter, si le climat le permet, l'établissement de colons de la métropole, voilà une excellente façon de comprendre la colonisation. Une colonie dévouée à la mère-patrie n'a pas besoin de nombreux contingents de troupes pour la garder; elle se garde elle-même. D'autre part, elle devient un utile débouché pour les jeunes gens entreprenants et actifs qui se trouvent trop à l'étroit dans la mère-patrie et ont besoin de chercher ailleurs des conditions plus favorables pour vivre. Mais, sous le bénéfice de ces réserves, les conquêtes coloniales n'en restent pas moins condamnables.

Les guerres économiques, bien plus encore que les simples expéditions coloniales, sont néfastes aux peuples qui les entreprennent. L'Angleterre en a fait la dure expérience par sa guerre du Transvaal qui lui a coûté des sommes énormes, sans parler des milliers de vies humaines tristement sacrifiées pour cette fatale conquête. Une guerre économique entre nations européennes, comme celle, par exemple, dont se menacent parfois l'Angleterre et l'Allemagne, serait la plus désastreuse des combinaisons : elle accumulerait tant de ruines, elle serait si onéreuse, même pour le vainqueur, que les avantages à en retirer par lui seraient infiniment au-dessous des sacrifices énormes qu'elle lui aurait coûtés.

On ne saurait trop s'appliquer à répandre ces vérités.

EXERCICES ET DEVOIRS. — **Lecture.** — *Les vraies conquêtes.* — Les seules conquêtes définitives seront toujours celles qui auront été réalisées et cimentées par l'amour. Vous voulez vaincre ? Faites-vous aimer. C'est là qu'est l'unique secret du triomphe. L'expérience de l'histoire a démontré qu'aucune colonie ne peut être maintenue par le seul effet de la terreur et de la force.

Comment d'ailleurs une métropole pourrait-elle administrer au delà des mers une colonie qui voudrait lui résister ? S'il s'agit d'une colonie encore jeune et faible, la résistance y affectera la forme de ces révoltes d'esclaves contre lesquelles les troupes régulières sont impuissantes. S'il s'agit d'une colonie déjà développée, son mécontentement sera servi par ce besoin d'indépendance, de liberté politique et de gouvernement autonome qui surmonte tôt ou tard tous les obstacles, parce qu'il a les plus nobles aspirations du peuple à son service. On l'a bien vu lorsque les Etats-Unis se sont affranchis du joug de l'Angleterre. Mais le besoin d'autonomie reste latent, et l'instinct de révolte n'éclate pas dans les colonies dont la métropole a su se faire aimer. La réciprocité des sympathies et des intérêts crée entre ces colonies et la métropole un lien de reconnaissance plus solide et moins lourd que les chaînes des traités. Et si jamais le pacte politique vient à se rompre, cette reconnaissance survit aux remaniements superficiels de la carte.

La France est encore aimée au Canada.
L'Espagne est déjà oubliée aux Philippines.

JACQUES DUMAS, *La Colonisation* (p. 98 à 100
V. Giard et E. Brière, éditeurs).

II. Devoirs de rédaction. — *1° Connaissez-vous des guerres qui aient été engagées pour des motifs futiles ? Citez des exemples et dites ce que vous pensez au sujet de cette façon d'agir.*

2° Vous avez entendu émettre cette opinion : « Les meilleures colonies sont celles des autres. » Que pensez-vous de cette assertion ? Part de vérité qu'elle renferme.

3° Est-il bon pour une nation d'avoir des colonies ? Citez un exemple à l'appui de votre opinion.

III. Devoir de l'élève Jean-Pierre (*Développement du*

3e sujet). — On nous demande s'il est bon pour une nation d'avoir des colonies. Je pense que cela peut être bon ou mauvais, suivant les circonstances.

Si l'on offrait à mes parents, qui n'en ont nul besoin, cheval et voiture à condition de les garder, ce serait un présent funeste : cheval et voiture ne nous rendraient pas de services, nous ne saurions où loger l'un et l'autre et, de plus, la nourriture du cheval nous ruinerait. Mieux vaut pour nous rester comme nous sommes.

De même si l'on offrait à un petit pays d'Europe l'héritage colonial de l'Angleterre ou de la France ce serait probablement lui rendre un bien mauvais service. Ces colonies ne se suffisent pas toutes à elles-mêmes et le petit Etat bénéficiaire ferait comme mes parents : il se ruinerait à vouloir utiliser le cadeau qu'on lui aurait ainsi fait.

Je pense aussi que faire la guerre pour conquérir des colonies n'est pas bien ; c'est, en outre, faire un mauvais calcul, car on sacrifie, en général, bien plus qu'on ne gagne.

Pourtant, quand un pays possède de belles et fertiles colonies pour lesquelles il a déjà beaucoup dépensé, ce serait folie de les abandonner. Tel est, par exemple, le cas de l'Algérie et de la Tunisie pour la France. Ce sont de superbes pays, pour ainsi dire à deux pas de chez nous. Le gouvernement devrait encourager vivement les Français à y aller. Je connais pas mal de jeunes hommes, ne sachant trop que faire ici, qui seraient heureux, si on les y aidait efficacement, de fonder quelque entreprise agricole au delà de la Méditerranée (1).

(1) En réalité des facilités sont accordées aux Français désirant s'établir en Algérie ; mais ces facilités ne sont pas assez connues des intéressés ; peut-être aussi ne sont-elles pas suffisantes.

Ils se marieraient, auraient des enfants et contribueraient ainsi à rendre la France plus grande et plus puissante.

Il faudrait aussi que nous laissions les indigènes libres de penser et d'agir comme ils le veulent et que nous nous appliquions à nous faire aimer d'eux. Comme cela nous en ferions des amis dévoués de la France. Tandis que si nous ne savons pas nous les attacher, notre possession sera précaire : à la première infortune qui nous arriverait (en cas de guerre, par exemple, avec l'Allemagne) les Arabes se soulèveraient et secoueraient notre joug.

CHAPITRE VI

LES SOPHISMES EN FAVEUR DE LA GUERRE (*fin*) : LE DROIT DE CONQUÊTE ; LA GUERRE, ACTE DE DÉFENSE ; LA GUERRE, TRANSITION NÉCESSAIRE

La guerre, instrument du droit de conquête. — On a tenté d'innocenter la guerre soit en la présentant comme l'exercice du droit naturel de conquête, ou comme un acte de défense, soit encore en la représentant comme un état transitoire de l'humanité. Aucune de ces allégations ne peut faire oublier que la guerre est un crime.

Pour se rendre compte de l'inanité absolue du droit de conquête, il suffit de prendre garde que la conquête n'est autre chose que le vol en grand. « Porter la guerre chez ses voisins, disait déjà saint Augustin, qu'est-ce autre chose qu'un brigandage en grand ? » « On fait la guerre, a écrit Voltaire, uniquement pour moissonner les blés que d'autres ont semés, avoir leurs moutons, leurs chevaux, leurs bœufs et leurs petits meubles.... Dans toutes les guerres, il ne s'agit que de voler. » Le conquérant n'est donc, comme l'a finement observé La Rochefoucaud, qu'un « voleur illustre » et Schopenhauer a pu ajouter, d'une façon aussi juste que pittoresque, que « les peuples conquérants sont les bêtes de proie du genre humain ».

Ajoutons à notre tour que la conquête est plus qu'un vol, qu'elle est la violation d'un bien plus précieux que toutes les richesses matérielles, la liberté, et qu'à ce titre encore elle doit être honnie. Il ne saurait donc exister de « droit de conquête ».

La guerre, acte de défense. — On allègue que la guerre doit être sacrée, car elle est la suprême défense d'un peuple contre ceux qui l'attaquent. Il y a là une méprise évidente, car la défense suppose nécessairement l'attaque. S'il est licite pour un pays de se défendre, s'il est beau de « mourir pour la patrie » menacée par un injuste agresseur, il ne s'ensuit nullement que la guerre puisse bénéficier de cette louangeuse appréciation. Il est impossible, en effet, de l'assimiler à la défense, car la défense n'a de raison d'être que par l'attaque et si l'attaque disparaît, toute guerre devient *ipso facto* nécessairement impossible. La guerre est donc essentiellement « l'attaque d'autrui, le crime des crimes, l'assassinat politiquement organisé de milliers d'hommes » (1).

La guerre, état transitoire de l'humanité. — L'école positiviste (et particulièrement Auguste Comte, Saint-Simon, Spencer) a représenté la guerre

(1) L. Henry, *Le crime des crimes*, p. 3.

comme un état fatalement transitoire de l'humanité. Cette thèse est amplement développée dans les ouvrages de ces sociologues (1).

Nous ne nous y arrêterons pas longuement car, au point de vue du pacifisme contemporain, elle n'est point d'une importance pratique capitale, les positivistes reconnaissant que le rôle du militarisme est fini et que désormais « toute guerre est impie ». Peu importe, à la rigueur, que la guerre ait été bienfaisante ou non dans le passé, si l'on nous accorde qu'elle ne saurait être désormais que malfaisante et si l'on s'associe à nos efforts pour hâter le règne de la paix. La question de principe mise à part, l'intérêt du débat n'aurait donc en quelque sorte qu'un caractère purement rétrospectif, sans rien qui puisse actuellement passionner.

D'après le positivisme, l'humanité doit passer nécessairement par trois phases : le militarisme d'abord, pour aboutir à l'industrialisme qui est la phase finale. Entre ces deux phases se trouve une phase intermédiaire, celle des légistes. D'autre part, il y a parallélisme constant entre l'évolution matérielle et l'évolution intellectuelle : le militarisme est intimement lié à l'état religieux, seul convenable à l'époque primitive ; de même, à l'industrialisme cor-

(1) Voir notamment SPENCER, *Principes de Sociologie*, tome III, Auguste Comte, *Système de politique positive ou Traité de Sociologie instituant la religion de l'humanité*, tome IV ; SAINT-SIMON, *De la réorganisation de la Société européenne* ; l'industrie.

respond la science, appelée à grandir de plus en plus et à supplanter complètement la religion ; dans la période intermédiaire pullulent les métaphysciens et les légistes.

Ces vues ingénieuses ne doivent pas faire oublier les attestations formelles de la morale. Nous l'avons vu, la guerre n'est que le vol et l'assassinat collectifs, scientifiquement perpétrés ; les plus belles théories du monde ne sauraient rien changer à cette évidence de la conscience et, par suite, la guerre ne peut être considérée autrement, dans le passé comme dans le présent, que comme « le crime des crimes ».

Si l'on veut ne voir dans la thèse positiviste qu'une explication de l'enchaînement des faits de l'histoire, nous ne refusons pas de convenir que tout n'est pas faux dans le système positiviste : « l'humanité est partie du militarisme, » et elle s'engage de plus en plus dans « l'industrialisme » ; elle a été soumise complètement, à l'origine, à la « religion » et il est vrai que cette dernière se dépouille de plus en plus de ce qu'elle avait de grossier et de mensonger pour se confondre avec la pure science. Mais nous nous refusons à croire, contrairement à ce que soutient le positivisme et à l'affirmation de Spencer lui-même, que « le monstre aux dents et aux griffes rouges de sang a été une condition de progrès de la vie. » Le monde ancien a évolué, non grâce à la guerre, mais en dépit de la guerre.

La guerre reste donc une chose monstrueuse, dont la justification demeure impossible.

EXERCICES ET DEVOIRS. — **I. Lecture.** — *La guerre.* — Tous les animaux sont perpétuellement en guerre ; chaque espèce est née pour en dévorer une autre. Il n'y a pas jusqu'aux moutons et aux colombes qui n'avalent une quantité prodigieuse d'animaux imperceptibles. L'air, la terre et les eaux sont des champs de destruction.

La guerre meurtrière est tellement le partage affreux de l'homme, qu'excepté deux ou trois nations, il n'en est point que leurs anciennes histoires ne représentent armées les unes contre les autres.

Le plus déterminé des flatteurs conviendra sans peine que la guerre traîne toujours à sa suite la peste et la famine, pour peu qu'il ait vu les hôpitaux des armées et qu'il ait passé dans quelque village où il se sera fait quelque grand exploit de guerre.

Un généalogiste prouve à un prince qu'il descend en droite ligne d'un comte dont les parents avaient fait un pacte de famille, il y a trois ou quatre cents ans, avec une maison dont la mémoire ne subsiste plus. Cette maison avait des prétentions éloignées sur une province dont le dernier possesseur est mort d'apoplexie ; le prince et son conseil voient son droit évident. Cette province, qui est à quelques centaines de lieues de lui, a beau protester qu'elle ne le connaît pas, qu'elle n'a nulle envie d'être gouvernée par lui, que, pour donner des lois aux gens, il faut au moins leur consentement : ces discours ne parviennent pas seulement aux oreilles du prince, dont le droit est incontestable. Il trouve incontinent un grand nombre d'hommes qui n'ont rien à perdre ; il les habille d'un gros drap bleu à cent dix sous l'aune, les fait tourner à droite et à gauche, et marche à la gloire.

VOLTAIRE.

II. Devoirs de rédaction. — *1° Notre vieux poète français Villon a écrit, dans sa chanson* : Alexandre et le pirate :

L'empereur si l'arraisonna :
« Pourquoi es-tu larron de mer ? »
L'autre, response lui donna :
« Pourquoi larron me fais nommer ?
Pource qu'on me voit écumer
En une petiote fuste ?
Se comme toy me peusse armer,
Comme toy empereur je fusse. »

Que pensez-vous de la réponse du pirate ? L'analogie invoquée par ce dernier vous semble-t-elle exacte ?

2° La guerre a été présentée comme l'exercice du droit naturel de conquête. Que pensez-vous de cette assertion ?

3° On a prétendu que la guerre, surtout dans le passé, a été bienfaisante et que certains peuples ont gagné à être conquis. « Une conquête, a soutenu Montesquieu, peut détruire les préjugés nuisibles et mettre, si j'ose ainsi parler, une nation sous un meilleur génie. » Cette opinion vous semble-t-elle vraie ?

III. Devoir de l'élève Jean-Pierre (*Développement du 2e sujet*). — La conquête consiste à dévaster un pays, à le piller et même à le garder pour en disposer à sa guise.

On a vu fréquemment toutes ces choses dans l'histoire ; mais il n'en résulte pas pour cela qu'elles soient bonnes.

C'est défendu par la morale de prendre à autrui la plus petite chose ; le mot de voleur est une injure et une honte. Par conséquent, puisqu'il est mal, puisqu'il est honteux de prendre de petites choses, on ne saurait avoir le droit d'en ravir de grandes. La conquête n'est donc nullement un droit ; c'est tout bonnement un vol et, comme le vol, une action mauvaise et condamnable.

Pour moi, un voleur et un conquérant sont également de méchantes gens et, puisqu'on punit sévèrement le premier, je trouve qu'on aurait grand tort d'approuver et d'admirer le second, qui est incontestablement plus nuisible et plus dangereux.

CHAPITRE VII

L'INANITÉ DU DROIT DE LA GUERRE.

La guerre et sa réglementation. Le droit de la guerre. — L'on ne s'est point contenté de légitimer la guerre et de la proclamer bienfaisante, en dépit des maux affreux qu'elle entraîne. On ajoute, sans doute pour la rendre plus imposante et plus digne de respect, qu'il existe tout un « droit de la guerre » qui impose des règles précises aux belligérants, qui prévient leurs excès et sauvegarde ainsi, dans toute la mesure possible ici-bas, les droits sacrés de l'humanité. Aller au delà, ajoute-t-on, est pure chimère, simple rêvasserie de pacifistes ayant perdu le sens des réalités.

Nous allons voir combien vaines et trompeuses sont ces orgueilleuses prétentions.

Rappelons d'abord que, dans les temps anciens, il n'existait pas de « droit de la guerre » et que rien ne tempérait la barbarie et les cruautés des luttes armées. Les villes étaient mises à sac et les prisonniers impitoyablement égorgés. Socrate lui-même conseillait de faire le plus de mal possible aux ennemis. Xénophon qui, dans sa *Cyropédie*, rapporte cette opinion dit lui-même : « Prenez : tout ce qui est dans la ville vous appartient, corps et biens ; vous serez philanthropes en laissant quelque chose aux vaincus. » Platon, dans sa *République*, n'était pas moins dur pour l'ennemi vaincu et Aristote considérait la guerre comme « une espèce de chasse dirigée contre les hommes nés pour obéir et qui refusent l'esclavage. »

Au Moyen Age la même barbarie règne encore dans les mœurs. Au XVIe siècle, le prince que rêve Machiavel est un homme fourbe, sans foi ni loi, qui ne recule devant aucune extrémité lorsque son intérêt est en jeu. Grotius, au XVIIe siècle, admet la dévastation si elle peut amener une prompte paix. Le sage Descartes lui-même a écrit : « Au regard des ennemis on a quasi permission de tout faire, pourvu qu'on en retire quelque avantage pour soi et pour ses sujets et je ne désapprouve pas en cette occasion qu'on accouple le renard avec le lion et qu'on joigne l'artifice à la force (1). »

Cependant, peu à peu, sous la lente influence de la civilisation, s'est constitué un droit de la guerre, c'est-à-dire, non point précisément un « code de l'homicide », mais un ensemble de limites fixées par le droit de la guerre. Des conventions internationales sont intervenues pour déterminer les

(1) DESCARTES, *Œuvres*, t. IX, p. 387.

règles à suivre en cas de guerre, sur terre ou sur mer relativement à la condition des propriétés privées, des blessés, des prisonniers, à l'emploi de certains projectiles, etc. Actuellement, la guerre est donc réellement réglementée, et limitée (1).

Le principe de « nécessité ». — Or, que valent effectivement cette réglementation, cette limitation? C'est ce que nous allons examiner. Elles s'inspirent d'un principe appelé *principe de nécessité,* en vertu duquel la guerre ne doit comporter que le minimum de destructions indispensables; tout ce qui n'est pas absolument nécessaire pour abattre l'ennemi est condamnable et ne doit pas être employé. Au début de la guerre sino-japonaise, le mikado prit expressément la résolution suivante qui marque nettement le but à suivre dans la guerre : « La guerre, qui est un conflit de deux volontés opposées, n'a pour but que de soumettre par la force à sa propre volonté, la volonté de l'adversaire. Toute agression non nécessaire à atteindre ce but n'est pas permise par le droit de la guerre... C'est là un principe universel qui donne naissance aux lois de la guerre (2). »

(1) Voir notamment les conventions internationales de Paris (1856), de Genève (22 août 1864; art. add[ls]), 20 octobre 1868) les conférences de la Haye (1899 et 1907). La réglementation, la limitation de la guerre occupent à tel point l'attention publique et celle des gouvernements qu'on a cru pouvoir faire à la dernière conférence de La Haye, le reproche d'avoir, non pas précisément *organisé* la paix, mais *réglementé* la guerre.

(2) Nagao Ariga, *La Guerre sino-japonaise au point de vue du droit international,* cité par Jean Lagorgette, *Le*

Cette doctrine a été consacrée par divers actes officiels s'accordant à ne point laisser aux belligérants une liberté illimitée de nuire à l'ennemi. Toute rigueur inutile est formellement interdite ; il est interdit, par exemple, de se servir d'armes ou de projectiles qui aggraveraient inutilement les souffrances, de piller les villes prises d'assaut, de bombarder les villes non défendues.

Le principe d'humanité. — Toutefois, le principe de nécessité n'est pas suffisant à lui seul pour réglementer la guerre. Sitôt qu'un moyen paraît efficace pour réduire ou impressionner l'adversaire le principe de nécessité l'admet. Bombarder les villes ouvertes, fusiller la population civile, incendier les maisons et les récoltes produiraient sur l'adversaire un effet considérable. Et pourtant l'emploi de ces moyens est condamné. C'est qu'au *principe de nécessité* vient s'adjoindre le *principe d'humanité*. Comme l'a dit Bugeaud, « au-dessus de la nécessité, au-dessus de la raison de la guerre, sont les droits de l'humanité auxquels chefs et soldats doivent rester soumis ».

L'application de ce dernier principe ne fournit pas davantage de solution. D'autre part, l'humanité condamne tous les procédés de la guerre et par conséquent la guerre elle-même. D'autre part, rendre la guerre le plus courte possible, même si elle doit

rôle de la Guerre, p. 363. Nous renvoyons à cet excellent ouvrage pour l'étude plus détaillée de la question de la limitation de la guerre.

être plus énergique, n'est-ce pas faire œuvre d'humanité bien entendue ? Abréger les souffrances qu'on ne peut éviter, n'est-ce pas faire acte de sagesse ? Le principe conduit donc à des conclusions contradictoires.

Autre contradiction. A mesure que les préoccupations humanitaires prennent de l'empire sur les esprits, des inventions et perfectionnements nouveaux rendent plus foudroyants les effets des luttes armées. Le pouvoir destructeur des armes nouvelles est devenu effroyable. Certains penseurs sont convaincus qu'on en arrivera à rendre la guerre impossible à force de la rendre meurtrière et dangereuse.

Principe d'ascension aux extrêmes. — Ajoutons qu'il est de l'essence de la guerre de faire fi des principes. Il tombe sous le sens que la guerre, n'étant qu'un « moyen », non une fin, le but militaire devrait être nécessairement subordonné au but politique ; selon l'expression pittoresque d'un stratégiste allemand, le général C. von Clausewitz, la guerre n'est qu'une « continuation de la politique par d'autres moyens ». C'est donc le but politique qui devrait déterminer l'ensemble des efforts à produire et le but militaire à atteindre. Or, dès l'entrée en campagne, le but politique s'efface complètement devant le but militaire. Détruire la puissance de l'ennemi, anéantir ses armées, dévaster son territoire, y prélever des contributions, tel est le seul objectif. La lutte n'a qu'un moyen, la force, et la tendance à l'anéantissement de l'ennemi est inhérente à l'idée de guerre : « La guerre doit être sanglante et chercher à frapper des coups décisifs (1). » « Toute guerre menée avec une application partielle de la force ne vaut rien. Toute guerre seulement défensive est la voie du tombeau. Le système de l'épargne de la vie humaine ne vaut rien dans la guerre. »

Dès le début des hostilités entre donc en jeu ce que Clausewitz a appelé le principe « d'ascension aux extrêmes ». Les hommes de guerre abondent en ce sens. « Même si l'on est persuadé, a dit de Moltke, qu'on n'aura pas à employer tous les moyens de la guerre, on arrivera le mieux au but en déployant toute sa force. Il faut recourir aux procédés extrêmes contre tout ennemi, même s'il n'est pas disposé à faire de même et *a fortiori* s'il est dans cette disposition (2). » On en arrive ainsi à ce qu'on a appelé la guerre « sans limite » ou encore « la guerre à outrance ». Comme le fait remarquer avec à propos M. Lagorgette, la guerre, en dépit des palliatifs qu'on a essayé de lui donner, « demeure un moyen disproportionné à sa fin ultime ». C'en est la condamnation (3).

La guerre, relation d'Etat à Etat. — On a essayé, en vue d'atténuer les inconvénients de la guerre, de

(1) De la Barre-Duparcq, *Commentaires sur Clausewitz*, p. 15.
(2) De Moltke, *La nation armée*, p. 133.
(3) Henri Lagorgette, *Le rôle de la guerre*, p. 388.

la considérer comme une relation d'Etat à Etat. Cette théorie remonte à J.J. Rousseau. « La guerre, dit-il, dans son *Contrat social*, la guerre n'est point une relation d'homme à homme, mais une relation d'Etat à Etat, dans laquelle les particuliers ne sont ennemis qu'accidentellement, non point comme hommes, ni même comme citoyens, mais comme soldats ; non pas comme membres de la patrie, mais comme ses défenseurs. Chaque Etat ne peut avoir pour ennemis que d'autres Etats et non pas des hommes, attendu qu'entre choses de diverses natures, on ne peut fixer un vrai rapport (1). »

Cette conception entraînerait le respect absolu de la propriété privée, sur terre et sur mer, ainsi que celui des non-combattants. D'autre part, les habitants d'un pays envahi devraient s'abstenir de toute malveillance vis-à-vis de l'envahisseur et, notamment, s'interdire de se soulever contre lui.

La théorie de Rousseau pouvait se comprendre de son temps, alors que les guerres n'étaient que de simples entreprises des gouvernements absolus, auxquelles les populations restaient pour ainsi dire étrangères, et que des armées relativement petites étaient chargées d'accomplir. Il n'en est plus de même aujourd'hui. Actuellement, comme dans les temps anciens, « l'armée est, selon l'expression de Spencer, la nation mobilisée, et la nation, l'armée en disponibilité ». La guerre n'est plus le caprice

(1) J.-J. Rousseau, *Contrat social* ou *Principes du droit politique*, liv. I, chap. IV.

d'un prince ou d'un roi, c'est le choc formidable de plusieurs peuples, une lutte de nations armées, c'est-à-dire, de millions d'hommes se ruant les uns contre les autres, dans des combats aussi horribles, mais plus imposants par leurs proportions inimaginables, que ceux des temps primitifs. D'autre part, si la guerre d'armée a ses lois, celle des peuples n'en a pas ; le recours aux moyens les plus désespérés est permis. Le combat « autorise et sanctifie tous les moyens : les plus décisifs sont les meilleurs » (1) ; le but suprême est de « harceler l'ennmi sans relâche, de l'anéantir par troupe ou en détail, de quelque façon que ce soit ». C'est un véritable retour aux violences et aux atrocités de la barbarie. La guerre de tous contre tous renaissant ainsi de nos jours, culbute la vieille formule de la guerre relation d'Etat à Etat qui ne peut recevoir dans les circonstances présentes aucune application, ni conserver aucune autorité. Ainsi tout l'édifice du droit de la guerre nous apparaît sous son éternel aspect de sauvagerie et de cruauté.

EXERCICES ET DEVOIRS. — I. Pensée. — *J'estime qu'il n'y eut jamais une bonne guerre ni une paix mauvaise. Combien la vie et l'humanité auraient pû être plus belles si l'argent dépensé pour les guerres avait pu être employé pour des œuvres d'utilité publique !*

BENJAMIN FRANKLIN.

(1) Ordonnance de Frédéric-Guillaume III, promulguée en 1813, lors de la lutte contre Napoléon Ier.

II. Devoirs de rédaction. — *1° La guerre, dans les temps anciens, se faisait avec sauvagerie et cruauté. Citer quelques exemples en faisant appel aux souvenirs que vous ont laissés les leçons d'histoire que vous avez entendues.*

2° D'après le droit de la guerre, toute dévastation, toute cruauté inutile doivent être proscrites. Pensez-vous que ce principe puisse apporter à la guerre des adoucissements certains?

3° La guerre a été présentée comme une relation d'Etat à Etat, non comme une lutte d'individus. D'après cette conception, les habitants d'une nation envahie ne seraient pas des ennemis et réciproquement l'armée envahissante ne serait point une ennemie pour ces derniers. Que pensez-vous de cette théorie?

III. Devoir de l'élève Jean-Pierre (*Développement du 3e sujet*). — D'après une théorie dont on nous a parlé à l'école, la guerre ne serait point une lutte d'individus armés, mais une simple relation d'Etat à Etat. Si, par exemple, nous autres Français, nous avions une guerre avec l'Allemagne, ce sont les deux gouvernements, allemand et français, qui auraient entre eux un démêlé et les habitants des deux pays n'auraient pas à en concevoir d'animosité les uns contre les autres.

C'est là, ma foi, une singulière théorie! Si cette guerre arrivait, les deux peuples se jetteraient avec toute leurs forces l'un sur l'autre. La vie des deux nations serait désorganisée.

Si nous envahissions l'Allemagne, comment les habitants de ce pays pourraient-ils bien ne pas considérer nos soldats comme des ennemis? Si, au contraire, les Allemands pénétraient sur notre sol en le dévastant, comment pourrions-nous bien assister impassibles à notre écrasement ?

Il me semble que la guerre, surtout celle de notre temps, est une lutte sanglante de peuple à peuple et que la vieille théorie de la guerre relation d'État n'est plus acceptable aujourd'hui. Dans la supposition que je faisais, tous les Allemands considéreraient les soldats français comme des ennemis et nous, les soldats allemands comme nos ennemis.

CHAPITRE VIII

CONDAMNATION DE LA GUERRE

Condamnation définitive de la guerre. — Nous pouvons hardiment, d'après ce que nous savons maintenant, condamner définitivement la guerre qui est immorale, absurde et ruineuse. Et ainsi se trouve amplement confirmé ce que nous avons dû en dire incidemment au début de cet ouvrage en parlant des principes du pacifisme.

La guerre est immorale. — La guerre est immorale parce qu'elle n'est qu'un « amoncellement de vols, d'incendies, de viols, de meurtres sauvages » (1). Elle est immorale, parce que, par un triste renversement des choses, elle est le meurtre et le vol soustraits à l'échafaud par l'arc de triomphe. Ironie de l'inconséquence des hommes, dans la guerre la société récompense ce qu'elle punit et punit ce qu'elle récompense !

La guerre est immorale parce qu'elle n'est qu'un

(1) Lombroso, *Le Crime*, p. 537.

amusement ou un jouet à l'usage des princes et des grands capitaines. Que leur importent les morts qui jonchent chaque champ de bataille ! « Une nuit de Paris réparera tout cela », observait cyniquement le grand Condé, à la vue des soldats français tués qui couvraient la plaine de Senef (1674). « Un homme comme moi se f... de la vie d'un million d'hommes », criait avec colère à Metternicht Napoléon Ier, lors de la fameuse entrevue de Dresde (1813) qui précéda la bataille de Leipsig et la débâcle du conquérant (1). A propos de sa campagne de Russie (1812) cet illustre massacreur d'hommes fit, plus tard, ce significatif aveu : « Alexandre et moi, nous étions comme deux coqs, prêts à nous battre sans savoir pourquoi. Il nous eût fallu deux ministres capables d'entrer en négociations ; on eût évité bien des malheurs (2). »

Combien de fois aussi, des guerres, de terribles guerres, n'ont-elles pas eu d'autre but secret que de satisfaire l'ambition démesurée d'un homme d'État ou de fournir une coupable diversion à un prince aux prises avec des difficultés de gouvernement intérieur ? L'exemple de la guerre franco-allemande de 1870 monte ici à toutes les mémoires. Pour grandir la Prusse, pour lui assurer l'hégémonie en Allemagne, il lui fallait la guerre avec la France : quant à Napoléon III, il la voulait aussi, l'insensé, « pour

(1) Voir Taine, *Origines de la France contemporaine*, *Le Régime moderne*.
(2) Thiers, *Histoire du Consulat et de l'Empire*.

distraire la France et intimider l'Europe » (1). Et voilà pourquoi deux peuples, qui pouvaient s'estimer et avoir entre eux des relations cordiales, se sont égorgés avec acharnement, se faisant des blessures qui ne sont point guéries !

La guerre est absurde. — La guerre n'est pas seulement immorale, elle est absurde. Les armées combattent sans savoir exactement pourquoi elles s'égorgent. Un auteur anglais en a fait la remarque d'une façon piquante. « Dans cette bataille, dit-il, il ne se trouvait pas cent hommes sachant pour quelle cause ils combattaient et, parmi les vainqueurs, il n'y avait pas cent hommes pouvant expliquer les joies insensées que fit naître en eux la victoire. Il ne s'en est pas trouvé cinquante auxquels elle ait causé profit. A cette heure, on n'en trouverait pas six d'accord sur la cause et les résultats de cette affaire. En un mot, personne n'a jamais rien su de certain à ce sujet (2). » Y a-t-il rien de plus absurde que de s'entr'égorger sans savoir précisément pourquoi ?

Certains estiment que, parfois, il est indispensable, pour arrêter l'essor d'une nation rivale de lui « donner une râclée ». Rien n'est plus absurde. D'abord on n'est point assuré de ne pas la recevoir soi-même au lieu de la donner. D'autre part, c'est se créer sûrement de nouvelles inimitiés ; c'est s'affaiblir soi-même en voulant affaiblir autrui ; c'est s'imposer

(1) Debidour, *Histoire diplomatique de l'Europe*, tome II, p. 91.

(2) Charles Dickens, *La bataille de la vie*, p. 21.

pour l'avenir des charges de guerre de plus en plus écrasantes, car il faudra se garantir des représailles du vaincu et se tenir toujours à l'abri de sa colère et de son juste ressentiment. Voyons l'Allemagne qui a cru faire merveille en dépouillant la France de deux de ses provinces. Les contribuables allemands expient durement cette folie de l'annexion ; combien de milliards n'ont-ils pas dû sortir de leurs poches pour faire face aux dépenses du militarisme, consécutif de la conquête et garant de sa durée ! Et à l'heure actuelle, personne ne peut prévoir quand prendront fin ces sacrifices.

Il ne servirait à rien de remarquer que les contribuables des autres pays peinent aussi pour les dépenses du militarisme, le souci de leur propre sécurité ayant obligé les autres nations à se mettre à l'unisson de l'Allemagne. Le malheur d'autrui, surtout quand on en est l'auteur responsable, ne doit pas être considéré comme une atténuation de celui dont on est frappé soi-même et, s'il fallait en conclure quelque chose, c'est que les spoliations de provinces sont fatales, non seulement aux peuples qui les commettent mais encore à ceux qui ont eu assez de coupable imprévoyance ou de veulerie pour les laisser commettre.

La guerre est ruineuse. — Ruineuse, la guerre l'est de plus en plus. Elle a donné aux peuples le militarisme qui est une véritable « intrusion de la guerre dans la paix » (1). Montesquieu en a noté les pre-

(1) Sir H. Sumner-Maine, *Le droit international ; la guerre* p. 6.

miers effets. « Une maladie nouvelle, écrivait-il, s'est répandue en Europe ; elle a saisi nos princes et leur fait entretenir un nombre désordonné de troupes. Elle a ses redoublements et elle devient nécessairement contagieuse ; car sitôt qu'un Etat augmente ce qu'il appelle ses troupes, les autres soudain augmentent les leurs ; de façon qu'on ne gagne rien par là que la ruine commune. Chaque monarque tient sur pied toutes les armées qu'il pourrait avoir si les peuples étaient en danger d'être exterminés ; et on nomme paix cet état d'effort de tous contre tous ! Aussi l'Europe est si ruinée que les particuliers qui seraient dans la position où sont les puissances de cette partie du monde les plus opulentes n'auraient pas de quoi vivre » (1).

Or, combien les choses n'ont-elles pas empiré depuis Montesquieu et surtout depuis 1871 ! Le militarisme du XVIIIe siècle était chose infime, comparativement à celui de notre temps. A l'heure actuelle, les troupes entretenues en temps de paix atteignent, en Europe, le chiffre formidable de 4.000.000 d'hommes ; les effectifs de guerre s'élèveraient au nombre fantastique d'environ 20.000.000 de combattants.

Les budgets de guerre montent approximativement à 6 milliards ; en tenant compte que les 4 millions d'hommes retenus dans les casernes pourraient produire annuellement environ 1.000 francs chacun de travail si on les avait laissés à leurs occupations,

(1) MONTESQUIEU, *Esprit des Lois*, livre XIII, chap. XVII.

c'est-à-dire, pour l'ensemble, 4 milliards, on arrive à un coût total de 10 milliards par an et même de 14 milliards, en comprenant les dettes afférentes à la guerre.

« A la dépense du personnel, du matériel et de la dette, à la perte du travail des bras les plus vigoureux doit s'ajouter l'intérêt de l'outillage immobilier et mobilier : fortifications, casernes, hôpitaux, écoles, arsenaux, artillerie, chevaux, trains des équipages, objets de campement, vaisseaux de guerre et matériel de la marine militaire, et même dépôts de remonte, magasins de fourrage, fonderies, manufactures d'armes, poudrières et raffineries de salpêtre, chantiers de construction, ateliers, terrains militaires... Qui pourrait dire la valeur de cet immense matériel ? Après de minutieuses recherches, Larroque en évaluait en 1864 le capital à 18.525 millions dans 18 Etats d'Europe. En 1893, Novicow le portait à 30 milliards et en 1900 Gaston Moch estime modeste l'évaluation de 35 milliards, soit, au taux de 4 0/0 un gaspillage annuel de 1200 millions.

» On arrive ainsi à dire que le coût annuel de la guerre et du militarisme s'élève à 15 milliards en Europe, sans compter bien entendu les dettes déjà amorties et en passant sous silence les intérêts des dégâts occasionnés par les guerres et le produit annuel qu'aurait fourni le travail d'un certain *quantum* des hommes tués (1). »

(1) Jean Lagorgette, *Le rôle de la guerre*, p. 623.

Voilà pour les charges en temps de paix. Que seraient-elles en cas d'une conflagration entre grandes nations armées jusqu'aux dents et se mesurant avec toutes leurs ressources, dans une lutte de vie ou de mort ? L'esprit, à force de compter et de supputer, s'arrête épouvanté, tellement les conséquences d'une lutte de ce genre seraient épouvantables. Aussi, un spécialiste justement célèbre, Jean de Bloch, l'auteur de *La Guerre future*, en est-il arrivé à penser que de telles guerres sont pratiquement devenues impossibles. Les armées aux prises seraient si innombrables, si nécessairement dispersées qu'on ne pourrait espérer trancher le conflit par quelques rencontres décisives. La lutte deviendrait « une sorte d'échec » dans lequel aucune armée ne pourrait atteindre complètement l'autre et « en venir à une attaque finale et décisive ». Et ce serait en même temps, la « complète dislocation de toute industrie », le tarissement subit de toutes les sources de ravitaillement qui, seules, en temps ordinaire, rendent supportable l'écrasant fardeau de la paix armée. Ce serait « la famine », la « banqueroute des nations et l'effondrement de l'entière organisation sociale (1) ».

(1) Il serait très intéressant d'établir avec détails l'impossibilité manifeste d'une conflagration européenne ; mais le plan de cet ouvrage ne nous permet pas d'insister sur ce point comme nous le voudrions ; pour cette impressionnante démonstration nous renvoyons le lecteur à la brochure ci-après de William T. Stead, la *Guerre est-elle devenue impossible ? Conversation avec M. Bloch.* Le lecteur

Ainsi la guerre, immorale, absurde et si follement ruineuse, doit donc être impitoyablement condamnée. C'est sur l'arbitrage que les peuples doivent désormais lever les yeux ; c'est par lui que seront enfin guéris les maux dont l'humanité est redevable au militarisme et à la guerre.

Exercices et devoirs. — 1. Lecture. — *Après la bataille.* — *Le grenadier français.* — Et maintenant que la paix est faite, racontons-nous ce que nous faisions avant de devenir guerriers.

Le cosaque. — Moi, je cultivais un champ dans la steppe, et je nourrissais ma vieille mère.

L'Ecossais. — Moi, j'élevais ma fille en cultivant le champ que j'avais défriché dans ma bruyère.

Le hussard allemand. — Moi, je vivais avec ma femme sur le champ que nous cultivions.

Le grenadier. — Moi aussi, je cultivais un champ, et j'étais le soutien de ma sœur. Il paraît que nous étions du même monde tous les quatre. Comment avons-nous pu nous tuer les uns les autres ?

Le cosaque. — Le czar a parlé et j'ai marché.

L'Ecossais. — Le parlement a voté la guerre, et j'ai marché.

Le hussard. — Nos princes ont crié : Aux armes ! et j'ai marché.

Le grenadier. — Et moi j'ai entendu les camarades crier : Aux armes ! et j'ai mis ma meilleure paire de sabots.

Mais enfin qu'avions-nous les uns contre les autres ? Où était la querelle entre nos socs de charrue ? (*Au hus-*

en gardera cette conviction qu'une conflagration européenne serait la pire calamité et que, pour cela, elle est impossible *sard*). Vous autres, par exemple, qui avez commencé, que veniez-vous faire dans mon pays ?

Le hussard. — Nous venions détruire les brigands.

Le grenadier. — Mais les brigands, c'était moi, malheureux ! moi et les autres laboureurs, mes pareils et les tiens ! Après cela, on nous a bien fait chanter à nous autres :

Qu'un sang impur abreuve nos sillons !

Je le vois maintenant, ce sang impur, c'était le tien, ami, et celui des braves gens comme toi. Maudits soient ceux qui ont commandé la bataille entre nous !

Le hussard. — Maudits soient les artisans de la guerre !!!

JEAN MACÉ (*L'anniversaire de Waterloo*, Hetzel, éditeur).

II. Devoirs de rédaction. — *1° Un auteur allemand, Schopenhauer, a dit : « Les peuples conquérants sont les bêtes de proie du genre humain. » Appréciez cette parole.*

2° Un économiste français, Frédéric Bastiat, disait vers 1850 : « L'ogre de la guerre dévore autant pour ses digestions que pour ses repas. » Cette assertion vous semble-t-elle juste? Depuis 1850, le militarisme a-t il diminué ou s'est-il accru ?

3° Montrez qu'une guerre européenne entraînerait la ruine des nations qui l'entreprendraient.

III. Devoirs de l'élève Jean-Pierre (*Développement du 2e sujet*). — Un économiste français, Frédéric Bastiat, disait vers 1850 : « L'ogre de la guerre dévore autant pour ses digestions que pour ses repas. » La phrase ne me paraît pas irréprochable, car un ogre ne peut rien « dévorer » pour ses digestions, mais seulement pour ses repas. L'auteur a voulu faire entendre que la préparation de la guerre coûte aux nations autant que la guerre elle-même, et c'est, hélas ! bien vrai. De notre temps, c'est encore bien plus exact que du sien, car depuis 1850 et surtout depuis 1871 les dépenses militaires ont augmenté d'une façon colossale.

Actuellement, les nations européennes dépensent environ par an dix milliards — deux fois la rançon de 1871 de la France à l'Allemagne — pour leurs dépenses militaires. C'est une véritable folie. Et si la guerre éclatait entre deux grandes nations européennes, par exemple entre la France et l'Allemagne ou entre l'Angleterre et l'Allemagne, ce serait affreux. Il est difficile de se faire une idée des malheurs épouvantables qu'elle entraînerait.

Il me semble que les nations, au lieu de se ruiner en préparatifs de guerre, feraient bien mieux de s'entendre entre elles pour cesser, d'un commun accord, tous leurs armements. Quelle belle économie ferait chaque nation !

DEUXIÈME PARTIE

Les applications du pacifisme

LIVRE PREMIER

L'arbitrage, son histoire et ses progrès.

CHAPITRE PREMIER

HISTORIQUE DU MOUVEMENT PACIFISTE

Les applications du pacifisme. — Après avoir étudié les principes du pacifisme et les diverses objections par lesquelles on s'est efforcé de le combattre, il nous reste à voir quelles applications il a reçues déjà et celles qu'il est susceptible de recevoir encore.

Lenteur inévitable de l'évolution du pacifisme. — Tout d'abord, souvenons-nous que les grandes transformations sociales n'ont jamais eu lieu qu'avec lenteur, durant le cours des siècles, et que l'évolution du pacifisme ne saurait échapper à cette loi.

Dans tous les temps, même aux époques lointaines

de la barbarie primitive, la guerre a fait saigner le cœur des mères et la paix est apparue aux hommes comme un évènement heureux. Le fameux *âge d'or* que l'imagination des anciens plaçait à l'origine du monde, était ce autre chose qu'une intuition confuse de la félicité que l'état de paix peut procurer aux hommes? L'erreur, toutefois, était de placer dans le passé le plus reculé ces jours édéniques, au lieu que c'est de notre temps seulement qu'on peut en pressentir la radieuse aurore.

Les auteurs pacifistes dans l'antiquité. — Si loin que l'on remonte dans le passé et qu'on fouille dans les œuvres des littérateurs, on trouve quantité de pages où ils ont célébré les bienfaits de la paix. En Chine, les ouvrages des anciens philosophes sont émaillés de maximes anti-guerrières. Le législateur indien Manou considère la guerre comme illogique et conseille de l'éviter ou, quand cela a été impossible, de la faire humainement. « Un prince doit venir, disent les prophètes juifs, qui brisera l'arc de discorde. Les nations feront de leurs glaives des charrues et de leurs lances des hoyaux (1). » Les grands poètes grecs ont des pages émues pour déplorer les horreurs de la guerre; Aristophane était un partisan déclaré de la paix. Le sage Thalès proposait d'organiser une fédération des républiques ioniennes. Les stoïciens et leur chef Zénon rêvaient même d'une république universelle. Eux aussi, les

(1) Isaïe, IV, 1 ; Zacharie XVIII, 9.

grands poètes latins eurent des accents sincères pour célébrer la paix. « Bienfaisante Vénus, s'écrie Lucrèce au début du *De natura rerum*, c'est toi qui peuples la terre aux riches moissons... Fais que cessent les travaux guerriers. Car toi seule peux rendre aux mortels le repos, le bonheur de la paix, puisque Mars vient si souvent tomber dans tes bras... »

A son tour le Christ enseigna l'amour et la charité. « Si l'on te frappe sur la joue gauche, dit-il, présente la joue droite » et il avertit que « quiconque se sert de l'épée périra par l'épée ». Naturellement, les premiers philosophes chrétiens furent des amis de la paix. Clément d'Alexandrie, Tertullien, Origène, Lactance condamnent tout recours aux armes.

Les auteurs pacifistes au Moyen Age et dans les temps modernes. — Au moyen Age, Dante parle durement des guerriers et des tyrans et plus tard Montaigne, avec son bon sens incisif, s'écrie : « Quant à la guerre, qui est la science de nous entredéfaire et entre-tuer, de ruyner et perdre notre propre espèce, elle n'a pas beaucoup de quoy se faire envier aux bêtes qui ne l'ont pas (1). »

Thomas Morus, Erasme, Guillaume Postel et bien d'autres réprouvent la guerre. « Regardez, dit Erasme, la structure du corps humain, faible, désarmé, revêtu d'une chair molle et d'une peau légère : la nature ou plutôt le Créateur a-t-il fait un tel être

(1) MONTAIGNE, *Essais*, livre II, chap. XII.

pour la guerre et non pour l'amitié ? La guerre avec ses cohortes barbares, son fracas, ses déchirements, est folie. » Les ironies mordantes de Pascal contre la guerre sont sur toutes les lèvres. Quoi de plus légitime, dit-il, de tuer les gens parce qu'ils demeurent « de l'autre côté de l'eau et que leur prince a querelle avec le mien ? » Bourdaloue, Fénelon, Bossuet même, Massillon se sont laissés aller parfois à condamner sévèrement la guerre. Fénelon, qui a eu le grand courage de représenter à Louis XIV combien sa passion de la guerre épuisait la France, a comparé au vol d'un champ ces conquêtes qui, « sous prétexte de convenances, mèneraient jusqu'à la Chine ». Il pensait que les nations de la terre ne doivent former qu'une seule famille et que, au lieu de se battre plus cruellement que les animaux, elles devraient contracter une grande alliance avec assemblée générale des souverains (1). La Bruyère, froidement sarcastique dans ses allusions aux luttes humaines, a parlé des combats de ces armées de chats qui, pour la stupide vanité de la gloire, se livrent « au plus abominable sabbat », miaulent, se griffent, se dévorent, et infectent l'air par la puanteur des cadavres. Voltaire, plus sarcastique encore, écrit : « A l'heure où je vous parle, il y a cent mille fous de notre espèce, couverts de chapeaux, qui tuent cent mille autres animaux couverts de turbans pour quelques tas de boue grands comme votre talon... Il ne s'agit

(1) Voir son *Télémaque*, VII, IX, X, XI, XIII.

que de savoir s'ils appartiendront à un certain homme qu'on nomme sultan ou à un autre qu'on nomme, je ne sais pourquoi, César (1)... »

Les encyclopédistes, Diderot, d'Holbach, montrèrent que la même morale, les mêmes devoirs s'imposent aux peuples comme aux individus. Les économistes, amenés par leurs études à bien se rendre compte des inconvénients des barrières des Etats, se fussent accommodés volontiers d'une république économique universelle. Mably se demandait pourquoi il existe des frontières. Quant aux hommes de la Révolution ils étaient convaincus de la fraternité intime des peuples. « Les combats que se livrent les peuples par ordre des despotes, s'écriait, en 1793, Isnard, aux applaudissements de la Convention, ressemblent aux coups que deux amis, excités par une instigation perfide, se portent dans l'obscurité. Si le jour vient à paraître ils s'embrassent et se vengent de celui qui les trompait (2). »

Depuis la Révolution, la plupart des écrivains, des philosophes et des hommes d'Etat ont stigmatisé la guerre et on pourrait presque tous les citer. Xavier de Maistre, le frère de Joseph qui trouvait la guerre divine, a écrit : « Est-il rien de plus juste que de se couper la gorge avec quelqu'un qui vous a marché sur le pied par inadvertance » ? Volney prévoyait un temps où les peuples « soumettraient à des voies

(1) VOLTAIRE, *Micromégas*, VII, Edition Didot, p. 174.

(2) THIERS, *Histoire de la Révolution française*, tome II, p. 25.

civiles le jugement de leurs contestations (1). » Nombreux sont ceux, écrivains ou hommes de gouvernement, qui ont affirmé hautement que la guerre est une honte pour la civilisation.

Les projets d'organisation pacifiste. — Il n'est donc pas étonnant que depuis longtemps, et en dépit du désenchantement de la froide réalité, toujours troublée par la guerre, l'imagination humaine se soit élancée vers la paix comme vers un idéal de félicité permis aux espérances des peuples. Sans nous arrêter à la *République* de Platon, à l'*Utopie* de Thomas Morus, qui avaient en vue, non point seulement l'établissement de la paix, mais une réorganisation ou une profonde transformation de la société, rappelons que dès le XIIIe siècle Jacques d'Arteveld et Philippe de Gand rêvaient d'une fédération européenne des communes (2). En 1464, Georges Pobiedrad, roi de Hongrie, alors en lutte avec l'empereur d'Allemagne Frédéric III et le Pape Pie II, envoya une ambassade à Louis XI pour lui proposer de provoquer la convocation d'un parlement de rois et de princes qui émanciperait les peuples et les gouvernements et réorganiserait l'Europe sur des bases stables. Louis XI, paraît il, fut personnellement favorable à cette idée ; mais ses ministres et ses conseillers « jetèrent les hauts cris (3) ». Plus connus sont les

(1) VOLNEY, *Les ruines*, XIV.
(2) Ch. POTVIN, *Le Génie de la Paix en Belgique*, p. 13.
(3) Jean LAGORGETTE, *Le rôle de la guerre*, p. 680.

projets d'Henri IV en vue d'amener la paix universelle. A cet effet, la chrétienté aurait été partagée en 15 Etats, monarchies, principautés ou républiques, à peu près d'égale force, de façon à se faire réciproquement équilibre. Un Conseil Général aurait statué sur les différends, sans recours aux hostilités. La liberté de conscience et celle du commerce auraient été assurées et des dispositions auraient été prises pour prévenir l'oppression et la tyrannie des princes et les rébellions des sujets. D'actives négociations furent entreprises en vue d'amener les princes et les rois à ces idées; mais on sait comment le poignard de Ravaillac, en frappant le roi, empêcha la réalisation de ce « grand dessein d'une république chrétienne ».

Treize ans après, en 1623, un Français, Emeric Crucé, dans son nouveau *Cynée ou discours d'Estat représentant les occasions et moyens d'establir une paix générale et la liberté du commerce par tout le monde*, préconise l'entente des nations et la constitution d'une diète composée de délégués de tous pays, y compris la Chine, la Perse, l'Ethiopie. Cette diète aurait siégé à Venise et aurait jugé les querelles des Etats. Si l'un d'entre eux eût refusé de se conformer à l'arrêt rendu, il se fût heurté à la volonté de tous les autres qui auraient eu beau jeu pour le mettre à la raison, même au besoin, en le « poursuivant par les armes ».

A partir de cette époque, de nombreux projets sont émis dans le même sens et il serait trop long d'en poursuivre l'énumération (1). Nous ne rappellerons que les principaux. Citons d'abord les travaux de Grotius (*De jure belli ac pacis*) qui demandait la création de « certaines assemblées des Puissances chrétiennes où les différends des unes seraient terminés par celles qui n'auraient pas d'intérêt dans l'affaire, et où même on prendrait des mesures pour forcer les parties à recevoir la paix à des conditions équitables (2) ». Rappelons aussi les divers mémoires de l'abbé Castel Irénée de Saint-Pierre, gentilhomme de Normandie, aumônier de la duchesse d'Orléans, qui se fit au XVIIIe siècle l'apôtre de la paix perpétuelle (3).

Le bon abbé préconisait une grande alliance européenne perpétuelle afin d'éviter la guerre étrangère et la guerre civile ; les divers Etats y conservaient sans remaniement leurs possesions territoriales, renonçaient à la guerre pour trancher leurs différends et s'engageaient à fournir une contribution pour

(1) On trouvera des renseignements assez complets à cet égard dans Jean LAGORGETTE, *Le rôle de la guerre*, p. 682 à 691.

(2) Voir la traduction Pradier, t. II, p. 559.

(3) L'abbé de Saint-Pierre a publié successivement : 1° *Mémoire pour rendre la paix perpétuelle à l'empire*, Cologne, 1712 ; 2° *Projet pour perpétuer la paix et le commerce*, augmenté... et réponse aux objections, Utrecht, 1713 ; 3° *Projet de Traité*... pour affermir les maisons souveraines, proposé autrefois par Henry-le-Grand, agréé par la Reine Elisabeth, par Jacques Ier et par la plupart des autres potentats ; 4° *Abrégé du projet*... démontré infiniment avantageux pour tous les hommes nés et à naître et en particulier pour tous les souverains, 1728.

l'entretien du tribunal des délégués et un contingent pour coopérer, par la force en tant que de besoin, à l'exécution des décisions.

Les projets de l'abbé de Saint-Pierre furent, en général, traités de rêveries non susceptibles de réalisation. Pourtant l'idée d'entente générale des peuples et de paix universelle continua à passionner les nobles esprits. Leibnitz demandait qu'il se formât une vaste société des nations. J.-J. Rousseau, reprenant en les discutant les idées de l'abbé de Saint-Pierre, se montra partisan d'une confédération générale des peuples avec tribunal judiciaire, force d'exécution des sentences prononcées et institution d'un congrès au sujet duquel il reproduisit les cinq articles essentiels de l'abbé. En 1766, l'Académie française, grâce au don d'un anonyme, mit au concours le procès de la guerre et la nécessité d' « inviter toutes les nations à se réunir pour assurer la paix générale ».

En Angleterre, Jérémie Bentham rédigea, de 1786 à 1789, quatre essais dont le dernier formait un plan de paix perpétuelle. Codifier les lois non écrites, en faire de nouvelles pour compléter ou rectifier celles qui existaient, instituer un congrès ou diète générale qui rendrait les jugements et aurait les moyens pour en assurer l'exécution, réduire et fixer les forces militaires et navales, émanciper les colonies, etc., telles étaient les réformes préconisées par ce philosophe.

En Allemagne, un autre célèbre philosophe, Kant, publia en 1795 son livre bien connu : *Pour la paix perpétuelle, projet philosophique.* En voici les idées fondamentales : « Nul traité de paix n'est valide s'il réserve la matière d'une nouvelle guerre (art. 1er prélim.). Nul état indépendant ne peut être acquis par un autre (art. 2). Les troupes réglées doivent être abolies avec le temps (art. 3). On ne doit point contracter de dettes nationales pour soutenir les intérêts de l'Etat au dehors (art. 4), ni s'ingérer dans les affaires des autres Etats (art. 5). La Constitution civile de chaque Etat doit être républicaine (art. 1 définitif). Le Droit international doit être fondé sur une confédération d'Etats libres (art. 2) (1). »

De leur côté, Fichte et Schelling se montraient également partisans d'un ordre international avec fédération des Etats et pouvoir coercitif assurant l'exécution des décisions juridiques intervenues.

Peu après, Fourier publia sa *Théorie des quatre mouvements* (1808) où il entrevoyait l'avènement de l'humanité universelle, avec l'institution d'un Congrès et d'un omniarque. En 1814 le comte de Saint-Simon et Aug. Thierry firent paraître à leur tour *De la réorganisation de la Société européenne ou de la nécessité et des moyens de rassembler les peuples de l'Europe en un seul corps politique en conservant à chacun son indépendance nationale.* D'après eux, il fallait donner plus d'homogénéité aux constitutions nationales et établir au-dessus des nations un parlement indépendant, investi du pou-

(1) Analyse empruntée à M. LAGORGETTE, dans son ouvrage, *Le rôle de la Guerre*, p. 687.

voir de juger les différends. La France et l'Angleterre, dont les institutions étaient le plus perfectionnées, avaient le devoir de commencer par s'unir ; les autres nations ne manqueraient point ensuite d'aller à elles, inévitablement.

Auguste Comte, autre célèbre réformateur de la société, rêvait de donner à l'édifice social une base scientifique. La grande confédération que devait former l'Europe occidentale, sorte de Sainte-Alliance des peuples, eût été dirigée par un comité de trente savants (1).

Depuis, des écrivains et des publicistes de plus en plus nombreux ont condamné la guerre et préconisé l'entente juridique des peuples avec constitution d'un gouvernement fédéral disposant des 3 pouvoirs législatif, exécutif et judiciaire. Ces questions s'agitent sans cesse dans les Revues et journaux et la guerre perd de jour en jour du terrain ; on se persuade de plus en plus qu'elle n'est point un bienfait pour les peuples, même au cas où elle leur donnerait la victoire, et que le meilleur moyen de se garantir des risques qu'elle fait courir est, pour les peuples, de s'unir, de se confédérer ; on entrevoit, comme résultat final, la suppression progressive des armées permanentes dont, à notre époque, les charges, deviennent de plus en plus extrêmement accablantes pour les peuples.

Les efforts des groupements pacifistes. — A côté des efforts isolés des publicistes, des philosophes

(1) Auguste Comte, *Système de politique positive*, tome V, app., p. 75.

et des sociologues se sont produits ceux des groupements pacifistes, de plus en plus nombreux et puissants, notamment des Sociétés de paix. Nous ne faisons ici que les mentionner par un mot, car nous aurons à en reparler plus longuement lorsque nous envisagerons la situation actuelle du mouvement pacifiste. Disons seulement que, sous l'impulsion énergique de ces sociétés et de la foule ardente des publicistes pacifistes, le problème de la paix s'est dégagé des brumes qui l'enveloppaient ; on ne se perd plus dans des vues purement théoriques, on fait effort pour se maintenir sur le terrain des réalisations pratiques ; ce qu'on poursuit, ce sont des réformes juridiques tangibles, la codification du droit international et la création d'un tribunal international. Les mémorables Congrès de La Haye, dont nous aurons également à reparler, sont une preuve certaine que l'humanité s'achemine enfin sûrement vers la paix.

L'opinion publique s'oriente vers la paix. — A ces progrès incontestables que nous sommes heureux de constater correspond un grand changement dans l'état d'esprit des peuples. Il n'y a pas vingt ans, les pacifistes étaient considérés par l'opinion publique comme des visionnaires, des illuminés qui n'avaient nul sentiment des réalités ambiantes ; la guerre était célébrée comme la dispensatrice enviée de la gloire et de la puissance des peuples ; c'est par elle qu'une nation se distinguait et brillait, par elle qu'elle subjuguait et éclipsait ses voisines. La jeunesse des écoles était accoutumée à ne voir dans l'histoire que les guerres et les batailles et elle s'enfiévrait d'orgueil au récit des hécatombes sanglantes sur lesquelles avait plané victorieux le drapeau national.

Aujourd'hui, tout cela est bien changé. Les enfants comprennent, dès les bancs de l'école, que tuer n'a rien de glorieux et que ce n'est pas dans les champs de carnage des guerres qu'il faut aller chercher la vraie gloire. La vie et les travaux d'un grand savant, comme Pasteur, ou d'un grand génie, comme Victor Hugo, leur semblent d'un bien meilleur exemple, d'une plus réelle et d'une plus grande gloire pour le peuple à qui appartiennent de tels hommes que l'humanité révèrera pour ses bienfaiteurs. L'ouvrier et le paysan eux-mêmes se rendent compte par le simple témoignage de leur conscience, de leur bon sens, que les hommes ne sont point faits pour s'entr'égorger et qu'il doit exister des moyens de mettre fin aux guerres des peuples et aux charges du militarisme. Ces moyens leur paraissent tout simples : il suffirait de s'entendre, ce qui, à la vérité, est l'exactitude même. Encore une fois, les idées et les espoirs sont nettement et définitivement inclinés vers la paix.

Exercices et devoirs. — I. Pensée. — *Il n'y a qu'un grand but dans le monde, et qui mérite les efforts de l'homme, c'est le bien de l'humanité.*

A. de Tocqueville.

II. Devoirs de rédaction. — *1° Le Christ a dit : « Si l'on te frappe sur la joue gauche, présente la joue droite. » Que pensez-vous de ce précepte et faites-en l'application aux relaions des peuples.*

2° On vous a lu une lettre de Fénelon à Louis XIV sur les malheurs causés à la France par la guerre. Résumez cette lecture et dites ce que vous pensez de l'initiative prise ainsi par Fénelon.

Nota. — On trouvera cette lettre dans la plupart des recueils de morceaux choisis de littérature française en usage dans les écoles.

3° Un écrivain français de la fin du XVIII*e* *siècle et du commencement du* XIX*e a écrit qu'un temps viendrait où les peuples « soumettraient à des voies civiles leurs contestations. » Est-il désirable que cette prédiction se réalise ? Depuis Volney, nous sommes-nous rapprochés de sa réalisation ?*

III. Devoir de l'élève Jean-Pierre (*Développement du 1er sujet*). — Le Christ a dit : « Si l'on te frappe sur la joue gauche, présente la joue droite. « C'est là un précepte auquel, je le sens, je ne pourrais pas me conformer. Si un méchant camarade venait injustement me donner un coup de poing sur la joue gauche, il est bien probable que ma main partirait toute seule et que c'est lui qui recevrait mon poing sur la joue droite.

Je trouve que c'est lâche de se laisser battre. De plus, ce serait encourager les méchants à se livrer au plaisir de la méchanceté. S'ils étaient assurés de ne pas rencontrer de résistance, qu'est-ce qui pourrait bien, en effet, les retenir de mal faire ?

Pourtant, je soupçonne que le précepte doit renfermer, sans que je le voie très bien, une part de vérité.

Peut-être signifie-t-il qu'il ne faut pas être agressif ni se montrer susceptible. C'est sûr que si l'on ne se passait rien entre camarades, on serait toujours à se disputer ou à se battre. Entendu de cette façon, le précepte a du bon.

Si je l'applique aux relations des peuples, je pense qu'ils doivent user de ménagements les uns vis-à-vis des autres et ne pas se montrer trop susceptibles. Autrement, ils seraient toujours en querelle.

Pourtant un pays doit se faire respecter ; et si une nation voisine veut l'écraser, il faut qu'il se défende, et de toutes ses forces. Etre bon et patient, c'est bien ; mais il ne faut pas être lâche.

CHAPITRE II

HISTORIQUE DE L'ARBITRAGE

L'arbitrage dans les temps anciens. — L'on ne s'est pas contenté, durant le cours des siècles, de flétrir la guerre et de rêver l'organisation d'une société pacifique où le droit et la justice remplaceraient la violence; on s'est appliqué, dans la mesure du possible et surtout de notre temps, à limiter les maux de la guerre au moyen de la médiation ou de l'arbitrage.

Nous ne rappellerons que pour mémoire ce fait curieux de l'histoire ancienne relatif à Artapherne, gouverneur de Sardes, qui força les Ioniens ou Grecs d'Asie mineure, soumis à la domination des Perses, à faire entre eux des traités pour régler dorénavant leurs différends par voie arbitrale, de façon à mettre fin aux violences et aux rapines qu'ils ne cessaient de pratiquer entre eux (1).

L'arbitrage chez les Grecs. — A titre de curio-

(1) HÉRODOTE, *Histoire* IV, p. 42.

sité tout au moins, nous devons signaler cet autre fait, non moins étonnant, rapporté par Thucydide et qui prouve que les Grecs connurent l'arbitrage permanent : Par un traité conclu pour 50 ans, Argos et Lacédémone convinrent de soumettre à l'arbitrage d'une ville neutre les différends qui pourraient survenir entre elles. Voici le texte de cette clause remarquable :

« S'il s'élève un différend entre quelques-unes des villes du Péloponèse ou du dehors, soit pour des frontières, soit pour quelque autre objet, il y aura arbitrage. Si, parmi les villes alliées, il en est qui ne peuvent s'entendre, la contestation sera portée devant une 3e ville neutre et choisie comme telle d'un commun accord (1). »

Comme le fait observer M. B. Sax qui l'a rapporté dans son *Histoire de l'arbitrage permanent*, « ce texte est d'autant plus remarquable que les stipulations en sont absolues : la clause du traité est aussi générale que possible ; elle embrasse tous les cas sans admettre d'exceptions ; bien plus, elle spécifie, en premier lieu, le cas des contestations sur les questions de frontières et soumet ainsi à l'arbitrage obligatoire des différends que tant d'hommes politiques de nos jours craignent encore de voir trancher par un arbitrage spécial et occasionnel. Et c'est Sparte, c'est-à-dire l'Etat le plus essentiellement militaire de la Grèce ancienne, qui signe un pareil traité » (2).

Ce traité n'est, du reste, pas le seul que nous offre

(1) THUCYDIDE, *Histoire de la guerre du Péloponèse*, V. 79.
(2) B. SAX, *Histoire de l'arbitrage permanent*, p. 6.

l'histoire grecque. En 444 avant J.-C. Sparte signa avec Athènes, alors dirigée par Périclès, une trève de 30 ans où il était stipulé que les différends survenant entre les deux villes seraient réglés par l'arbitrage. Dans ce même ordre d'idées, nous avons aussi à mentionner l'institution des amphictyonies grecques. Les amphictyons, comme on sait, étaient un grand Conseil dont l'origine remontait aux premiers temps de la Grèce. Douze petits peuples de cette contrée parmi lesquels, notamment, étaient les Thessaliens, les Béotiens, les Doriens, les Ioniens, envoyaient deux fois par an deux députés à l'assemblée générale qui se tint d'abord aux Thermopyles, près du Temple de Cérès, puis à Delphes. On s'y occupait principalement des cérémonies religieuses, lesquelles jouaient un grand rôle dans la vie des anciens, ainsi que des différends qui s'élevaient entre les villes amphictyoniques. Cette institution, dont le principe était excellent, ne réussit jamais à devenir prépondérante en Grèce et à faire de ce pays une sorte de république fédérative. Néanmoins nous nous devions de la mentionner.

L'arbitrage inconnu des Romains. — L'histoire romaine ne contient pas, à notre connaissance, d'exemples de traités d'arbitrage, ce qui, du reste, n'a rien d'étonnant, vu que Rome ne comptait que sur la guerre pour s'enrichir et s'accroître aux dépens des pays voisins.

L'arbitrage au Moyen Age. La quarantaine-le-roy et la Trêve de Dieu. — Au Moyen Age, les quelques tentatives pacifiques que nous observons ne revêtent pas la forme arbitrale. C'est l'époque où les guerres privées sévissent comme un redoutable fléau. En vue d'en restreindre autant que possible les graves inconvénients, Philippe-Auguste et saint Louis imposent aux turbulents seigneurs féodaux la *quarantaine-le-roy*, sorte de trêve préliminaire ainsi appelée parce que les hostilités ne pouvaient s'engager avant l'expiration d'un délai préalable de 40 jours. Pendant ces 40 jours le parti le plus faible pouvait prendre un *asseurement royal*, moyennant quoi le conflit, au lieu de se trancher par la voie des armes, devait être obligatoirement porté devant la justice royale.

Dans le même esprit, l'Eglise si puissante à cette époque, édicta la *trêve de Dieu* par laquelle elle interdisait aux combattants sous les peines les plus sévères, toutes hostilités certains jours de la semaine ou durant certaines époques de l'année (1).

L'esprit pacifique se manifesta encore d'autre façon à cette époque : par une intervention directe

(1) *La trêve de Dieu* remonte à l'an 988. Aucune guerre ne pouvait avoir lieu depuis l'Avent jusqu'à l'Epiphanie et depuis la quinquagésime jusqu'à la Pentecôte, ni pendant les Quatre-temps, les jours de mai et les principaux jours de fête, ni enfin durant chaque semaine du mercredi soir au lundi matin. De plus il y avait paix perpétuelle (paix de Dieu) dans les églises, les cloîtres, les presbytères, l'intérieur des villages, les moulins, sur les routes royales, etc. Ces prescriptions furent souvent renouvelées car elles n'étaient point toujours observées, en dépit des pénalités encourues par ceux qui les violaient.

entre les belligérants en vue de mettre fin aux hostilités. A diverses reprises, les papes et les rois tentèrent de jouer le rôle de médiateurs. D'autres fois, on fit appel à leurs bons offices pour statuer comme arbitres. Tel fut le cas, par exemple, du roi saint Louis, pris pour arbitre entre le roi d'Angleterre Henri III et ses barons, et du pape Boniface VIII qui intervint de la même façon entre Philippe le Bel et Edouard Ier d'Angleterre.

Premières tentatives d'arbitrage proprement dit. — Au XIIIe siècle, on recommence à rencontrer dans l'histoire de nouveaux exemples d'arbitrage. En 1238, les villes de Venise et de Gênes conclurent un traité d'alliance offensive et défensive qui renfermait ce passage :

« S'il surgissait entre les dites cités un différend qui ne pût être facilement aplani par elles, il devra être tranché par l'arbitrage du Souverain Pontife. Et si l'une des parties contrevient au traité, nous consentons à ce que le Seigneur excommunie la cité contrevenante. »

Comme on le voit, ce traité n'excluait aucun litige du règlement arbitral et il prévoyait une très grave sanction, l'excommunication qui, alors, était redoutée à l'égal d'une calamité.

Les Suisses et l'arbitrage. — En 1291, les cantons suisses d'Uri, de Schwytz et d'Unterwalden s'allièrent entre eux et convinrent que « si quelque discorde venait à s'émouvoir entre les confédérés, les plus prudents interviendront par arbitrage pour apaiser le différend selon qu'il leur paraîtra convenable et (que) si l'une ou l'autre des parties méprisait leur sentence, les autres confédérés se déclareraient contre elle. »

Les Suisses prirent de plus en plus cette précieuse habitude de l'arbitrage et, dans les traités qu'ils signaient entre eux ou avec des nations voisines, ils avaient la sage précaution « de convenir d'avance de la manière en laquelle les différends devront être soumis à des arbitres au cas, qu'ils ne puissent s'ajuster à l'amiable. » Lors, par exemple, du traité conclu le 29 novembre 1516 entre les cantons suisses et François Ier et désigné communément sous le nom de *Paix perpétuelle*, il fut décidé que « les difficultés et contestations susceptibles de s'élever entre les sujets du Roi et les habitants des Cantons suisses, seraient terminées par le jugement de quatre hommes de bien, dont deux nommés par chaque partie ; lesquels 4 arbitres écouteraient, en un lieu désigné, les parties ou leurs procureurs; et si les avis étaient partagés, le demandeur pourrait choisir dans les pays voisins un prud'homme déclaré non suspect et qui se réunirait aux arbitres pour décider la difficulté (1) ».

La ligue hanséatique et l'arbitrage. — En Allemagne, la célèbre Ligue hanséatique qui englobait, au xve siècle, quatre-vingts villes, régla par voie d'arbitrage, à partir de 1418, tous les différends surve-

(1) Cité par M. MÉRIGNHAC dans son *Traité théorique et pratique de l'arbitrage international*, p. 40.

nant entre les villes liguées; la sanction était l'exclusion de la partie contrevenante.

Déclin de l'arbitrage; sa renaissance au XIXe siècle. — Ces honorables exemples d'arbitrage ne furent pas suivis par les grands États qui se constituèrent bientôt en Europe. Henri IV, seul, conçut la pensée d'une cour d'arbitrage de 60 membres statuant sur tous les différends et disposant d'une force pour obliger à l'exécution des sentences, mais sa pensée disparut avec lui. La diplomatie et la guerre furent les uniques instruments dont se servirent les Gouvernements et il faut arriver jusqu'au XIXe siècle pour que, sous l'influence grandissante des publicistes pacifistes et des sociétés de paix, notamment de la *Ligue internationale de la Paix et de la Liberté*, on assiste au réveil des idées arbitrales.

Le projet d'arbitrage Charles Lemonnier. — Sur la proposition d'Henry Richard, la Chambre anglaise des Communes vota, le 8 juillet 1873, une adresse sollicitant la Reine : « de se mettre en rapport avec les autres puissances dans le but de provoquer le développement progressif des lois internationales et d'en arriver à l'établissement général et constant d'un arbitrage international. » La même année, Charles Lemonnier déposa, le 8 septembre, à l'assemblée générale de la *Ligue Internationale de la Paix et de la Liberté* le premier projet de traité d'arbitrage permanent, en réponse à une des questions du programme de cette assemblée. Ce projet, qui était d'une grande valeur, renfermait les véritables principes, les véritables règles de l'arbitrage international. L'article 4, d'une grande portée, peut se résumer ainsi :

« En l'absence d'une loi internationale positive, les arbitres prononceront selon les lumières de leur conscience et de leur raison, en tenant compte des traités intervenus entre les parties et en prenant pour règle ce principe, que les parties consacrent et reconnaissent expressément, que les peuples sont égaux entre eux et ont, de peuple à peuple, les mêmes devoirs que les individus. »

Progrès de l'arbitrage. Principaux traités conclus. — Dorénavant, le mouvement en faveur de l'arbitrage ne cesse de se propager et nous allons énumérer, par ordre chronologique les principaux traités conclus, contenant des clauses d'arbitrage. Les deux premiers relatés ci-après sont antérieurs à 1873 :

1° Traité d'amitié et de commerce, du 29 août 1868 entre la Belgique et le Siam, où figure (art. 24) la clause d'arbitrage permanent ci-après : « Dans le cas où un différend s'élèverait entre les deux pays contractants, qui ne pourrait pas être arrangé amicalement par correspondance diplomatique entre les deux gouvernements, ces derniers désigneront, d'un commun accord, pour arbitre, une puissance tierce neutre et amie, et le résultat de l'arbitrage sera admis par les deux Parties ; »

2° Traité de commerce du 17 mai 1869 entre l'Autriche-Hongrie et le Siam renfermant une clause d'arbitrage identique à celle qui vient d'être citée ;

3° Traités du 3 septembre 1880 entre le Chili et la Colombie et du 24 décembre 1880 entre la Colombie et le Salvador ;

4° Traité de commerce et de navigation du 20 mai 1882 entre l'Espagne et le Vénézuéla, renfermant une clause d'arbitrage permanent (art. 14) ;

5° Traité d'amitié, d'établissement et de commerce, du 30 octobre 1883, entre la Suisse et le Salvador ;

6° Traité d'amitié, d'établissement et de commerce, du 6 novembre 1885 entre la Suisse et la République Sud-africaine.

7° Traité du 19 janvier 1886 entre le Chili et la Suisse ;

8° Traité de paix et d'amitié du 23 mai 1888 entre l'Espagne et l'Equateur ;

9° Traité de Washington du 18 avril 1890 entre les républiques sud-américaines, traité des plus importants puisqu'il instituait des rapports juridiques entre 100 millions d'hommes ;

10° Traité d'arbitrage général et permanent, du 23 juillet 1898, entre l'Italie et la République Argentine. Ce traité, qui est toujours en vigueur, ne prévoit pas de sanction ; d'autre part, il admet l'arbitrage permanent d'une façon absolue et sans restriction aucune ;

11° Traité du 18 mai 1899 entre le Brésil et le Chili ;

12° Convention de la *Haye* (1899) instituant une *Cour permanente d'arbitrage* « compétente pour tous les cas d'arbitrage, à moins qu'il n'y ait entente entre les parties au sujet d'une juridiction spéciale » ;

13° Traité d'arbitrage obligatoire, du 29 janvier 1902, entre la République Argentine, la Bolivie, la République Dominicaine, le Guatémala, le Salvador, le Mexique, le Paraguay, le Pérou et l'Uruguay ;

14° Traité d'arbitrage du 28 mai 1902, entre le Chili et la République Argentine. Grâce à ce traité, ces Etats, longtemps ennemis, purent dès lors restreindre considérablement leurs dépenses de guerre ;

15° Traités d'arbitrage conclus entre la France et l'Angleterre, et entre la France et l'Italie. Ce dernier renferme des dispositions originales heureuses sur lesquelles nous aurons à revenir et qui sont très propres à favoriser la pénétration réciproque des peuples et la communauté croissante de leurs intérêts.

Il serait impossible de poursuivre cette énumération qui deviendrait interminable. La sympathie universelle pour l'arbitrage s'affirme avec une évidence sans cesse croissante, comme le prouve le nombre des traités conclus à cet effet en ces dernières années : 2 en 1903, 27 en 1904, 48 en 1905, 49 en 1906, 53 en 1907 et 60 du 1er janvier au 6 avril 1908.

Différends réglés par l'arbitrage. — Indépendamment de ces traités d'arbitrage en vue du règlement de différends à naître, il a été fait appel maintes fois à la voie arbitrale pour régler des contestations survenues entre les nations et susceptibles d'entraîner la guerre. Nous en citerons quelques exemples :

1° *Affaire de l'Alabama.* — Pendant la guerre américaine de sécession, un navire corsaire du parti sudiste fut ravitaillé en Angleterre. Quand les Etats du Nord eurent la victoire, ils demandèrent raison à l'Angleterre de cette violation de neutralité. Des deux côtés on s'apprêtait à la lutte et on armait les vaisseaux. Un arbitrage vint mettre fin au conflit; l'Angleterre eut à payer 15,500.000 dollars (soit plus de 80 millions de francs), mais c'était beaucoup moins onéreux qu'une grande guerre maritime qui eût englouti des milliards, fait périr des centaines de milliers d'hommes et porté préjudice au commerce du monde entier.

2° *Affaire des Carolines.* — Un navire allemand avait violé le territoire espagnol dans les îles Carolines, d'autre part les Espagnols irrités avaient arraché le drapeau allemand de l'ambassade et l'avaient piétiné. Autrefois, on n'aurait pas évité une guerre; il n'en fut pas ainsi et on régla l'incident par un arbitrage auquel les deux Gouvernements se soumirent.

3° *Différends de la Guyane et de la baie de Delagoa.* — En 1880 un différend s'éleva entre la France et la Hollande au sujet de la délimitation de leurs possessions de la Guyane. De tous temps il avait été admis que le fleuve Maroni formerait la frontière entre la Guyane française et la Guyane hollandaise; mais quelle était, en remontant vers la source, la rivière principale devant être considérée comme le Maroni supérieur? Il y avait contestation à cet égard et la question se compliquait du fait de la découverte de mines d'or convoitées par les deux nations. On eut recours à l'arbitrage du tsar qui donna raison à la Hollande, tout en maintenant les droits acquis de bonne foi par des citoyens français dans les limites du territoire contesté.

En 1890, un différend analogue s'éleva entre la Grande-Bretagne et le Portugal au sujet de la baie de Delagoa. Ce différend fut également apaisé par un arbitrage.

4° *Incident de Hull, 1904.* — Pendant la guerre russo-japonaise, des navires de guerre russes bombardèrent par erreur, près de Hull, des barques de pêcheurs anglais. L'orgueil britannique, justement froissé, eut la sagesse d'accepter l'arbitrage et ce grave incident put être solutionné sans recourir à une épouvantable guerre maritime.

5° *Incident de Casablanca* (1908). — Plus récemment (1908), un incident se produisit entre la France et l'Allemagne au sujet de déserteurs de la « légion étrangère » française dont la légation allemande voulait favoriser l'embarquement et qui furent retenus de force par l'autorité militaire française. Plusieurs de ces déserteurs étaient de nationalité allemande et le conflit se compliquait de ce que, aux yeux de l'Allemagne, tout Allemand qui s'expatrie au moment de la conscription pour s'enrôler dans une armée étrangère n'en reste pas moins considéré comme sujet allemand. Dans les premiers jours de novembre 1908, la guerre fut sur le point d'éclater entre les deux nations. Heureusement intervint un arbitrage qui épargna aux deux grands pays les calamités de la guerre.

Tout concorde donc à bien montrer que le pacifisme fait des progrès considérables dans le monde. Les deux congrès de La Haye (1899-1907), sur lesquels nous aurons bientôt à revenir, en sont en quelque sorte la consécration et, sans excès d'optimisme, on peut affirmer que désormais l'avenir appartient à la paix et au droit.

EXERCICES ET DEVOIRS. — **I. Pensée.** — *On tranche les différends de deux manières : par la raison et par la force; l'une appartient à l'homme, l'autre aux bêtes ; et l'on ne doit recourir à la force que dans l'impossibilité d'employer la raison.*

CICÉRON.

II. Devoirs de rédaction. — *1° L'arbitrage est-il une chose nouvelle qui ait été complètement inconnue autrefois? Dites à cet égard ce que vous avez retenu des leçons de votre instituteur.*

2° Parmi les conflits qui sont survenus en ces cinquante dernières années et qui ont été réglés par l'arbitrage, citez-en un à votre choix en faisant ressortir les avantages du mode de solution qui a été employé.

3° On vous a appris, en histoire, qu'Henri IV se proposait de grouper l'Europe de son temps en une sorte de confédération d'Etats dont les différends auraient été réglés par une cour d'arbitrage de 60 membres. Pensez-vous que la réalisation de ce projet aurait été favorable à l'Eu-

rope? La suite de l'histoire n'en aurait-elle pas été toute changée ?

III. Devoir de l'élève Jean-Pierre (*Développement du 1er sujet*). — L'arbitrage n'a pas été complètement inconnu autrefois.

Il paraît, notamment, que Sparte et Athènes, du temps de Périclès, firent un traité d'arbitrage à peu près tel qu'on le désirerait de nos jours. De bonne heure, les Suisses s'entendirent entre eux, de canton à canton, et firent des conventions basées sur l'arbitrage. La fameuse « paix perpétuelle » qu'ils firent avec le roi de France, François Ier, après la bataille de Marignan (1515) contenait des clauses arbitrales.

Malheureusement ces exemples ne furent pas imités par les rois des différents États de l'Europe.

Il faut arriver jusqu'au XIXe siècle pour rencontrer de nouveau des traités d'arbitrage. Depuis quelques années on en conclut beaucoup ; il en a été signé, 2 en 1903, 27 en 1904, 48 en 1905, 40 en 1906, 53 en 1907 et 60 du 1er janvier au 6 avril 1908.

Espérons que les peuples finiront par se dégoûter de la guerre et par ne plus vouloir entendre parler que de l'arbitrage et de la paix.

CHAPITRE III

L'ARBITRAGE ; SON EMPLOI. — OBJECTIONS QUI LUI ONT ÉTÉ FAITES AU POINT DE VUE INTERNATIONAL

L'arbitrage et le compromis. — L'arbitrage a pour objet, comme on sait, de faire examiner et trancher par des tiers désignés à cet effet par les parties litigantes, des différends existant déjà ou susceptibles de se produire dans l'avenir. On ne doit pas confondre ce terme avec le *compromis*, convention préliminaire par laquelle les parties décident, à propos d'un différend déjà né, qu'elles recourront à l'arbitrage pour le trancher, instituent les arbitres à qui la tâche en sera confiée et déterminent leurs pouvoirs et l'objet propre de leur mission. L'arbitrage doit se distinguer également de la simple *clause compromissoire*, introduite parfois dans des conventions ou des traités pour décider d'une façon générale que toutes difficultés venant à surgir entre les parties seront tranchées au moyen de l'arbitrage, sauf, évidemment, à conclure en tant que de besoin un compromis à cet effet et en temps opportun.

L'arbitrage dont l'importance s'est accrue immensément de nos jours tend de plus en plus à régir toutes les actions des hommes et des peuples.

Dans les temps anciens, l'arbitrage a dû précéder les premiers essais d'organisation judiciaire et il a survécu à l'établissement des tribunaux réguliers en raison de ses avantages propres, tels que la rapidité des décisions, l'absence de frais coûteux et de publicité indiscrète de la procédure (1).

L'arbitrage civil. — Au point de vue civil on distingue les arbitres-juges et les arbitres-rapporteurs. Ces derniers sont nommés, en certains cas, par les tribunaux avec mission de concilier les parties, d'examiner au point de vue technique les livres de comptabilité ou autres pièces produites par les parties et de présenter un rapport résumant leur opinion et servant aux juges pour prononcer leur décision.

Les arbitres-juges sont choisis spontanément par les parties dans un compromis indiquant avec précision l'objet du différend et les pouvoirs conférés aux arbitres.

Chacune des parties produit ses défenses et pièces quinze jours au moins avant l'expiration du délai fixé par le compromis. Dans leur sentence, les arbitres doivent se conformer aux règles de la procédure ; toutefois, au cas où, en vertu du compromis, les arbitres ont reçu qualité pour statuer en *amiables*

(1) Voir au sujet de l'arbitrage judiciaire, le *Code de procédure civile*, art. 1003 à 1028.

compositeurs, ils n'ont à s'inspirer que de l'équité et il ne peut être fait appel de leur sentence.

Lorsqu'il y a partage de voix entre les arbitres, ceux-ci désignent ou, faute d'entente entre eux à cet égard, font désigner par le tribunal, un *tiers-arbitre* ou *sur-arbitre* appelé à les départager.

Les sentences arbitrales ont, quant à leurs effets, la même force que si elles émanaient des tribunaux réguliers. Elles sont signées par les arbitres et rendues exécutoires par une ordonnance du Président du tribunal de première instance dans le ressort duquel elles ont été rendues (1).

L'arbitrage industriel. — La loi du 27 décembre 1892 a étendu à la législation du travail les bienfaits de la procédure de l'arbitrage.

En vertu de cette loi, les patrons, ouvriers ou employés entre lesquels s'est produit un différend d'ordre collectif portant sur les conditions du travail peuvent soumettre ce différend à un *comité de conciliation* et, à défaut d'entente dans ce comité, à un *Conseil d'arbitrage*.

(1) L'arbitrage, qui avait toujours été rigoureusement interdit aux communes, aux départements et à l'État, leur est actuellement enfin permis par la loi en matière de contestations relatives à des travaux. On lit, en effet, dans la loi de finances du 17 avril 1906, art. 69, les dispositions ci-après : « Pour la liquidation de leurs dépenses de travaux et de fournitures, l'État, les départements et les communes pourront recourir à l'arbitrage tel qu'il est réglé par le livre III du *Code de procédure civile.* » La suite de l'article détermine les formalités à suivre, dans la pratique, par l'État, les départements et les communes lorsqu'ils veulent recourir à l'arbitrage.

Les patrons, ouvriers ou employés adressent, soit ensemble, soit séparément, en personne ou par mandataires, au juge de paix du canton ou de l'un des cantons où existe le différend une déclaration écrite contenant, outre divers renseignements, l'objet du différend avec l'exposé succinct des raisons invoquées par la partie et la désignation de délégués (cinq au plus) choisis pour soutenir les revendications à faire triompher. Le juge de paix délivre récépissé de cette déclaration et la notifie sans frais dans les 24 heures, à la partie adverse ou à ses représentants. Dans les trois jours au plus tard cette dernière doit faire parvenir au juge de paix sa réponse contenant la désignation de ses délégués (cinq au plus). Passé ce délai le silence est considéré comme un refus de recourir à la conciliation et à l'arbitrage prévus par la loi.

Dans le 1er cas, le juge de paix invite les parties ou leurs délégués à se réunir, en sa présence, en comité de conciliation. Si l'accord s'établit dans ce comité sur les conditions de la conciliation, le juge de paix en dresse un procès-verbal signé des parties ou des délégués ayant coopéré à la conciliation. Dans l'hypothèse contraire, les parties sont invitées à désigner soit chacune un ou plusieurs arbitres et un tiers-arbitre, soit un arbitre commun. Si les parties ne s'entendent pas pour la désignation du tiers-arbitre, il est nommé par le président du Tribunal civil.

La décision prise, rédigée et signée par les arbitres, est remise au juge de paix qui en délivre gratuitement une expédition certifiée à chacune des parties.

En cas de grève et à défaut d'initiative des parties, le juge de paix invite d'office les patrons, ouvriers ou employés ou leurs représentants, à lui faire connaître dans les trois jours : 1° l'objet du différend avec l'exposé succinct des motifs invoqués, 2° leur acceptation ou leur refus de recourir à la conciliation et à l'arbitrage, 3° en cas d'acceptation, la désignation de leurs délégués (cinq au plus).

La demande de conciliation et d'arbitrage, le refus ou l'absence de réponse de la partie adverse, la décision du Comité de conciliation ou celle des arbitres sont notifiés par le juge de paix au maire de chacune des communes où s'est produit le différend et, par les soins de ces maires, rendus publics par voie d'affichage à la place réservée aux publications officielles. En outre, l'affichage peut se faire par les parties intéressées et lesdites affiches sont dispensées du timbre.

Cette pratique heureuse de l'arbitrage industriel et commercial est propre à apaiser les conflits et à prévenir les grèves, ces redoutables grèves qui, trop souvent, ont causé aux ouvriers de si amères déconvenues et qui, plus fréquemment encore, ont appauvri tout à la fois les ouvriers et les patrons. Il est vivement à désirer que la conciliation et l'arbitrage se généralisent et qu'on parvienne à en rendre la pratique obligatoire (1).

(1) On ne doit pas se dissimuler les difficultés toutes spéciales de l'arbitrage industriel. Trop souvent, dans la réalité, les adversaires partent de postulats inconciliables et se pla-

L'arbitrage international. — L'importance de l'arbitrage, tant dans les différends vulgaires de la vie civile que dans les conflits de l'industrie et du travail, ne saurait être dépassée que par celle qu'il est appelé à prendre de plus en plus dans les compétitions inévitables des peuples. Mais, là, sa place a été et est encore violemment contestée et c'est seulement par l'évidence de son efficacité, par l'éclat de ses services qu'il parviendra à triompher peu à peu des injustes défiances et des sots préjugés.

cent à des points de vue opposés. Les ouvriers se mettent en grève pour imposer de force aux employeurs leur manière de voir ; les patrons résistent pour imposer la leur aux ouvriers... » D'autre part, les questions qui se posent dans une grève sont parfois très compliquées et très techniques ; il n'est guère possible de trouver, en dehors de l'industrie intéressée, des arbitres dont les connaissances pratiques soient suffisantes pour trancher convenablement les questions posées. Et si on les prend dans cette industrie, ils sont nécessairement patrons, agents patronaux ou ouvriers et par suite suspects à l'une ou à l'autre des parties. Ces difficultés ne doivent pas décourager. La conciliation prévue par la loi du 27 décembre 1892, en mettant en présence les parties adverses, ne peut que contribuer à les amener à se comprendre et à se faire des concessions mutuelles. *Les conseils de travail*, prévus par les décrets des 17 septembre 1900 et 2 janvier 1901 et les *conseils de prud'hommes*, à généraliser de plus en plus, sont susceptibles d'exercer une heureuse influence sur les rapports des employeurs et des employés. L'éducation sociale, trop négligée jusqu'ici, fera le reste ; quand les générations nouvelles de travailleurs seront persuadées que la solidarité, l'interdépendance, sont la loi du capital et du travail, que la violence est nuisible à tous et que l'entente est la seule chance de salut, il n'y aura qu'une voix pour réclamer l'arbitrage obligatoire, entouré de toutes les garanties propres à en assurer un équitable fonctionnement.

Objections contre l'arbitrage international : 1° Les Etats sont au-dessus des tractations de l'arbitrage. — Parmi les objections, parfois d'apparence très grave, qui ont été faites contre le principe de l'arbitrage international, l'une des plus sérieuses incontestablement est que, par leur essence, les Etats sont au-dessus des tractations de l'arbitrage. D'après Hégel, l'Etat est au-dessus de tout et tout lui doit être subordonné ; l'individu n'existe que par lui et pour lui. Chaque Etat, « volonté absolue, patente et substantielle », est indépendant, souverain par rapport aux autres. Il ne peut exister aucun juge au-dessus d'eux, tout au plus des médiateurs accidentels. Le rapport des Etats entre eux « est celui d'autonomies qui concluent des accords, mais sont au-dessus de ces stipulations. » Par suite, « la lutte entre Etats, en tant que leurs volontés respectives ne s'accordent pas, ne peut se décider que par la guerre », qui est l'affirmation la plus haute de leur souveraineté (1).

D'après Lasson, l'Etat ne peut jamais être subordonné — le voulût-il ou le pût-il — sans renoncer à lui-même. Le Droit ne peut s'exercer qu'à l'intérieur des Etats, pour régir les rapports des individus ; mais rien ne peut limiter la puissance souveraine des Etats. Ils sont, par nature, ennemis les uns des autres et c'est la force seule qui peut prononcer entre eux. Par suite, les traités, simple expression de leur rapport

(1) HÉGEL, *Philosophie de l'esprit*, p. 536. Phil. des Rechts, § 256, 181 s., 258. Cité par Jean LAGORGETTE, dans son *Rôle de la guerre*, p. 537.

de puissance, n'ont de valeur qu'autant qu'ils restent en relation avec cette puissance ; sitôt qu'un Etat se sent la possibilité d'en modifier les clauses à son avantage, aucun scrupule ne doit l'arrêter, rien ne pouvant prévaloir contre sa complète indépendance d'action et sa souveraineté. Par suite, l'arbitrage, qui prétend imposer aux Etats le respect de principes supérieurs, n'est donc qu'une rêverie, qu'une misérable chimère.

Ces doctrines, qui ont trouvé, surtout en Allemagne, leurs adeptes et leurs défenseurs, ne sont, sous des apparences faussement savantes, que l'apologie rajeunie et odieuse de la cruauté et de la violence. Au lieu que l'individu n'existe que pour l'Etat, la vérité est que l'Etat n'a de raison d'être que pour assurer le bonheur social de l'individu. La prétendue souveraineté absolue de l'Etat, dont rien ne limite théoriquement l'action, n'est, au vrai, que l'insécurité absolue, chaque Etat étant incessamment exposé à la puissance de ses pareils. Belle quiétude qu'une telle anxieuse attente, bel avantage que cette souveraineté qui risque perpétuellement de s'évanouir devant la soudaineté d'une attaque imprévue ! Il fut un temps, alors que l'humanité était encore plongée dans la barbarie, où les hommes croyaient que rien ne pouvait ni ne devait limiter les entreprises de l'individu et que la lutte était le seul moyen de jouir de la plénitude de leur droit. Cette époque sauvage est heureusement passée, un état juridique a succédé à l'état de barbarie et les hommes, depuis longtemps, se sont rendu compte avec bonheur que leur autonomie, loin d'être menacée par l'intrusion du droit, n'a jamais été si bien sauvegardée, parce qu'elle est désormais à l'abri des tentatives injustes de la violence.

Il en sera de même des nations, actuellement en train de s'épuiser en armements sans cesse plus coûteux, pour garantir leur autonomie et leur souveraineté. Quand une organisation juridique internationale aura enfin prévalu, elles s'apercevront avec joie que jamais leur autonomie n'aura été si bien garantie, puisqu'elle se trouvera alors sous la sauvegarde inviolable du Droit.

2° L'arbitrage est incompatible avec la liberté des peuples. — A l'encontre de l'arbitrage, on a prétendu encore qu'il est incompatible avec la liberté des peuples et que, partant, il est et il sera impossible de le généraliser.

C'est précisément le contraire qui est la vérité. En 1873, lorsque fut présenté par Charles Lemonnier à l'Assemblée générale de la *Ligue de la Paix internationale et de la Liberté* le premier projet de traité d'arbitrage permanent (8 septembre 1873), il fut formellement stipulé ce qui suit : « Les arbitres consulteront et appliqueront les règles et les principes qui suivent, auxquels les parties entendent donner entre elles force de loi :

» 1° Les peuples sont égaux entre eux, sans égard à la superficie des territoires, non plus qu'à la densité des populations.

» 2° Les peuples s'appartiennent à eux-mêmes...

» 3° Le droit des peuples à s'appartenir et à se gouverner eux-mêmes est inaliénable et imprescriptible.

» 4° Nul individu, nul gouvernement, nul peuple ne peut légitimement, ni sous aucun prétexte, disposer d'un autre peuple par annexion, par conquête, ni de quelque autre façon que ce soit. »

A différentes reprises, les congrès de la paix et les assemblées pacifistes sont revenus sur ces solides principes. Notamment à l'Assemblée générale de 1891, la *Ligue de la Paix internationale et de la Liberté* vota, entre autres résolutions, les dispositions ci-après :

« Considérant que la vraie paix ne peut se fonder que sur la liberté et sur la justice ;

« Considérant que l'établissement d'un ordre juridique international peut seul faire disparaître la guerre et ses conséquences.

« Considérant que le principe même du droit est le droit imprescriptible et inaliénable qu'ont tous les peuples de se régir eux-mêmes...

. . . .

« L'Assemblée,

« Nie le droit de conquête ; déclare nulle toute annexion et toute neutralisation faite sans le consentement préalable du peuple annexé ou neutralisé. »

On pourrait peut-être prétendre avec plus de vraisemblance que ces affirmations éclatantes du droit, qui sont une flétrissure, une condamnation infamante, pour certains gouvernements d'Europe, sont destinées à rester lettre morte et qu'elles ne sauraient prévaloir contre l'odieuse fatalité des faits. Nous répondons que l'arbitrage, sans être intransigeant au point de vue de l'application immédiate du principe, poursuit avec confiance sa route, sachant pertinemment que l'indépendance est le point inévitable d'arrivée pour tous les peuples et qu'en dehors du principe de la liberté et du respect du droit il n'est pas possible que la paix véritable puisse s'établir d'une façon définitive.

3° L'arbitrage ne saurait s'appliquer à tous les cas. — On a objecté encore contre l'arbitrage qu'il ne saurait s'appliquer à tous les cas et que, notamment, les questions intéressant l'intégrité ou l'honneur d'une nation ne sauraient lui être dévolues. C'est, une fois de plus, se tromper grossièrement. Pourquoi l'honneur national d'un pays ou son indépendance seraient-ils en danger, s'ils sont sous la sauvegarde de l'arbitrage et du droit, de l'arbitrage qui, précisément, proclame comme principe fondamental le respect des nationalités, l'indépendance de tous les peuples ? Sous le vocable trompeur « d'intégrité nationale » cacherait-on le perfide dessein de conserver de force des provinces spoliées jadis et restées inébranlablement hostiles ? Evidemment, la force seule peut tenter de perpétuer une telle iniquité ; mais ces annexions dont se réjouissent les politiques à courte vue coûtent bien cher : il faut s'armer, dépenser, se ruiner pour se mettre à l'abri des retours offensifs des vaincus. Et à quoi cela aboutira-t-il dans l'avenir? Probablement pas à grand'-chose. Car un temps viendra où les peuples reprendront peu à peu leur liberté et il apparaîtra clairement alors que les conquêtes ne sont pas seulement préjudiciables à ceux qui en sont les victimes, mais encore à ceux qui les font.

4° L'arbitrage n'a pas de sanction. — Un quatrième reproche a été fait à l'arbitrage, c'est qu'il n'a pas de sanction et, par suite, qu'il est inefficace. Jusqu'ici les faits se sont chargés de démentir absolument ces allégations et on n'a pas d'exemple que les décisions d'un arbitrage n'aient été observées par les parties. La conscience juridique des gouvernements, le souci de leur honneur, le soin légitime de leur réputation devant l'opinion publique mondiale sans cesse plus puissante ont été chaque fois suffisants pour que les parties se conforment de bonne grâce aux stipulations des sentences arbitrales; tout permet de supposer que cette force morale dont dispose l'arbitrage ne fera que grandir et qu'elle sera susceptible de rendre inutile le recours à une autorité coercitive.

Remarquons, du reste, que la procédure arbitrale n'est pas forcément dépourvue de sanction. Le compromis peut prévoir, par exemple, que la partie succombante sera condamnée à payer telle ou telle somme à titre de pénalité pour chaque jour, chaque semaine ou chaque mois de retard à exécuter la sentence. Si le différend porte sur une question d'extradition, qui empêche de convenir que l'individu réclamé sera préalablement remis, soit à la disposition des arbitres, soit à celle d'une tierce puissance, pour être livré, après le prononcé de la sentence, à la puissance ayant obtenu gain de cause ? S'il s'agit de contestations d'ordre financier, il n'est nullement impossible que les parties litigantes déposent l'une et l'autre, entre les mains d'une grande banque d'une tierce puissance, des valeurs en garantie de l'exécution de la sentence.

Si, au contraire, le différend a trait à des territoires, des côtes, des rives contestés, l'objet du litige peut être provisoirement confié à la garde d'un Etat neutre et remis ensuite à la partie dont le bon droit aura été reconnu par la sentence arbitrale.

Enfin rien ne s'oppose à ce que l'arbitrage soit pourvu d'organes spéciaux propres à assurer, dans tous les cas, l'exécution des décisions des arbitres ; c'est même une question très importante et très délicate dont s'occupent activement les pacifistes et sur laquelle, dans un prochain chapitre, nous aurons à dire quelques mots. Faisons remarquer, dès maintenant, que si cette organisation implique en la personne des arbitres chargés de prononcer et d'assurer l'exécution d'une sentence, une confusion de pouvoirs contraire au principe traditionnel de la séparation, cette confusion serait voulue, formellement acceptée par les contractants et que, dans ces conditions, selon un adage connu, « les conventions font la loi des parties. » Par conséquent une telle organisation n'a donc, en principe, rien d'irrationnel et d'impraticable. Du reste, comme l'a fait remarquer avec à propos M. Henri Lafontaine, sénateur de Belgique et auteur de l'*Histoire sommaire et chronologique des arbitrages internationaux*, une telle disposition ne constituerait pas une pure innovation en matière de droit. Quand, en effet, les commissaires-arbitres sont, de par le compromis d'arbitrage, constitués dépositaires des fonds du litige, avec charge de les remettre à la partie gagnante, ils se trouvent bel et bien investis de la fonction d'exécution ; ils exercent les pouvoirs judiciaire et exécutif et cela avec avantage pour les parties et sans nul inconvénient.

5° L'arbitrage est inefficace contre le militarisme. — Un autre reproche a encore été fait à l'arbitrage, notamment par M. Raoul de la Grasserie (1), c'est qu'il est irrémédiablement inefficace, parce que, susceptible tout au plus d'empêcher les guerres, il ne saurait d'aucune façon faire disparaître l'état contre nature de paix armée, peut-être plus néfaste que la guerre elle-même. De telles allégations étonnent de la part d'un esprit aussi sérieux et aussi avisé que M. de La Grasserie. Si l'on suppose les nations liées par des traités d'arbitrage, qui ne devine, en effet, que les charges du militarisme vont, dès lors, leur apparaître comme sans objet, ruineuses et absurdes? Qui ne se persuade qu'un invincible mouvement de paix se produira alors de toutes parts

(1) Voir son ouvrage, *De l'ensemble des solutions de la question pacifiste*, p. 65 et suivantes.

et que le désarmement viendra comme une « conséquence » fatale, nécessaire? L'arbitrage n'aura donc pas eu seulement pour effet d'empêcher les boucheries sanglantes de la guerre, mais aussi de faciliter les voies à la pacification complète et définitive des peuples.

6° L'arbitrage ne constitue qu'une procédure empirique et imparfaite. — Un dernier reproche, d'ordre pratique, a été formulé contre l'arbitrage, c'est qu'il est une procédure imparfaite, empirique, fonctionnant avec des arbitres trop souvent incapables, partiaux ou connaissant mal les conflits. Sans doute tout n'est pas erroné dans ces allégations, et l'arbitrage actuel est loin d'être une institution définitive et parfaite; mais tel qu'il est, et avec ses défauts qui iront de plus en plus en s'atténuant, il est infiniment préférable à la guerre qui n'a jamais su que se repaître de sang et qui, dans les intervalles où elle se repose de ses furies, ne cesse d'exiger des peuples des contributions énormes qui les désespèrent et les ruinent. Sans doute, l'arbitrage véritable suppose une législation internationale déterminant les principes qui doivent constituer la garantie des Etats et fixant les règles de la procédure à suivre, un Tribunal des Nations, formé d'arbitres compétents et impartiaux, statuant d'après ces principes et ces règles, enfin un Pouvoir disposant de l'autorité nécessaire pour obliger, le cas échéant, à l'exécution des décisions rendues. Mais tout cela ne peut se créer subitement; l'arbitrage, comme toutes les institutions humaines, est sujet à la loi de l'évolution. Par suite, les imperfections qui subsistent encore dans son organisation actuelle ne sauraient être un motif pour le condamner ou le repousser. Laissons-lui le temps de grandir et il régénèrera le monde.

EXERCICES ET DEVOIRS. — **I. Pensée.** — *L'arbitrage a été planté dans le monde ; il deviendra un grand arbre à l'ombre duquel toutes les nations pourront enfin reposer en paix.*

GÉNÉRAL TÜRR.

II. Devoirs de rédaction. — 1° *Estimez-vous préférable que les nations règlent par voie d'arbitrage leurs différends au fur et à mesure qu'ils se produisent ou, au contraire, qu'ils concluent par avance des traités d'arbitrage en vue des différends susceptibles de naître dans l'avenir?*

2° *On vous a parlé à l'école d'arbitrage et de compromis. Y a-t-il quelque différence entre ces deux termes? Faites connaître en quelques mots ce que vous avez retenu des explications qui vous ont été données.*

3° *On a prétendu que l'arbitrage international n'est pas applicable parce qu'il n'a pas de sanction. Que pensez-vous de cette affirmation?*

III. Devoir de l'élève Jean-Pierre (*Développement du 1er sujet*). — Quand deux peuples ont un différend, ils font bien mieux de s'en remettre à l'arbitrage pour le trancher que de se sauter à la gorge et de s'entre-tuer. Ce dernier procédé est celui des bêtes sauvages ; le premier seul est digne d'un peuple civilisé.

Mais on a deux moyens à sa disposition lorsqu'on renonce à la guerre : faire choix d'arbitres pour juger un différend qui s'est produit, ou bien, sans attendre que les conflits soient nés, s'entendre pour signer un traité d'arbitrage.

Cette dernière méthode me paraît préférable à la première. Quand deux peuples sont en colère l'un contre l'autre, ils sont en mauvaise disposition pour prendre l'initiative d'une entente; si on l'entreprend, il y a chance pour qu'elle ne réussisse pas et la guerre est à redouter.

Au contraire, les peuples peuvent bien mieux s'entendre lorsqu'ils n'ont entre eux aucun motif particulier d'animosité. Et, après que le traité est signé, c'est la sécurité pour les parties contractantes. Quoi qu'il arrive, le canon n'aura pas à faire éclater sa grosse voix; le différend, s'il se produit, se règlera amiablement de la façon prévue par le traité.

CHAPITRE IV

L'ARBITRAGE ET LES CONDITIONS QU'IL DOIT REMPLIR

Objet de l'arbitrage. — L'arbitrage, on le sait, n'établit entre les Etats signataires des traités conclus à cette fin d'autre engagement que celui de faire régler par des arbitres de leur choix tous les différends qui pourraient naître pendant la durée desdits traités. En d'autres termes, il a donc pour résultat « la substitution entre les peuples contractants, pour un temps donné, d'un lien de droit, d'un état juridique, à l'état de guerre ou de trêve armée, à l'état d'anarchie qui les régissait précédemment (1). » Comme l'écrivait Kant, en 1795, dans son *Essai philosophique sur la paix perpétuelle*, « du haut de son tribunal, la raison, législatrice suprême..., fait de l'état de paix un devoir immédiat, et, comme cet état de paix ne saurait être fondé ni garanti sans un pacte entre les peuples, il en résulte pour eux le devoir de

(1) Emile ARNAUD, *Les traités d'arbitrage permanent entre les peuples*, 1895, p. 5.

former une alliance d'une espèce particulière, qu'on pourrait appeler *Alliance pacifique*, différant du traité de paix en ce qu'une telle alliance terminerait à jamais toutes les guerres, tandis que le traité de paix ne met fin qu'à une seule. Cette alliance n'établirait aucune domination d'État à État ; son seul effet serait de garantir la liberté de chaque État particulier qui participerait à l'association, sans que ces États eussent besoin de s'assurer, comme les hommes qui sortent de l'état de nature, à la contrainte légale d'un pouvoir public (1). »

Le respect de l'autonomie des peuples, principe essentiel de l'arbitrage. — Ainsi, l'autonomie, l'indépendance des peuples est donc un des principes essentiels de l'arbitrage. Supposez ce principe non appliqué, nous restons en face de la violence maintenant abusivement sous le joug des populations dont les aspirations sont étouffées. Il est impossible en ce cas que la paix rêvée soit établie, car la force reste indispensable à certains gouvernements pour veiller au maintien des iniquités qu'ils entendent perpétuer. Charles Lemonnier qui, comme nous l'avons déjà indiqué, élabora le premier traité-type d'arbitrage, le comprit fort bien, car, au nombre des « règles » et des « principes » de l'arbitrage il fit figurer dans son projet les dispositions suivantes :

« Est nul comme contraire à l'ordre public et aux

(1) Voir l'édition Charles Lemonnier 1880, Paris, Fischbacher, p. 21.

bonnes mœurs toute clause, convention ou traité ayant pour objet :

» Toute atteinte à l'autonomie d'un ou de plusieurs peuples ou individus ;

» Toute guerre autre qu'une guerre défensive ;

» La conquête de tout ou partie d'un territoire occupé ;

» Toute invasion, occupation, annexion, démembrement, cession ou acquisition, à quelque titre et de quelque façon que ce soit, de tout ou partie d'un territoire occupé par un peuple ou par une population quelconque qui n'a pas été, au préalable, consentie par les habitants. » (Article 4, 6°).

Ce n'est pas à dire que l'arbitrage exige la réparation immédiate, préalable et préliminaire de toutes les annexions et violences commises dans le passé ; il se contente, à cet égard, de proclamer ce qui doit être et laisse à la « justice immanente » du temps, le soin de rétablir partout l'équité parmi les peuples. Il a confiance dans les progrès de la raison, dans les bienfaits immenses de la paix pour que les peuples spoliateurs se persuadent enfin que les annexions sont des spéculations malheureuses, fatalement préjudiciables à l'intérêt bien entendu de ceux qui en escomptaient des profits.

Conditions à remplir par l'arbitrage. — Basé sur le respect mutuel de l'indépendance des peuples, l'arbitrage doit remplir certaines conditions.

1° Il doit être obligatoire. — En premier lieu, il doit être *obligatoire*, et non pas simplement facultatif. Si l'on admettait que les parties contractantes peuvent, à leur gré, décliner l'arbitrage à propos de tel ou tel différend venant à se produire, ce ne serait pas régler grand'-chose et l'arbitrage perdrait la plus grande partie de son efficacité et de sa valeur. Aussi, convient-il de féliciter les nations qui, en concluant des traités d'arbitrage, ont eu la sagesse de s'inspirer du principe de l'obligation.

2° Il doit être universel. — En second lieu, l'arbitrage doit s'étendre à tous les différends susceptibles de se produire, c'est-à-dire être universel. En fait, jusqu'ici, dans un assez grand nombre de traités, il a été prévu que l'arbitrage cesserait d'être applicable aux conflits touchant, d'après l'appréciation de l'une des nations en cause, à l'autonomie ou à l'honneur de cette nation. Cette réserve, qu'explique sans la justifier, la persistance de l'ancien état d'esprit guerrier, ne saurait être maintenue, ainsi que nous allons le montrer.

Peut-on admettre que l'Etat doit être seul appréciateur de l'utilité et de la validité de ses actes et que son droit s'étend aussi loin que va sa puissance? Ce serait une prétention bien étrange, car il faudrait convenir que la morale n'existe que pour les individus, non pour les nations, et que pour ces dernières, toute action est licite, à condition de pouvoir être accomplie. D'autre part, qu'on y prenne garde, cette bienveillance si dégagée de scrupules serait, pour les nations, le plus pernicieux des présents car, en les exposant au danger des convoitises réciproques, elle les obligerait, par souci de leur sécurité, toujours incertaine, à se jeter dans les bras du militarisme qui, de plus en plus, étouffe l'Europe sous sa terrible étreinte.

La doctrine que l'arbitrage ne saurait s'étendre à la généralité, à l'universalité des conflits implique donc des conséquences désastreuses. Si, au contraire, l'on reconnaît l'arbitrage comme le moyen unique de régler tous les différends, ce sombre horizon s'éclaircit tout à coup. L'autonomie, l'indépendance des peuples ne court aucun danger puisque l'arbitrage la proclame expressément comme son principe fondamental. Et, en effet, si l'autonomie est, pour les nations, de même que pour les individus, la faculté de se régir soi-même, le droit de n'avoir ni maîtres, ni juges, sauf ceux que l'on aurait librement choisis ou acceptés, quel obstacle l'arbitrage pourrait-il dresser contre cette indépendance, contre cette souveraineté? Admettre que l'on est faillible et que l'on peut avoir tort dans ses propres prétentions, être disposé à les soumettre à l'appréciation de juges impartiaux et compétents, librement choisis, consentir à se conformer à leur sentence, ce n'est point abdiquer quelque chose de son autonomie, mais, au contraire, en assurer le meilleur usage. C'est s'ôter la tentation d'abuser de sa force pour outre-passer ses droits et attenter à ceux d'autrui; c'est surtout se préserver soi même des violences d'autrui et sauvegarder ainsi sa propre indépendance et sa sécurité. Si l'arbitrage avait existé dans le passé, aurions-nous à déplorer tant de spoliations, enregistrées par l'histoire, spoliations qui crient vengeance et qui compliquent d'étrange façon le problème actuel de la pacification ? L'arbitrage n'est donc pas destructif de la souveraineté des peuples et tout Etat animé d'intentions justes et loyales n'a aucune raison de repousser l'arbitrage au nom de sa souveraineté, qui n'est nullement en cause et ne saurait être menacée.

Mais sous le masque hypocrite de la souveraineté se cachent trop souvent les plus blâmables desseins. Tel peuple, par exemple, qui, jadis, s'annexa violemment des provinces restées impatientes de leur joug et repousse l'arbitrage comme attentatoire à son autonomie, se soucie réellement de tout autre chose. Sa prétendue préoccupation d'autonomie, d'indépendance, n'est, au fond, que le désir de perpétuer contre tout droit, une spoliation ancienne, une violation de l'autonomie naturelle et des aspirations des populations conquises. On comprend que, dans ce cas, il éprouve de la défiance et que l'arbitrage ne lui dise rien qui vaille. Mais l'autonomie sincère et véritable n'a rien à redouter en l'espèce. Tout au contraire, si l'arbitrage prévalait, au lieu que les spoliations criantes de l'Europe actuelle continuent de subsister telles quelles, pour la honte de notre civilisation, il est à supposer qu'on saurait trouver d'heureuses solutions propres à concilier le plus possible, avec le droit naturel des populations, les intérêts même de leurs spoliateurs. Car, il ne faut pas l'oublier, les spoliations ne sont nullement un bénéfice gratuit pour leurs auteurs : quand on a ravi un pays, ne faut-il pas, en effet, qu'on se barde de fer pour se mettre à l'abri des représailles ? Ne faut-il pas que, par précaution, on tienne sa « poudre sèche » et son « épée aiguisée », sachant que la fortune des armes est changeante, que la conquête appelle la conquête et la spoliation, une spoliation contraire?

On peut concevoir qu'en l'état actuel des choses une nation à courte vue repousse l'arbitrage au nom de sa soi-disant souveraineté, si cette nation a quelques conquêtes injustes à se reprocher ; dans le cas contraire, ce serait une folie. Ajoutons que, dans la première hypothèse l'acceptation de l'arbitrage serait sans doute habile, car elle ferait aller bravement au-devant de l'inévitable, ménagerait de cette façon, dans toute la mesure possible, la sympathie et la bienveillance du monde civilisé et préparerait à une mauvaise cause la moins défavorable des solutions.

3° L'arbitrage doit être permanent. — En troisième lieu l'arbitrage doit être permanent, c'est-à-dire lier d'une façon ferme et indéfinie les nations, sans attendre que des différends se soient produits entre elles.

L'arbitrage accidentel, occasionnel, est infiniment préférable à la guerre, évidemment ; mais il est lui-même bien inférieur à l'arbitrage préconstitué, permanent. Si l'on attend que le litige ait pris naissance avant de songer à organiser la procédure arbitrale, on se trouve alors dans de très mauvaises conditions pour y travailler : les passions aigries rendent difficile le choix des arbitres ; on a plus de peine pour en trouver de compétents ; enfin, inconvénient plus grave, on n'est nullement assuré de parvenir à s'entendre au sujet de toutes ces difficultés préalables et on risque de laisser aux armes le soin de trancher un différend dont il eût été si facile, par avance, de prévoir le règlement arbitral.

Quand, au contraire, le principe de la permanence est accepté, il est possible de choisir d'avance les arbitres, de les avoir impartiaux et indépendants des parties ; en outre, ces arbitres ont le temps de se préparer à leur tâche et de se rendre capables de l'accomplir au mieux des intérêts des parties.

Ajoutons qu'on n'en est plus réduit absolument à formuler des souhaits relativement à la permanence de l'arbitrage, puisque nous avons, comme nous le verrons bientôt, la *Cour permanente d'arbitrage de La Haye;* ce qui reste seulement à obtenir, c'est que les peuples y aient régulièrement recours.

4° L'arbitrage doit être pourvu de sanctions. — Une dernière condition à remplir par l'arbitrage c'est qu'il ne soit pas dépourvu de sanctions. Que servirait, en effet, que des arbitres étudient avec la plus extrême attention, avec le plus grand soin, un différend, qu'ils prononcent la plus équitable des sentences, si leur décision n'est point assurée de recevoir son exécution ? S'il en était ainsi — et c'est un grief redoutable que l'on a voulu faire à l'arbitrage — la justice arbitrale ne serait qu'une illusion et il serait impossible que les peuples missent en elle leur confiance. Mais, heureusement, il n'en est point ainsi.

Pour préserver plus sûrement l'arbitrage de l'impuissance qu'on lui a reprochée, certains pacifistes ont rêvé de mettre à sa disposition une force armée suffisante pour rendre matériellement impossible toute résistance d'une nation quelconque. Nous croyons, quant à nous, que la précaution est superflue et que, de plus, elle aurait pour effet de perpétuer le militarisme dont il faut, au contraire, poursuivre la complète suppression.

Ainsi que nous avons déjà pu le constater, jusqu'ici, en fait, toutes les décisions arbitrales ont été volontairement exécutées. C'est que, lorsqu'elles font appel à l'arbitrage, les parties se sentent obligées par l'honneur à se conformer à la décision des arbitres. Une nation qui refuserait de se soumettre loyalement à la sentence intervenue contre elle se couvrirait de honte devant le monde civilisé ; et, en l'état actuel des choses, une telle sanction, pour n'être que morale, n'en est pas moins sérieuse. Il existe à notre époque un sentiment de considération pour la loi librement acceptée, de respect pour les engagements d'honneur volontairement assumés, qui supplée avantageusement à toutes les mesures coercitives qu'on pourrait imaginer. Comme l'a affirmé lord Palmerston, un des hommes pourtant le moins porté à s'abandonner aux utopies et à admettre autre chose que des faits expérimentalement établis,

« l'opinion est plus forte que les armées. L'opinion, si elle a pour base la vérité et la justice, prévaudra, en fin de compte, contre les baïonnettes de l'infanterie, les canons de l'artillerie et les charges de la cavalerie ».

Admettre l'organisation d'une force armée mise au service de l'arbitrage ce serait en quelque sorte infirmer par avance le principe de l'arbitrage, en prévoyant comme un fait pour ainsi dire normal la résistance aux décisions arbitrales ; ce serait presque suggérer l'idée de cette résistance. Ce serait donc travailler, en somme, contre l'esprit de paix, contre le but qu'on se propose.

D'autre part, prévoir — comme l'a fait, par exemple, M. Duplessix dans sa *Loi des Nations* — des corps de troupes internationales, c'est manifestement perpétuer le militarisme et convenir implicitement de sa légitimité. En effet, si les nations, considérées collectivement, peuvent se permettre, pour garantir l'exécution de leurs volontés concertées, d'organiser des troupes armées, pourquoi une nation isolée ne pourrait-elle, à son gré, pour assurer la sauvegarde de ses propres intérêts, user de la même faculté ? Nous restons alors dans le militarisme que, pourtant, il faudrait détruire. Au surplus, remarquons que tant qu'il existera des armées, fussent-elles internationales, une nation hésitera toujours à licencier les siennes, retenue qu'elle sera par une vague crainte, par une indéfinissable appréhension à laquelle elle s'abandonnera toujours. Maintenir une force armée spéciale comme sanction de l'arbitrage, c'est donc retarder les progrès du pacifisme, contrairement au but qu'on se propose.

Les pacifistes, et tout particulièrement la *Ligue internationale de la Paix et de la Liberté*, se sont fort attentivement occupés de cette question. A l'assemblée générale de la Ligue de 1890, qui se tint, cette année, le 31 août à Grenoble, la résolution suivante fut adoptée à l'unanimité :

« L'Assemblée,

» Déclare qu'en aucun cas les mesures prises pour amener à exécution une sentence arbitrale ne peuvent avoir le caractère d'actes de guerre, ni être réputés tels, qu'elles soient ou non appuyées sur la force.

» Emet l'avis que, sans déroger au principe indiscutable de leur autonomie, les nations signataires d'un traité d'arbitrage peuvent juridiquement, par une disposition spéciale du compromis, autoriser les arbitres à sanctionner leur sentence. »

Cette résolution fut confirmée par le Congrès universel de la Paix, réuni à Berne du 22 au 26 août 1892, avec avis, toutefois, que « les sentences arbitrales ne soient jamais sanctionnées par des mesures d'exécution qui, de quelque manière que ce soit, puissent conduire à la guerre ou à la destruction de vies humaines ou de propriétés publiques ou privées. C'est cette restriction que le 6e Congrès international de la Paix, tenu à Anvers, en 1894, a eu en vue dans la dénomination ci-après : *Traité d'arbitrage permanent à sanctions pacifiques définies.*

Comme nous avons eu occasion de le montrer dans le chapitre précédent (1), il est pratiquement possible dans nombre de cas, sans recourir à la coercition, d'assurer l'exécution des décisions arbitrales rendues. Sans doute, quand la pacification universelle sera plus avancée, lorsque les peuples, grâce à des « ententes cordiales » sincères et profondes, constitueront en quelque sorte de vastes fédérations analogues, à certains points de vue, à celles des cantons de la Suisse ou des Etats composant les Etats-Unis d'Amérique, sans doute l'organisation de la paix sera plus parfaite et elle comprendra certainement une juridiction internationale complète ayant ses lois spéciales, ses codes, ses tribunaux permanents, ses juges fixes, ses moyens de sanction déterminés. Alors, vraisemblablement, il existera un pouvoir exécutif fédéral chargé d'assurer l'exécution des décisions juridiques rendues. Mais, à ne considérer que la situation dans laquelle nous nous trouvons déjà, il est faux de prétendre que l'arbitrage soit absolument dépourvu des sanctions indispensables à son fonctionnement.

Conclusion : Il faut préconiser l'arbitrage — Pour ces motifs, et bien qu'il ne soit encore qu'une institution embryonnaire, en voie de développement et de perfectionnement, l'arbitrage est à recommander et à préconiser, parce qu'il est la transition naturelle, inévitable, entre l'état barbare de guerre ou de paix armée qui doit cesser et l'état ju-

(1) Voir page 257.

ridique futur dont les deux conférences de La Haye ont essayé de jeter les premières bases. « En l'Etat présent de la politique européenne, comme le proclamait déjà, en 1879, la *Ligue internationale de la Paix et de la Liberté* et comme elle l'a répété depuis dans la plupart de ses congrès annuels, le moyen le plus facile et le plus efficace de préparer la substitution d'un régime de justice et de paix au régime de trêve armée dans lequel tous les peuples d'Europe épuisent leurs forces matérielles, intellectuelles et morales, est la conclusion de traités par lesquels deux ou plusieurs nations *s'engagent désormais* à renoncer les unes envers les autres à tout acte de guerre et à résoudre par voie d'arbitrage toutes les difficultés qui pourraient survenir entre elles pendant la durée du traité » (1).

EXERCICES ET DEVOIRS. — I. Pensée. — *L'institution qui manque le plus dans la société moderne est un tribunal arbitral sérieusement constitué.*

J. STUART-MILL.

II. Exercices de rédactions. — 1° *L'arbitrage doit-il être obligatoire ou facultatif? Est-il prudent pour un peuple de s'engager obligatoirement à accepter l'arbitrage?*

(1) Résolution votée à Genève, en 1879, au 13e congrès de la Ligue internationale de la Paix et de la Liberté. Le texte voté porte, au lieu des mots *soulignés* plus haut : *s'engageraient pour un temps donné*; mais les progrès considérables accomplis par l'arbitrage depuis 1879 permettent évidemment de substituer à cette formule trop modeste celle que nous donnons ci-dessus.

2° Convient-il que l'arbitrage s'applique à tous les différends susceptibles de se produire entre nations ou, au contraire, que certains conflits soient exceptés de l'arbitrage ?

3° On a dit pour discréditer l'arbitrage qu'il n'a pas de sanction et que cette considération lui ôte toute sa valeur. Pensez-vous que cette assertion soit exacte ?

III. Devoir de l'élève Jean-Pierre (*Développement du 1er sujet*). On demande si l'arbitrage doit être obligatoire ou facultatif. Je pense qu'il doit être obligatoire pour tous les genres de conflits prévus dans le traité d'arbitrage. Si l'on admettait qu'il fût facultatif, c'est-à-dire qu'il pût être accepté ou refusé à propos de n'importe quel conflit, ce ne serait presque pas la peine de conclure un traité d'arbitrage, puisqu'il laisserait subsister toutes les possibilités de guerre.

Je ne pense pas qu'il soit imprudent pour un peuple de conclure des traités d'arbitrage obligatoire. En effet, l'arbitrage veut que toutes les questions soient tranchées d'après le droit et la justice ; un peuple qui n'a pas de mauvais desseins n'a donc rien à perdre en acceptant l'arbitrage.

De plus, il travaille à rendre inutiles les armées. Si tous les peuples avaient conclu des traités d'arbitrage, il n'y aurait plus besoin de fusils, de canons, de cuirassés, ni d'une multitude de soldats. Quelle grosse économie feraient alors les peuples !

CHAPITRE V

NÉCESSITÉ ET DIFFICULTÉ D'UNE JURIDICTION INTERNATIONALE COMPLÈTE

Nécessité d'une juridiction internationale complète. — L'arbitrage, en dépit de ses mérites, ne saurait tenir lieu d'une juridiction internationale complète ; il est facile de comprendre que les arbitres doivent se prononcer d'après des règles et des principes, et que tant que ces règles ou ces principes n'auront pas été déterminés avec précision, avec netteté, la procédure arbitrale restera d'une application imparfaite et incertaine. La vague équité n'est pas suffisante pour résoudre toutes les difficultés et il est des cas où, faute précisément de principes supérieurs admis par les parties, un arrangement arbitral devient particulièrement délicat à mener à bonne fin. L'incident récent de Casablanca (1908) entre l'Allemagne et la France, qui faillit amener la guerre entre ces deux nations (novembre 1908), en a fourni une preuve décisive. Sans doute, en l'espèce, l'Allemagne eut une attitude équivoque, sévèrement appréciée par l'opinion européenne, puisque d'un incident, vieux de plusieurs mois, paraissant en bonne voie d'apaisement et pour la solution duquel elle avait proposé l'arbitrage, elle tira subitement prétexte pour réclamer de la France des excuses préalables, incompatibles avec son honneur et sa dignité ; mais il ne ressortait pas moins de l'opposition des thèses des deux gouvernements une grave difficulté de principe pour solutionner arbitralement le différend. D'après l'Allemagne, parmi les déserteurs de Casablanca, les sujets d'origine allemande n'avaient point perdu leur nationalité première en entrant dans la légion étrangère de France, et, par conséquent, le consul allemand avait qualité pour s'occuper de leur rapatriement. D'après la France, au contraire, ces déserteurs étaient des soldats français, puisqu'ils avaient librement contracté un engagement dans un de ses régiments, et c'était, par suite, avec raison que l'autorité militaire française intervenait pour s'opposer à leur évasion. Il y avait, on le voit, incompatibilité manifeste entre les thèses des deux gouvernements. Dans les espèces de ce genre, on ne peut guère, semble-t-il, statuer sur les différends qu'en recourant à des principes supérieurs de droit et les arbitres, qui ont à les dégager, se trouvent, en fait, exercer tout à la fois la fonction de législateurs et celle de juges. Amenés ainsi, par suite de telles circonstances, à édicter des lois de répression postérieurement à la faute commise, non retenus par des bornes légales, ni guidés par des règles fixes, ils ne sauraient rendre des décisions présentant absolument toutes les garanties désirables. En fait ces décisions dépendent nécessairement, dans une trop forte mesure, de l'arbitraire de leurs appréciations particulières.

On conçoit donc que la procédure arbitrale ordinaire est insuffisante et que, seule, une juridiction internationale complète est susceptible de parer à toutes les difficultés. Dès 1886, le Comité central de la *Ligue internationale de la Paix et de la Liberté* présenta, en ce sens, au XXe Congrès, la résolution ci-après :

« La Ligue :

« Déclare qu'il est démontré par la raison, par l'expérience historique, par la science, que les peuples ne peuvent sortir de l'état de guerre où ils sont encore engagés que par l'institution d'une juridiction internationale ;

» Qu'une telle juridiction implique : une loi internationale faite ou librement consentie par ceux qui doivent lui obéir ;

» Un tribunal international librement élu par ses justiciables ;

» Une force internationale qui sanctionne et assure l'exécution des arrêts rendus par ce tribunal. »

L'année suivante, la question fut discutée à nouveau au XXIe Congrès ; la résolution votée demandait pour la juridiction internationale désirée :

« 1° Une Convention fédérative qui garantisse

aux nations associées la souveraineté et l'autonomie de chacune;

» 2° Une loi librement votée par toutes, selon laquelle soient jugés tous les différends, litiges, difficultés qui peuvent survenir entre elles;

» 3° Un tribunal dont les membres, élus par ces nations, prononcent en dernier ressort sur ces différends, litiges et difficultés;

» 4° Un pouvoir exécutif élu librement, aussi par toutes ces nations, chargé d'assurer l'exécution de la loi et des arrêts du tribunal. »

Difficultés de cette création. — Plus de vingt ans se sont écoulés depuis le vote de ces résolutions qui précisaient d'une façon heureuse les caractères de la juridiction internationale désirée et qui reste à créer. C'est que, en effet, la tâche est ici particulièrement ardue. D'une part, le droit international actuel est imprécis, le droit coutumier varie suivant les contrées et, au-dessus des Etats, il n'existe pas de pouvoir supérieur capable de maintenir entre eux la cohésion indispensable à l'élaboration d'une organisation judiciaire internationale. D'autre part, les principes qui doivent régir une telle organisation sont de nature à gêner la conscience de certains gouvernements. Enfin l'œuvre en elle-même est d'une grande complexité et d'une grande difficulté.

Etablissement d'une loi précise qui renferme les principes servant de base à l'arbitrage. — Ce qu'il importe en premier lieu d'établir, c'est une loi précise renfermant les principes suivant lesquels les arbitres auront à juger. Le premier de ces principes c'est qu'il ne sera porté aucune atteinte à l'indépendance et à l'autonomie des nations. Cette formule semble devoir recueillir une adhésion facile; pourtant elle renferme une grosse, très grosse difficulté. Si on lui fait signifier que rien ne sera changé au *statu quo* territorial actuel des Etats, elle se ment à elle-même, car elle consacre des spoliations qui ne sauraient être ratifiées; plus que cela, elle aggrave la situation présente en rendant définitif ce qui ne l'est pas, et en arrachant du cœur des spoliés l'espérance même qu'ils gardaient d'un avenir meilleur.

Si, au contraire, « l'indépendance et l'autonomie des peuples » sont considérées comme l'affirmation solennelle du respect que les gouvernements doivent avoir pour les libres aspirations des populations, la formule devient inquiétante pour les Etats qui ont annexé de force des provinces restées inassimilées et qui, jusqu'ici, n'ont cessé de manifester leurs sentiments séparatistes. On se heurte, par conséquent, nécessairement à un refus de ces Etats de s'engager dans les voies pacifistes, puisqu'ils auraient sûrement à redouter d'y perdre une partie de leur territoire.

Il semble difficile d'échapper à l'une ou à l'autre de ces alternatives; c'est ce que sentent confusément les Gouvernements et ce qui les empêche de se dédéclarer d'emblée partisans déterminés du pacifisme.

Mais, lorsqu'un peuple n'est point retenu par la préoccupation de garder « le bien d'autrui », pourquoi n'accepterait-il point avec empressement le principe d'une entente générale, « laquelle tout en lui laissant son autonomie et sa liberté intérieure absolues, lui garantirait son indépendance chaque jour menacée, le débarrasserait du militarisme à outrance qui l'obsède, l'épuise et parfois le décime, et ne lui demanderait en échange que de se conformer, dans ses actes extérieurs, aux préceptes d'une loi juste et sage (1) ? »

Extension à donner à cette loi fondamentale. — Une autre question capitale, c'est de s'entendre sur l'extension à donner à cette loi fondamentale destinée à régler les rapports juridiques des peuples.

Certains pacifistes, notamment M. E. Duplessix, voudraient que cette loi comprît un code complet de droit international public. Celui de M. Duplessix, publié dans sa *Loi des Nations*, ne comprend pas moins de 786 articles dont le simple libellé, sans commentaire aucun, occupe 175 pages in-8°, de son intéressant ouvrage. Nous rendons hommage au beau travail de M. Duplessix, mais nous croyons qu'il se fourvoie. Il est absolument chimérique, à notre sens, de penser qu'on pourra jamais amener les Etats à s'entendre sur le vote de tous les articles d'une législation si compliquée ; par suite, se lancer dans cette voie, c'est courir au-devant des échecs, paralyser sûrement les progrès du pacifisme et, en somme, nuire à la cause qu'on brûle de servir.

(1) E. Duplessix, *La loi des nations*, p. 13.

Nous estimons, au contraire, que cette loi fondamentale doit être réduite au strict minimum et ne comprendre que les quelques articles absolument indispensables, sauf à la compléter dans l'avenir aussitôt qu'il se pourra. L'essentiel, pour aboutir, est d'être pratique et de ne pas exiger ce qui ne saurait être obtenu, vu le temps et les circonstances dans lesquelles on est placé.

Obstacles de nature à retarder l'entente pacifique des peuples. — M. Duplessix, que nous venons de citer, signale, comme obstacle à l'entente pacifique des peuples le goût de domination des « monarques de droit divin » et des « césars ». « Mais, ajoute-t-il, si on examine une mappemonde, on voit que les monarchies de ce genre n'occupent plus qu'un espace bien restreint sur la terre. Leur existence est d'ailleurs précaire, car nous les voyons disparaître peu à peu ou ne surnager dans la débâcle qu'à la condition de se transformer en monarchies constitutionnelles dans lesquelles le souverain est réduit à un simple rôle représentatif et contraint d'obéir aux décisions des représentants du peuple.

» Si donc, conclut-il, un obstacle à l'union des peuples vient à surgir de ce côté, il ne sera que passager, et le temps et les événements l'auront bientôt aplani (1). »

Il y a peut-être un peu d'optimisme dans l'espoir de cette disparition rapide du pouvoir personnel des

(1) E. Duplessix, *La loi des nations*, p. 13 et 14.

monarques; mais, d'autre part, ajoutons qu'il ne faut nullement s'exagérer l'obstacle. N'est-ce pas un « monarque de droit divin », un « César », le tsar Nicolas II, qui a été le puissant instigateur des conférences de La Haye? Au surplus, remarquons qu'en entraînant la disparition des lourds budgets de guerre, le pacifisme permettrait sans doute aux monarques d'obtenir de leurs peuples, quant à la liste civile, des largesses auquelles il leur est impossible de songer actuellement.

A nos yeux, l'obstacle capital est celui que nous signalions plus haut, c'est-à-dire la difficulté de concilier le principe intangible de l'indépendance et de l'autonomie des peuples avec le respect du *statu quo* territorial des Etats. Il faut beaucoup de prudence, beaucoup d'habileté pour avancer dans cette voie. Les pacifistes, tout en maintenant les principes, doivent avoir la sagesse de ne pas en exiger une application rigoureuse immédiate : les injustices de l'histoire ne peuvent se réparer en un jour. Il faut avoir confiance en la patience du temps et la vertu du Droit.

Ne pas renier les principes, se contenter provisoirement des minimes satisfactions que les circonstances permettent d'obtenir, telle semble devoir être la conduite à suivre si l'on veut aboutir à des résultats qui, peu à peu, prendront ensuite de l'importance. Une intransigeance absolue sur les principes et leur application immédiate équivaudrait à une impossibilité matérielle d'agir et surtout d'aboutir.

Institution d'un pouvoir législatif. — Indépendamment de cette adhésion de principe des peuples à régler d'une façon juridique leurs différends, il faudrait qu'un pouvoir législatif fût institué pour élaborer les lois devant régler les rapports des Etats entre eux. Tout est pour ainsi dire à créer en cette matière et le programme à parcourir est d'une ampleur immense, ainsi que nous le montrerons bientôt (1). Cela n'est pas contesté d'ailleurs.

La seule difficulté préalable à envisager est de savoir comment les peuples contribueront à former cette assemblée législative nécessaire.

Une première précaution à prendre est de ne pas donner à cette assemblée mondiale un nombre excessif de membres : l'expérience de l'histoire, en effet, est là pour attester qu'en fait les assemblées trop nombreuses ne se distinguent point par l'efficacité ou la valeur de leur travail.

L'idée d'une représentation proportionnelle des Etats dans cette assemblée semble, au premier abord, assez naturelle. Pourtant, elle conduirait, comme on va voir, à des conséquences peu admissibles : la population du globe ne dépasse guère 1.500 millions d'habitants, y compris les peuples non organisés de l'Afrique et des autres continents, et, dans ce chiffre, l'Inde et la Chine figurent pour environ 710 millions. Le système de la stricte proportionnalité conduirait donc à donner à l'Inde et à la Chine une situation

(1) Voir liv. II, chap. II, p. 306.

absolument prépondérante le jour où elles feraient partie de l'Union mondiale. Or, cette situation ne serait pas conforme à l'intérêt supérieur de la civilisation qui ne dépend nullement de la question de nombre. Il est donc logique de décider que, quelle que soit sa population, un Etat ne pourra envoyer un nombre de délégués supérieur à un maximum désigné, trois par exemple.

D'autre part, dans un sens inverse, si l'on accordait un délégué à tout Etat, la représentation des Etats minuscules acquerrait une importance absolument exagérée, et ces Etats lilliputiens deviendraient dominants dans l'Union mondiale. Il est donc logique également de décider qu'au-dessous d'un chiffre de population déterminé (3 millions d'habitants, par exemple) un Etat ne serait pas représenté dans l'assemblée législative. Toutefois, deux ou plusieurs Etats dont la population totalisée atteint 3 millions pourraient s'entendre et nommer un délégué qui les représenterait.

Cette première question de la représentation législative des Etats est susceptible, semble-t-il, de donner lieu à nombre de discussions entre les Etats; pourtant on peut espérer qu'elle sera sûrement résolue, l'entente internationale qui a été obtenue pour les deux réunions de La Haye permettant de bien inaugurer de l'avenir.

Une seconde question, plus difficultueuse, est celle de l'étendue des pouvoirs à conférer à ces représentants et par suite à l'assemblée législative.

Tout d'abord, les décisions et votes de cette assemblée seront-ils définitifs et obligatoires pour les Etats participants? La négative ne semble guère admissible, car si les votes ne sont ni définitifs ni obligatoires, l'appareil législatif fonctionne à vide et tout se réduit à de vaines discussions ; l'Assemblée législative ment à son titre et perd sa raison d'être.

Si l'affirmative est adoptée, on se trouve en face de nouvelles difficultés. Comment seront acquis les votes ? Sera-ce à la majorité ordinaire, à la majorité exceptionnelle des 2/3 ou des 3/4 ou encore à l'unanimité. Si c'est à l'unanimité, le travail législatif est pour ainsi dire, d'avance, fatalement voué à l'impuissance, car il suffira du parti-pris systématique ou de la mauvaise volonté d'un seul membre pour faire échec aux efforts de l'Assemblée. Si c'est à la majorité des 3/4 ou des 2/3 ou à la simple majorité, pourra-t-on s'entendre pour décider que les votes de l'assemblée seront applicables aux Etats dont les délégués se sont opposés au vote ? Et s'ils ne le sont pas, on retombe dans l'impuissance que nous signalions.

Organisation de l'arbitrage proprement dit. — L'organisation de l'arbitrage proprement dit et des tribunaux à instituer à cet effet ne va pas non plus sans difficultés. Les décisions arbitrales seront-elles définitives ou susceptibles d'appel ? Les deux thèses rencontrent des partisans. Une troisième opinion, qui est en quelque sorte conciliatrice des deux premières, admet la revision au cas de découverte d'un fait nouveau. C'est cette dernière thèse qui a prévalu à la première conférence de La Haye (1899), et qui nous semble préférable. Mais la question n'est pas vidée et les discussions continuent. M. Duplessix, dans ses ouvrages *Vers la paix* (p. 152 et suivantes) et *La Loi des Nations*, s'est déclaré un partisan déterminé de l'arbitrage définitif et sans appel.

D'autre part, la constitution des tribunaux d'arbitrage est chose délicate. N'y aura-t-il qu'une cour unique d'arbitrage ou, au contraire, plusieurs tribunaux avec une Cour d'appel, placée au-dessus d'eux ? De quelles garanties diverses doit être entourée leur désignation ! Dans quelle mesure et de quelle façon les peuples participeront-ils à leur choix ? Quelle sera la procédure qu'ils devront suivre ? Sur les questions de fait, comment seront-ils autorisés à s'éclairer ? Si l'on admet la création de Commissions internationales d'enquête, comment et d'après quelles bases seront constituées ces Commissions ? etc., etc... On le voit, les questions sur lesquelles les peuples ont à se mettre d'accord au sujet de l'établissement d'une juridiction internationale sont très nombreuses et très complexes.

Moyens d'assurer l'exécution des sentences arbitrales. — Il nous reste à envisager celles, non moins essentielles, qui ont trait à l'exécution des sentences arbitrales. D'une part, si ces sentences ne sont pas assurées de recevoir exécution, l'arbitrage perd beaucoup de sa valeur puisqu'il n'aboutit à rien de certain. D'autre part, si, comme il est naturel, on admet des mesures d'exécution, ces mesures doivent-elles aller jusqu'à la coercition, jusqu'à l'emploi de la force armée ?

Certains pacifistes — notamment M. Duplessix — n'ont pas craint, comme nous l'avons constaté déjà (voir p. 272), de s'engager aussi loin. Dans sa *Loi des Nations* (page 42 à 57) M. Duplessix a tout un chapitre dans lequel il prévoit l'organisation d'une force armée internationale avec troupes de terre ou de mer.

Nous persistons à croire, quant à nous, que c'est là faire fausse route, ainsi que nous l'avons montré plus haut (p. 272).

Quoi qu'il en soit, cette question des mesures propres à assurer l'exécution des sentences arbitrales, est de grande importance et ce n'est pas sans de longs pourparlers que les Gouvernements parviendront à s'entendre en vue de la résoudre dans un même sens.

Attitude à avoir vis-à-vis des peuples dissidents. — Enfin, l'entente pacifiste entre les principaux peuples étant supposée réalisée, quelle devra être leur attitude vis-à-vis des Etats dissidents ? Là encore les avis sont partagés. Certains pacifistes proposent de recourir à la force pour obliger ces réfractaires à entrer dans l'entente commune. « Et alors, dit M. Duplessix, malheur à la nation qui, ennemie de ses propres intérêts, aura essayé d'entraver la marche du progrès et l'avènement de la paix véritable ; malheur au gouvernement qui aura eu l'imprudence de vouloir résister à l'élan des peuples vers des destinées meilleures, car leur résistance sera brisée ; et dût une guerre sanglante en résulter ce ne sera pas acheter trop cher la paix du monde que de faire dans ce but un premier et dernier usage des armes que les peuples ont forgées depuis trente ans (1). »

Il va sans dire que nous ne saurions nous ranger à cette belliqueuse détermination : nous répudions totalement la violence et nous comptons sur l'intérêt même des peuples dissidents pour les dissuader de rester réfractaires à l'entente pacifiste. Il est à remarquer que, par leur nombre, les Etats pacifistes constitueraient, dans l'hypothèse ci-dessus, une masse pacigérante puissante, absolument à l'abri des entreprises querelleuses d'un Etat quelconque et qu'on ne voit pas, par conséquent, pour quel motif on déchaînerait la guerre en vue d'arriver à l'entente internationale complète.

Grâce aux quelques indications que nous venons de donner, on doit se rendre compte combien l'établissement, pourtant nécessaire, d'une juridiction internationale complète rencontre de difficultés pratiques de réalisation.

Dans un prochain chapitre on verra que cette organisation est actuellement en train de se constituer et quels progrès se trouvent actuellement réalisés.

(1) E. Duplessix, *Vers la Paix*, p. 167.

Exercices et devoirs. — **I. Pensée.** — *Les peuples qui tirent l'épée périront par l'épée ; ils ne versent le sang des autres qu'en épuisant le leur. C'est vraiment aux pacifistes que la terre appartient, car les belliqueux s'éliminent par extermination mutuelle.*

Alfred Fouillée.

II. Devoirs de rédaction. — *1° Montrez que l'arbitrage proprement dit n'est qu'un moyen empirique de trancher les différends survenant entre les peuples, mais qu'il ne saurait tenir lieu d'une juridiction internationale complète.*

2° On vous a parlé à l'école de la nécessité d'établir une juridiction internationale parmi les peuples. Quels seraient les éléments de cette juridiction internationale ?

3° En vue d'assurer l'exécution des sentences arbitrales, certains pacifistes ont songé à établir une force armée internationale. Cette institution vous semblerait-elle conforme à l'esprit du pacifisme ?

III. Devoir de l'élève Jean-Pierre (*Développement du 2e sujet*). — Dans une de ses dernières leçons sur le pacifisme, notre instituteur nous a parlé de la nécessité d'établir une juridiction internationale parmi les peuples.

Jusqu'ici, quand ils ne se sont pas fait la guerre pour trancher une contestation, les peuples ont recouru purement et simplement à l'arbitrage.

Mais cette procédure paraît insuffisante. Il faut, en effet :

1° Que les peuples soient d'accord sur les principes généraux d'après lesquels les contestations arbitrales doivent être jugées. Il faut donc, par conséquent, qu'une assemblée, réunie à cette fin, détermine ces principes.

2° Qu'une assemblée législative, formée de délégués des nations, s'occupe de confectionner une législation internationale abordant les nombreuses questions du droit entre les peuples.

3° Que des tribunaux d'arbitrage soient institués afin que les Etats puissent y recourir en cas de besoin.

4° Enfin que des mesures soient prises pour assurer, dans les cas où il serait nécessaire, l'exécution des décisions rendues.

Tels sont, d'après les explications qui nous ont été données, les éléments de cette juridiction internationale, indispensable à la bonne harmonie et à la paix des peuples.

LIVRE II

Les Conférences de La Haye et l'avenir du pacifisme.

—

CHAPITRE PREMIER

LES CONFÉRENCES DE LA HAYE

La première Conférence de La Haye ; ses antécédents. — L'organisation juridique internationale a fait un pas considérable, grâce aux deux Conférences de La Haye, de 1899 et 1907, dues, comme on sait, à l'initiative du tsar Nicolas II.

Précédemment, en 1894, le VIe Congrès universel de la Paix, réuni à Anvers, avait voté un « Code de l'arbitrage » portant organisation d'une « Cour permanente d'arbitrage ».

En 1895, à la VIe Conférence interparlementaire, un projet analogue de « Cour permanente d'arbitrage international » fut adopté et, en 1896, il fut communiqué à tous les gouvernements.

En 1898, fut lancé le fameux manifeste de Nicolas II provoquant une conférence des Etats civilisés à La Haye.

Cette « conférence internationale de la paix », convoquée « dans un haut sentiment d'humanité », s'est réunie, sur l'invitation du gouvernement des Pays-Bas à la Maison Royale du Bois, à La Haye, le 18 mai 1899. 26 puissances y prirent part (1).

Travaux de la première Conférence. — Dans une série de réunions tenues du 18 mai au 29 juillet 1899, la Conférence arrêta, après de nombreuses discussions, le texte des Conventions et déclarations ci-après :

I. — *Convention* pour le règlement pacifique des Conflits internationaux ;

II. — *Convention* concernant les lois et les coutumes de la guerre sur terre ;

III. — *Convention* pour l'adaptation à la guerre maritime des principes de la Convention de Genève du 22 août 1864.

IV. — *Déclarations* concernant :

1° L'interdition de lancer des projectiles et des explosifs du haut des ballons ou par d'autres modes analogues nouveaux ;

2° L'interdiction de l'emploi des projectiles qui ont pour but unique de répandre des gaz asphyxiants ou délétères ;

3° L'interdiction de l'emploi de balles qui s'épanouissent ou s'aplatissent facilement dans le corps humain, telles que les balles à enveloppe dure dont

(1) Ces puissances étaient les suivantes : Allemagne, Autriche-Hongrie, Belgique, Chine, Danemarck, Espagne, Etats-Unis d'Amérique, Etats-Unis du Mexique, France, Grande-Bretagne, Grèce, Italie, Japon, Luxembourg, Monténégro, Pays-Bas, Perse, Portugal, Roumanie, Russie, Serbie, Siam, Suède et Norvège, Suisse, Turquie, Bulgarie.

l'enveloppe ne couvrirait pas entièrement le noyau ou seraient pourvues d'incisions.

En outre, obéissant aux mêmes inspirations, la Conférence adopta à l'unanimité la résolution suivante :

« La Conférence estime que la limitation des charges militaires qui pèsent actuellement sur le monde est grandement désirable pour l'accroissement du bien-être matériel et moral de l'humanité. »

De plus elle émit les Vœux suivants :

« 1° La Conférence, prenant en considération les démarches préliminaires faites par le gouvernement fédéral suisse pour la révision de la Convention de Genève, émet le vœu qu'il soit procédé à bref délai à la réunion d'une conférence spéciale ayant pour objet la révision de cette Convention.

» 2° La Conférence émet le vœu que la question des droits et des devoirs des neutres soit inscrite au programme d'une prochaine Conférence.

» 3° La Conférence émet le vœu que les questions relatives aux fusils et aux canons de marine, telles qu'elles ont été examinées par elle, soient mises à l'étude par les Gouvernements en vue d'arriver à une entente concernant la mise en usage de nouveaux types et calibres.

« 4° La Conférence émet le vœu que les Gouvernements tenant compte des propositions faites dans la Conférence, mettent à l'étude la possibilité d'une entente concernant la limitation des forces armées de terre et de mer et des budgets de guerre.

» 5° La Conférence émet le vœu que la proposition tendant à déclarer l'inviolabilité de la propriété privée dans la guerre sur mer soit renvoyée à l'examen d'une conférence ultérieure.

» 6° La Conférence émet le vœu que la proposition de régler la question du bombardement des ports, villes et villages par une force navale soit renvoyée à l'examen d'une conférence ultérieure. »

Les cinq derniers vœux furent votés à l'unanimité sauf quelques abstentions; le premier le fut entièrement à l'unanimité.

Cette simple énumération laisse deviner la grande importance des travaux de la 1re Conférence de La Haye; il nous est impossible d'en aborder ici l'examen, même sommaire. Disons seulement, à titre d'exemple, que la Convention pour le Règlement pacifique des Conflits internationaux comprenait 61 articles groupés de la façon suivante :

1° *titre I.* — Du maintien de la paix générale (art. 1er);
2° *titre II.* — Des bons offices et de la médiation. (art. 2 à 8);
3° *titre III.* — Des commissions internationales d'enquête (art. 9 à 14);
4° *titre IV.* — De l'arbitrage international (art. 15 à 57). Cette partie essentielle de la convention comprenait trois chapitres :
Chap. 1er. — De la justice arbitrale (art. 15 à 19).
Chap. II. — De la cour permanente d'arbitrage (art. 20 à 29).
Chap. III. — De la procédure arbitrale (art 30 à 57).
5° *titre V.* — Dispositions générales (art. 58 à 61).

Cette Convention définissait le rôle de l'arbitrage international, organisait une juridiction arbitrale permanente et déterminait une procédure de l'arbitrage; en outre, elle prévoyait le parti à tirer des « bons offices et de la médiation » et organisait, fort judicieusement, des « commissions internationales d'enquête », indispensables parfois pour élucider les questions de fait.

Quant au principe de l'arbitrage, après de longues discussions et en raison de l'opposition irréductible de quelques nations, de l'Allemagne notamment, l'obligation fut repoussée et l'on dut s'en tenir à l'arbitrage facultatif. Ajoutons pourtant que l'art. 19 laissait aux Etats la faculté de conclure tels traités particuliers d'arbitrage *obligatoire* qu'ils jugeraient à propos.

L'œuvre aboutissait ainsi à un demi échec, puisque les nations n'étaient point tenues de recourir à l'arbitrage et que la guerre subsistait comme un danger et une menace. Néanmoins, les résultats acquis étaient considérables : l'idée de l'arbitrage entre nations s'imposait à l'attention des gouvernements et désormais tout pays allait rencontrer plus de difficulté réelle à en repousser l'application.

La 2e Conférence de La Haye (1907). Son programme. — Depuis 1899, il ne s'est pas tenu de Congrès, il n'y a pas eu de manifestation où les amis de la Paix n'aient affirmé la nécessité d'une nouvelle discussion internationale, d'une seconde conférence de la Paix.

L'initiative de cette nouvelle conférence appartint aux Etats-Unis d'Amérique. L'Angleterre y adhéra aussitôt et la Russie soumit un programme de travaux.

Ce programme donna lieu à de vives polémiques, attendu que deux questions capitales, celles de la limitation des armements et de l'arbitrage obligatoire n'y figuraient pas. On y avait eu en vue surtout l'amélioration des clauses de convention d'arbitrage, un complément des dispositions relatives aux lois et aux coutumes de la guerre maritime, enfin l'application à la guerre maritime des principes de la Convention de Genève de 1864.

46 puissances furent convoquées à La Haye. Leurs délégués s'y réunirent le 15 juin 1907, dans la salle des chevaliers, « avec la mission de donner un développement nouveau aux principes humanitaires qui ont servi de base à l'œuvre de la première Conférence de 1899 ».

Ses travaux. — Dans une série de réunions, tenues du 15 juin au 18 octobre 1907, la Conférence vota le texte des Conventions et de la déclaration ci-après :

I. — Convention pour le règlement pacifique des Conflits internationaux.

II. — Convention concernant la limitation de l'emploi de la force pour le recouvrement de dettes contractuelles.

III. — Convention relative à l'ouverture des hostilités.

IV. — Convention concernant les lois et les coutumes de la guerre sur terre.

VI. — Convention concernant les droits et les devoirs des Puissances et des personnes neutres en cas de guerre sur terre.

VI. — Convention relative au régime des navires de commerce ennemis au début des hostilités.

VII. — Convention relative à la transformation des navires de commerce en bâtiments de guerre.

VIII. — Convention relative à la pose de mines sous-marines automatiques de contact.

IX. — Convention concernant le bombardement par des forces navales en temps de guerre.

X. — Convention pour l'adaptation à la guerre maritime des principes de la Convention de Genève.

XI. — Convention relative à certaines restrictions à l'exercice du droit de capture dans la guerre maritime.

XII. — Convention relative à l'établissement d'une Cour internationale des prises.

XIII. — Convention concernant les droits et les devoirs des Puissances neutres en cas de guerre maritime.

XIV. — Déclaration relative à l'interdiction de lancer des projectiles et des explosifs du haut de ballons.

En outre, la Conférence a fait la déclaration suivante :

« La conférence est unanime :

1° A reconnaître le principe de l'arbitrage obligatoire; 2° A déclarer que certains différends, et notamment ceux relatifs à l'interprétation et à l'application des stipulations conventionnelles internationales, sont susceptibles d'être soumis à l'arbitrage obligatoire sans aucune restriction.

« Elle est unanime enfin à proclamer que, s'il ne lui a pas été donné de conclure dès maintenant une Convention en ce sens, les divergences d'opinion qui se sont manifestées n'ont pas dépassé les limites d'une controverse juridique, et qu'en travaillant ici ensemble pendant 4 mois, toutes les Puissances du monde, non seulement ont appris à se comprendre et à se rapprocher davantage, mais ont su dégager au cours de cette longue collaboration un sentiment très élevé du bien commun de l'humanité. »

De plus, la Conférence a adopté à l'unanimité la résolution suivante :

« La deuxième Conférence de la Paix, confirme la résolution adoptée par la Conférence de 1899 à l'égard de la limitation des charges militaires ; et, vu que les charges militaires se sont considérablement accrues dans presque tous les pays depuis ladite année, la Conférence déclare qu'il est hautement désirable de voir les Gouvernements reprendre l'étude sérieuse de cette question. »

Elle a également émis les vœux suivants :

« 1° La Conférence recommande aux Puissances signataires l'adoption du projet ci-annexé de Convention pour l'établissement d'une Cour de Justice arbitrale et sa mise en vigueur dès qu'un accord sera intervenu sur le choix des juges et la constitution de la Cour.

« 2° La Conférence émet le vœu qu'en cas de guerre, les Autorités compétentes, civiles et militaires, se fassent un devoir tout spécial d'assurer et de protéger le maintien des rapports pacifiques et notamment des relations commerciales et industrielles entre les populations des Etats belligérants et les Pays neutres.

« 3° La conférence émet le vœu que les Puissances règlent, par des Conventions particulières, la situation, au point de vue des charges militaires, des étrangers établis sur leurs territoires.

« 4° La Conférence émet le vœu que l'élaboration d'un règlement relatif aux lois et coutumes de la guerre maritime figure au programme de la prochaine

Conférence, et que dans tous les cas, les Puissances appliquent, autant que possible, à la guerre sur mer les principes de la Convention relative aux lois et coutumes de la guerre sur terre. »

Enfin, la Conférence a recommandé aux Puissances « la réunion d'une troisième Conférence de la Paix qui pourrait avoir lieu dans une période analogue à celle qui s'est écoulée depuis la précédente Conférence, à une date à fixer d'un commun accord entre les Puissances », et elle a appelé « leur attention sur la nécessité de préparer les travaux de cette troisième Conférence assez longtemps à l'avance pour que ses délibérations se poursuivent avec l'autorité et la rapidité indispensables ».

Pour atteindre ce but, la Conférence a estimé « qu'il serait désirable que, environ deux ans avant l'époque probable de la réunion, un comité préparatoire fût chargé par les Gouvernements de recueillir les diverses propositions à soumettre à la Conférence, de rechercher les matières susceptibles d'un prochain règlement international et de préparer un programme que les Gouvernements arrêteraient assez tôt pour qu'il pût être sérieusement étudié dans chaque pays. Ce comité serait, en outre, chargé de proposer un mode d'organisation et de procédure pour la Conférence elle-même ».

On voit par cette simple énumération que l'œuvre de la Conférence n'a été nullement négligeable.

Nous voudrions pouvoir aborder l'examen, au moins rapide, des principales conventions discutées dans cette dernière conférence de La Haye ; mais cela nous est matériellement impossible, le texte seul de ces Conventions et Déclarations formant un volume de 148 pages, édité par les soins de la *Ligue internationale de la Paix et de la Liberté !*

Résultats obtenus. — Contentons-nous d'en marquer les principaux résultats. Comme l'a fort bien exprimé M. Léon Bourgeois, depuis 1899, il existe dans le monde, fait capital, une « société des nations » et « c'est à La Haye que cette société a pris réellement conscience d'elle-même ; c'est là que s'élaborent, aussi bien dans la législation de la guerre que dans celle de la paix, les règles de l'organisation et du développement de cette société et comme le code de ses actes organiques. Tout ce qui s'y fait prend cette haute signification d'être le fruit du consentement commun de l'humanité... »

Le rôle de la conférence de 1907 était tout différent de celui de la première Conférence. En 1899, on se réunissait pour la première fois et on avait tout d'abord à « affirmer des principes ». En 1907, il s'agissait, selon l'expression de M. Léon Bourgeois, « de passer des principes à l'application, à la pratique ».

Sur la question de l'arbitrage et de la cour permanente et de la limitation des charges militaires, il est regrettable que l'opposition de quelques puissances, de l'Allemagne notamment, n'ait pas permis de réaliser davantage les vœux des pacifistes. Toutefois, les modes de règlement pacifique ont été discutés, améliorés et ont pris une telle importance mondiale qu'il paraîtrait actuellement difficile à un Etat, avant d'en venir aux hostilités, de se soustraire à l'obligation morale de recourir à l'arbitrage ou tout au moins à celle de ne pas le repousser. L'exemple tout récent (novembre 1908) de l'incident franco-allemand de Casablanca prouve de quel prestige grandissant bénéficie dorénavant l'arbitrage.

Enfin, dans ce même ordre d'idées, la deuxième Conférence de La Haye a décidé l'établissement d'une *Cour internationale des prises*. C'est un premier pas dans la voie de la justice internationale, attendu que les nations consentent à reconnaître une autorité supérieure à la leur ; la notion de souveraineté de l'Etat subit une atteinte décisive, chaque Etat étant tenu désormais de se conformer aux règles de l'équité et toute décision nationale injuste pouvant être infirmée par la volonté internationale.

La deuxième Conférence s'est occupée avec beaucoup de soin de la réglementation du droit de la guerre, sur terre et sur mer ; des pessimistes lui en ont même fait grief et l'ont accusée, mais à tort, d'avoir surtout songé à réglementer la guerre, au lieu de se préoccuper d'organiser la paix. L'excuse de la Conférence est dans ce fait, malheureusement trop certain, que la guerre reste toujours possible et qu'il y a pour les peuples un intérêt de premier ordre à en limiter, le cas échéant, les horreurs.

Enfin — et c'est également un évènement capital — la conférence a fixé elle-même le temps qui devait s'écouler entre la Conférence de 1907 et la suivante.

Il est donc acquis que, dorénavant, fonctionnera un organisme de plus dans la vie internationale et que cette vie internationale ne sera plus suspendue jamais. Un comité de jurisconsultes devant fonctionner dans l'intervalle des conférences, les travaux de la future réunion de La Haye seront donc allégés d'autant.

Ainsi, se crée, grâce à ces importantes conférences de La Haye, comme le disait M. Cornély dans le *Siècle*, « une atmosphère de pacifisme ». Combien de temps, ajoutait-il, mettra-t-on « pour habituer le genre humain à ne plus pouvoir respirer d'autre atmosphère ? Je n'en sais rien ; peut-être vingt ans, peut-être cinquante, peut-être cent. Plusieurs générations seront peut-être sacrifiées comme l'a été la nôtre ; mais on arrivera avec le temps et la patience. On arrivera à créer pour le genre humain un état d'âme où pas un souverain et pas un parlement n'oseront déclarer une guerre sans épuiser les moyens de conciliation et en particulier l'arbitrage (1) ».

On ne peut donc que se réjouir de la besogne qui a été accomplie dans les Conférences de La Haye : tôt ou tard en sortira l'organisation définitive de la paix mondiale.

EXERCICES ET DEVOIRS. — I. Pensée — *Le respect du droit deviendra toujours plus la règle de la vie internationale et des rapports internationaux, comme il est déjà la règle sur laquelle repose la vie intérieure de chaque nation civilisée.*

ROBERT COMTESSE.

(1) Cornély, article du *Siècle*.

II. Devoirs de rédaction. — *Une première conférence internationale a été réunie à La Haye, en 1899, sur l'initiative du tsar Niolas II. Dites ce que vous savez sur les principaux travaux de cette assemblée.*

2° *Les deux Conférences de La Haye, qui ont eu lieu en 1899 et en 1907, ont institué une* Cour permanente d'arbitrage. *Pensez-vous que cette institution puisse être utile aux peuples ?*

3° *La 2e Conférence de La Haye (1907) a décidé que, dans l'avenir, de nouvelles conférences internationales se tiendraient périodiquement à La Haye. Cette nouvelle organisation vous semble-t-elle présager pour les peuples une ère de paix ?*

III. Devoir de l'élève Jean-Pierre (*Développement du 3e sujet*). — La 2e conférence de La Haye a décidé que, dans l'avenir, de nouvelles conférences internationales se tiendraient périodiquement à La Haye. C'est là une décision très importante.

Comme nous le disait en classe notre instituteur, c'est la justice internationale qui prend naissance et qui grandit. Dorénavant, sur tout le globe, on pensera de plus en plus à la paix et les gouvernements n'oseront plus déclarer la guerre avant d'avoir recouru à l'arbitrage.

On l'a bien vu, il y a peu de temps, à propos de l'incident de Casablanca (1908) entre la France et l'Allemagne. Guillaume II a hésité à déclarer la guerre et il a accepté de soumettre le différend à l'arbitrage. Même en Allemagne, l'opinion publique était nettement favorable à cette procédure.

On peut donc prendre confiance en l'avenir. De plus en plus, on se convaincra que la paix est possible entre les peuples et qu'il faut recourir à l'arbitrage qui peut seul la donner.

CHAPITRE II

L'AMPLEUR DU PROBLÈME PACIFISTE. — LA QUESTION DU DÉSARMEMENT. — LA PACIGÉRANCE

Ampleur du problème pacifiste. — Indépendamment des résultats très encourageants déjà obtenus, ce qui caractérise le pacifisme actuel, c'est l'ampleur considérable du problème qu'il soulève. Que de vastes questions renferme son étude, que d'importantes solutions il a à préparer !

Il ne nous est pas possible, on le conçoit, d'entrer ici dans les détails nécessaires, attendu que tout un volume serait indispensable pour cela ; tout au plus pourrons-nous donner une vague idée de la complexité du problème pacifiste.

La question du règlement pacifique des différends internationaux. — Tout d'abord se présente la grande question du « règlement pacifique des différends internationaux, déjà élucidée en partie par les conférences de La Haye. Cette question comprend l'étude des « bons offices et de la médiation », par lesquels on s'efforce de prévenir les différends ; des

« commissions internationales d'enquête », destinées à élucider les faits contestés ; de l'arbitrage, de ses principes, de la procédure à suivre et de la Cour permanente d'arbitrage à qui incombe la mission de statuer sur les différends ; de la Cour spéciale « des prises », particulièrement chargée de se prononcer sur les contestations relatives aux « prises » effectuées en temps de guerre par les belligérants.

Certains différends engageant « l'honneur » ou « l'indépendance » des nations sont-ils justiciables ou non de l'arbitrage ? Comment ce dernier pourrait-il devenir obligatoire pour les Etats au lieu d'être facultatif ? Dans quelle mesure l'action coercitive des Etats peut-elle s'exercer en vue d'obliger l'Etat débiteur au paiement de ses dettes ? Telles sont, parmi bien d'autres, les questions importantes que soulève l'étude de l'arbitrage proprement dit.

Détermination des lois et coutumes de la guerre. — La détermination des « lois et coutumes » licites de la guerre est une autre question qui est excessivement vaste. Elle comprend notamment les points suivants : forme de la déclaration de guerre, attribution de la qualité de belligérant, traitement des prisonniers de guerre, des malades et des blessés, moyens de nuire à l'ennemi, engins nouveaux de guerre, projectiles lancés par des ballons, sièges et bombardements, espions, parlementaires, capitulation, armistice, étendue de l'autorité militaire sur le territoire ennemi, droits et devoirs des Puissances et des personnes neutres en cas de guerre sur terre, traitement des belligérants internés et des blessés soignés chez les neutres ; adaptation à la guerre sur mer des principes de la Convention de Genève du 22 août 1865 ; conditions de transformation des navires de commerce en navires de guerre ; condition de pose de mines sous-marines automatiques de contact ; règles concernant le blocus et le bombardement par des forces navales en temps de guerre ; restrictions à l'exercice du droit de capture dans la guerre maritime ; réglementation des prises dans la guerre maritime ; droits et devoirs des puissances neutres en cas de guerre maritime ; contrebande de guerre ; emprunts de guerre, limitation, puis réduction des armements et enfin désarmement, etc., etc. On conçoit qu'une matière si vaste ait pu absorber une grosse part de l'attention des Conférences de La Haye.

Autres questions dépendant du pacifisme. — Et à coté de ces deux grands groupes de questions essentielles, que d'autres questions renferme encore le pacifisme : moyen de concilier le patriotisme et le pacifisme, mesures propres à rendre le plus possible l'enseignement international, adoption et vulgarisation d'une langue internationale telle, par exemple, s'il y a lieu, que l'esperanto, adoption d'une fête internationale de la paix (22 février), protection internationale des travailleurs, mesures propres à accroître l'internationalisme latent des Nations : uniformisation des poids et mesures, abaissement des taxes postales, télégraphiques et téléphoniques, adoption du libre-échange commercial, organisation de la pacigérance, etc.

Difficulté de beaucoup de ces questions. — Et remarquons que beaucoup de ces questions sont fort délicates à résoudre, ainsi qu'on va s'en rendre compte facilement par les quelques exemples ci-après, pris au hasard.

Lancement d'explosifs du haut des ballons. — Il semble au premier abord que la faculté de jeter des projectiles explosifs du haut des ballons, devenus dirigeables, et des aéroplanes, dont on peut déjà escompter les rapides progrès, doive être rigoureusement interdite. L'imagination recule épouvantée à la pensée que les dirigeables pourraient laisser choir, du haut des airs, des quantités d'explosifs dangereux suffisantes pour détruire complètement les armées ou les villes ennemies situées au-dessous d'eux. Dans ces conditions la guerre ne serait-elle pas littéralement une horreur, une calamité monstrueuse? Et pourtant sur cette grave question, les avis sont opposés. M. Julliot, l'ingénieur des Lebaudy, qui construisit le premier ballon dirigeable employé dans une armée, a soutenu avec une grande force de raison que « l'emploi des dirigeables à la guerre aurait surtout comme résultat d'épargner une quantité de vies humaines. »

« Supposons, en effet, disait-il, une flottille de dix ballons, montés chacun par trois personnes et emportant avec eux 200 ou 300 projectiles, soit 20 à 30 par ballon du poids de 10 kilogrammes chacun. Du côté de l'attaque, ce sont trente vies humaines exposées : trente hommes d'élite, il est vrai, qui risqueront leur existence et trois millions de matériel, pour obtenir un résultat important. Qu'est-ce que cela à côté d'un cuirassé dont l'action est bien plus limitée, qui peut compromettre 800 personnes, coûte 30 millions et est à la merci d'une torpille? Qu'est surtout cela à côté des résultats qu'une telle flottille peut obtenir?

» Elle peut détruire le point stratégique qui constitue le nœud de la défense. Pour obtenir ce résultat à Moukden, il a fallu préalablement anéantir une armée de 40.000 hommes.

» Elle peut, en faisant tomber ses projectiles sur un quartier général, anéantir le commandement, décapiter l'armée ennemie, la réduire à l'état d'un troupeau sans direction, lui faire perdre la plus grande partie de sa valeur, et cela, avec un minimum de victimes. Elle peut occasionner à l'ennemi des pertes irréparables, et toujours avec un minimum de vies humaines sacrifiées, en détruisant les grandes gares, les ponts de retraite, les bifurcations des voies ferrées, les réduits de forteresses; en lançant ses projectiles sur les parcs de munitions, les poudrières, elle peut anéantir les éléments vitaux d'une armée en campagne ou une ville assiégée (1). »

En résumé, comme l'établit cette impressionnante démonstration, l'emploi des ballons dirigeables est donc susceptible de produire des résultats plus ra-

(1) Extrait d'une communication de M. Vanderpol parue dans la *Paix par le droit*, nº d'août-septembre 1908, p. 380.

pides, tout en réduisant, autant que possible, pour la nation qui s'en sert, l'effusion du sang.

Les emprunts de guerre. — Autre exemple. C'est devenu banal de dire, tellement la chose a été répétée, que « l'argent est le nerf de la guerre ». Si donc les Etats neutres se refusaient absolument à autoriser chez eux l'émission d'emprunts de guerre par les belligérants, ces derniers se trouveraient nécessairement, au bout de peu de temps, dans l'impossibilité matérielle, faute de ressources, de prolonger les hostilités. Or, on a fait remarquer que les Etats ne manqueraient point d'essayer de tourner la difficulté en appliquant à la guerre toutes leurs ressources intérieures et en émettant des emprunts pour des dépenses d'ordre intérieur. Cet argument, quoique moins probant que celui de l'exemple précédent, prouve donc, tout au moins, que la suppression des emprunts de guerre n'est point aussi facile à réaliser qu'on le supposerait à première vue.

La question du désarmement. — Une autre question d'importance capitale, celle du désarmement, ne présente pas moins de difficulté. Il semblerait, au contraire, qu'aucune n'est plus simple. Puisque tous les Etats plient sous le fardeau des charges militaires, puisque, de toutes parts, les peuples souffrent et se plaignent, qu'y aurait-il de plus naturel qu'ils s'entendissent entre eux pour, d'un commun accord, limiter tout d'abord leurs armements au *statu quo* actuel, ensuite pour les réduire et enfin pour procéder au désarmement simultané ? Hélas ! en fait, les nations ne s'accordent nullement sur le maintien du *statu quo* des armements. Telle nation, par suite d'une circonstance quelconque, se trouve dans une période de réorganisation militaire ; l'obligation de s'en tenir au *statu quo* perpétuerait, à son désavantage, la situation amoindrie dans laquelle elle se trouve ; elle se refuse donc absolument à admettre la limitation actuelle des armements. Telle autre ambitionne de devenir une puissance maritime de tout premier ordre et ne saurait permettre qu'on l'empêche de construire quantité de cuirassés géants, dût-elle, pour cela, se ruiner. Telles autres, mises dans l'inquiétude par les projets de leurs voisines, s'efforcent, à leur tour, de ne pas trop rester en arrière dans cette course à l'abîme. Voilà pourquoi la question du désarmement, ou même de la simple limitation des armements, ne saurait, pratiquement, être abordée de front. C'est seulement par le développement des accords pacifiques, par l'organisation de plus en plus complète de l'arbitrage qu'on arrivera, comme par surcroît, à la limitation des armements, puis au désarmement. Quand, par suite des traités liant les peuples, la guerre sera devenue impossible, seulement alors les Gouvernements considèreront que le ruineux entretien de l'appareil militaire est sans objet et ils se décideront à le supprimer. Selon la formule, répétée par M. Léon Bourgeois et devenue un axiome pacifiste, le désarmement ne peut être qu'une conséquence, non une préparation.

Dans sa très intéressante brochure *Vers la fédéra-*

tion d'Occident, désarmons les Alpes, M. Gaston Moch a soutenu que l'état actuel, très satisfaisant, des relations franco-italiennes peut permettre à la France de donner au monde un superbe exemple en « désarmant les Alpes ». « C'est à la France, dit-il, de prendre cette initiative. Elle le doit à sa voisine, parce qu'elle est la plus forte et la plus riche ; et elle se le doit à elle-même, parce que le Gouvernement de la République ne saurait laisser à un autre le mérite de cette mesure de salut (1). »

« Que les trembleurs se rassurent, » ajoute M. Gaston Moch, car l'opération ne se ferait que graduellement et à condition que l'Italie suive notre exemple, mais il ne saurait en être autrement et, sûrement, l'opinion publique italienne exercerait sur le Gouvernement du Quirinal toute la pression suffisante pour lui faire prendre cette détermination. Et ainsi la France et l'Italie s'orienteraient ensemble vers la Paix.

Cette thèse nous semble un peu excessive. Que les deux « nations sœurs » s'entendent, au préalable, pour « désarmer les Alpes », rien de mieux, et nous sommes persuadé que cette mesure est extrêmement désirable. Il se produirait alors entre la France et l'Italie ce qui s'est passé entre les Etats-Unis et le Canada où, par suite d'une entente commune scellée d'un traité, les flottes de guerre qui existaient sur les grands lacs américains ont été simultanément dé-

(1) Ouvrage cité, p 33.

sarmées par les Etats-Unis et le Canada. Une entente analogue survenue entre la République Argentine et le Chili a permis à ces deux Puissances de réduire de beaucoup simultanément leurs armements. Si donc un accord semblable intervenait entre la France et l'Italie, ce serait un évènement très heureux pour la paix. Les défenses des Alpes étant supposées détruites sur l'un et l'autre versants, la France et l'Italie se trouveraient pour ainsi dire dans la nécessité de rester « amies », vu la facilité qu'elles auraient l'une et l'autre de s'envahir; ne serait-ce pas la meilleure des garanties pour qu'elles demeurent fidèlement unies? Mais nous pensons que c'est s'abandonner à un sentimentalisme excessif que de préconiser le désarmement par la France d'abord sans qu'elle s'assure préalablement des intentions concordantes de sa voisine. La prudence et la raison exigent, à notre avis, que ce désarmement soit simultané ou qu'il soit différé.

La pacigérance; son organisation. — Ce qui semble le plus pratique pour les peuples qui désireraient parvenir en sécurité au désarmement, c'est de s'engager résolument dans la voie, absolument exempte de dangers, de la pacigérance. Ce mot nouveau désigne une chose quelque peu ancienne, puisque la pacigérance n'est que l'organisation concertée, active et durable, d'une « ligue des neutres. »

M. Bajer, député danois, a eu l'idée de généraliser la conclusion de traités d'alliance pacigérante entre les peuples; M. Emile Arnaud, qui s'est, lui aussi, vivement attaché à cette même idée, a présenté une formule de ces traités, formule qui a été accueillie avec faveur au Congrès de Monaco et dans le monde pacifiste.

Les Etats pacigérants se reconnaissent réciproquement leur pleine autonomie et leur indépendance; ils s'engagent respectivement à coopérer au maintien de la paix générale.

Chacun des Etats pacigérants exercerait à tour de rôle, pendant un an, la Présidence de l'Alliance pacigérante. Dans le cas où un conflit aigu menacerait d'éclater entre deux puissances, l'Alliance pacigérante, par l'organe de son président, rappellerait à ces puissances que la Cour permanente d'arbitrage de La Haye leur est ouverte et s'interposerait, offrant ses bons offices et sa médiation pour empêcher la guerre d'éclater.

Telle est l'idée générale de la pacigérance, à laquelle un brillant avenir semble réservé. Dans sa réunion du 7 septembre 1903, la Conférence interparlementaire a voté une résolution absolument favorable à l'organisation de la pacigérance. Considérant que l'art. 27 de la Convention de La Haye de 1899 a fait un devoir aux neutres de rappeler aux Etats, menacés d'un conflit, que la Cour permanente leur est ouverte, la Conférence a fait remarquer « que l'accomplissement de ce devoir sera efficacement facilité si l'appel à l'arbitrage est fait par une alliance de Puissances, puisque l'autorité en serait augmentée et la responsabilité diminuée, à mesure que s'accroîtrait le nombre des puissances alliées dans ce but » et elle a exprimé le désir que les puissances signataires de la Convention de La Haye « s'organisent » à cette fin.

Quand la pacigérance aura été effectivement organisée, quand ce nouveau rouage du mécanisme de la justice internationale fonctionnera, les convoitises des nations belliqueuses deviendront moins inquiétantes et l'humanité pourra enfin songer à la paix. Le désarmement se fera certainement alors, comme l'a montré M. Emile Arnaud, « soit comme résultat de conventions très nettes, soit parce que les plus hardis, qui seraient en même temps les plus sages, commenceront immédiatement la réduction de leurs armements ».

Exercices et devoirs. — I. **Pensée.** — *L'arbitrage n'est plus seulement le postulat de quelques penseurs, philosophes ou hommes d'Etat isolés ; il est devenu celui de l'opinion publique dans le monde entier.*

Robert Comtesse.

II. **Devoirs de rédaction.** — 1° *Dans une lettre à votre grand frère, qui est au régiment, vous lui faites savoir qu'on vous fait à l'école des leçons de pacifisme. Vous lui dites notamment combien vous avez été surpris de l'ampleur de cette question.*

2° *Vous avez entendu parler des progrès considérables obtenus récemment, notamment en France, dans la direction des ballons. La question a été agitée de savoir s'ils pourraient être utilisés en cas de guerre. Qu'en pensez-vous ?*

3° On vous a parlé à l'école de la pacigérance. Dites ce qu'on entend par là, et s'il vous semble désirable que les peuples concluent des traités de pacigérance.

III. Devoir de l'élève Jean-Pierre (*Développement du 2e sujet*). — Depuis quelque temps il ne se passe certainement pas de semaine où les journaux ne rendent compte des progrès réalisés dans la direction des ballons. En France, nous avons déjà d'excellents dirigeables et on a espoir que les aéroplanes, qui commencent seulement à s'élever dans les airs, parviendront dans un avenir rapproché à des progrès non moins considérables.

Tous ces engins vont-ils, le cas échéant, servir pour la guerre ? Quelles épouvantables destructions ne pourraient-ils pas accomplir en laissant choir, à leur gré, du haut des airs, des quantités d'explosifs dangereux ? Voilà une nouvelle et peu riante perspective pour la guerre !

Notre instituteur ne pense pas qu'on puisse empêcher les nations belligérantes de se servir de ces engins. Quelle est la nation qui voudrait se priver de ce puissant moyen d'attaque ?

Mais on peut espérer qu'à force de rendre la guerre terrible et dévastatrice, on finira par la rendre impossible. Je le souhaite de tout mon cœur !

CHAPITRE III

LES AUXILIAIRES DU MOUVEMENT PACIFISTE

Progrès réalisés par les idées pacifistes. — Depuis 1867 et surtout depuis une vingtaine d'années, les idées pacifistes ont fait un chemin considérable. L'œuvre à accomplir était immense, car il ne fallait rien moins que modifier la mentalité des hommes et des Gouvernements, leur faire toucher du doigt la barbarie et l'absurdité révoltantes de la guerre et leur faire convenir que la Paix est la profonde aspiration des peuples.

Le mérite en revient surtout aux sociétés pacifistes. — C'est aux sociétés de paix surtout que revient le mérite des progrès accomplis par le pacifisme ; ce sont elles qui, les premières, se sont mises vaillamment sur la brèche, et peu à peu, sont parvenues à dissiper les préventions guerrières auxquelles, depuis des siècles et des siècles, l'humanité s'était accoutumée.

Principales sociétés de paix françaises. — Parmi les très nombreuses sociétés de paix nous citerons, pour la France :

1° *La Ligue internationale de la Paix et de la Liberté*, fondée en 1867 et présidée par M. Emile Arnaud. Cette puissante association, dont l'activité ne fait que s'accroître, a pour organe le journal pacifiste *Les Etats-Unis d'Europe*, dont le titre significatif laisse deviner le but nettement fédératif et pacifiste poursuivi par la Ligue.

2° *La société française pour l'Arbitrage entre Nations* qui édite la *Revue de la Paix*, publication pacifiste mensuelle (président d'honneur M. Frédéric Passy, président M. Charles Richet). A partir de 1910 la *Revue de la Paix* et *la Paix par le Droit* se sont fusionnées pour ne former qu'un organe unique disposant de puissants moyens d'action.

3° *L'Alliance universelle des femmes pour la Paix par l'Education.*

4° *La Conciliation internationale*, fondée en 1905 par M. d'Estournelles de Constant.

5° *L'Association de la Paix par le Droit* fondée en 1887 (président M. Th. Ruyssen) qui publie un important bulletin mensuel : *La Paix par le Droit*, actuellement fusionné avec la *Revue de la Paix*, ainsi que nous l'indiquions ci-dessus.

6° La *Délégation permanente des sociétés françaises de la Paix*. Cette délégation, instituée à l'occasion du premier Congrès national de la paix, à Toulouse (1902), a pour mission : 1° d'élaborer le programme du prochain Congrès national ; 2° de servir d'organe aux Sociétés françaises de la Paix, au cas où les évènements extérieurs exigeraient une manifestation publique de l'opinion pacifique ; 3° de rechercher les moyens d'organiser l'action commune des groupements pacifistes français.

Organes généraux du mouvement pacifiste. — Nous mentionnerons parmi les organes généraux du mouvement pacifiste :

1° *Le Bureau international de la Paix*, créé à Berne en 1891 et qui joue, vis-à-vis du pacifisme mondial, le rôle de la *Délégation permanente des sociétés françaises de la paix* vis-à-vis du pacifisme français.

Le Bureau international a spécialement pour but de renseigner sur toutes les questions relatives à la propagande et aux idées pacifistes, d'assurer l'étude et la préparation des questions susceptibles d'être soumises aux congrès internationaux, d'exécuter les décisions de ces réunions, de classer et de conserver les archives desdites réunions, de constituer une bibliothèque de toutes les publications pacifistes et de tenir à jour une bibliographie des publications relatives à la paix.

La Société du Bureau international de la Paix se compose d'institutions, d'associations pacifistes et de membres individuels, ces derniers avec simple voix consultative dans les Assemblées générales.

2° L'*Union interparlementaire*, créée en 1889, et qui comprend, ainsi que le disent ses statuts, les membres de parlements qui aspirent à faire triompher le principe que les différends entre Etats doivent être soumis à l'arbitrage, comme les difficultés entre particuliers sont soumises aux tribunaux. Elle traite toutes les questions de droit public international qui intéressent le maintien de la paix. Son but pratique est de faire porter à la tribune des parlements les questions concernant l'amélioration des relations internationales. Un grand nombre d'assemblées législatives en ont été saisies par l'initiative de membres de l'Union. Il existe des groupes interparlementaires dans tous les Etats constitutionnels de l'Europe, sauf en Espagne. Depuis 1904 un groupe a été formé aux Etats-Unis. »

L'organe administratif de l'Union est le *Bureau interparlementaire*, créé en 1892. Ce bureau sert d'intermédiaire entre les différents groupes de l'Union interparlementaire ainsi qu'entre ses membres et les Parlements.

3° *Le Groupe français de l'Arbitrage international*, fondé en 1903, par M. d'Estournelles de Constant. Son but est de généraliser la pratique de l'arbitrage international et d'amener les gouvernements à résoudre par les voies juridiques, les conflits survenant entre nations.

4° *L'institut Nobel norvégien*, qui fonctionne depuis le 1er janvier 1904. Ce comité a pour but de se tenir au courant des relations existant entre les divers peuples et principalement des efforts pacifistes, afin de pouvoir donner son préavis au *Comité Nobel norvégien* pour la distribution des prix de la paix. L'Institut travaille également au rapprochement des peuples et aux progrès de la justice internationale.

5° *Le Comité Nobel du Parlement norvégien*,

fondé en 1897 et qui est chargé de la distribution des prix annuels dus à la munificence du célèbre ingénieur suédois.

6° *L'Institut de droit international*, fondé à Gand en 1873. Cet Institut est une association purement scientifique qui s'est donné pour but de travailler au progrès du droit international.

Nous sommes forcé de limiter notre énumération qui deviendrait interminable si nous voulions tout citer.

Pourtant, en raison de son importance hors de pair et de son caractère spécial, nous ne pouvons nous dispenser de signaler, d'une façon toute spéciale, parmi les principaux organes du mouvement pacifiste, la *Cour permanente d'arbitrage de La Haye*, qui a été constituée en vertu de la Convention pour le règlement pacifique des Conflits internationaux. Son *Conseil administratif* présidé par le Ministre des affaires étrangères des Pays-Bas, est formé par les représentants diplomatiques des puissances signataires accrédités à La Haye. Quant aux membres de la Cour, ils ont été désignés par les puissances signataires de la Convention de La Haye et en conformité des dispositions de la dite Convention.

Nous devons également mentionner le *Bureau international de la Cour permanente d'arbitrage* dont le Chef est le secrétaire général de la Cour.

Ces diverses organisations rendent les plus grands services à la grande cause pacifiste. Les sociétés de paix proprement dites, dont le développement prend de plus en plus de grandes proportions, tendent à englober tous les pacifistes dans leur sein. Dans les réunions de leurs bureaux, elles agitent toutes les questions de l'actualité pacifiste mondiale et, par leurs bulletins périodiques, elles tiennent leurs adhérents en haleine et toujours préoccupés du but généreux à poursuivre. Leur action s'étend même souvent plus loin, car, sans parler de leur coopération directe au mouvement pacifiste proprement dit elles s'ingénient à éclairer les masses populaires, trop aveuglées encore par l'ignorance et les préjugés ancestraux du militarisme, et elles travaillent avec une ardeur méritoire à grossir l'armée des pacifistes qui, bientôt, deviendra assez puissante pour réduire la guerre à capituler.

Les congrès de la paix. — Indépendamment de l'active propagande qu'elles exercent ainsi, elles organisent chaque année des Congrès nationaux ou internationaux de la paix.

Jusqu'en 1870, il n'y avait eu que deux ou trois Congrès, dans l'un desquels, à Genève, Victor Hugo avait prononcé d'ardentes paroles contre la guerre.

A partir de 1889, les Congrès internationaux de la paix ont eu lieu chaque année d'une façon régulière et se sont tenus successivement dans les grandes villes du monde. Dans leurs nombreuses réunions, ils ont fait entendre les premiers balbutiements du Droit, cette voix auguste qui retentira de plus en plus aux oreilles des Gouvernements et des chefs d'Etat. Ils ont travaillé avec une activité inlassable à l'élaboration des vrais principes de la législation internationale, perfectionné la procédure de l'arbitrage, étudié les questions d'actualité pacifiste et organisé une vaste propagande.

A côté des Congrès internationaux de la paix se sont créés, notamment en France, des Congrès nationaux. Ces derniers, pour avoir un champ d'action moins vaste, n'en sont pas moins remarquables par les efforts utiles qu'ils accomplissent pour le bien de la paix.

Il est à remarquer que les Sociétés de paix ont su se créer les organes propres à assurer la cohésion de leurs efforts : la *Délégation permanente des Sociétés françaises de la Paix* et le *Bureau international de la Paix* dont nous avons déjà parlé.

Remarquons aussi que l'*Union interparlementaire*, citée plus haut, constitue pour ainsi dire une sorte de parlement international, image anticipée de ce Parlement des nations que rêvent les pacifistes. Comprenant, à l'heure actuelle, plus de 1.800 membres tous législateurs ou anciens législateurs, capables, par conséquent, de faire œuvre utile dans le domaine de la législation internationale, l'Union interparlementaire a une importance considérable.

Enfin dans le sein des Parlements de tous pays il tend à se former des groupes de l'arbitrage, à l'instar du *Groupe français de l'Arbitrage international* dont nous avons parlé plus haut et qui exerceront nécessairement une grande influence en faveur de la paix.

L'opinion publique s'oriente vers la paix. — Chose consolante et qu'on peut constater dès maintenant, l'opinion publique des diverses nations devient de plus en plus foncièrement pacifique. Soit à la tribune des Parlements, soit dans les articles des journaux politiques, il est visible que les préoccupations pacifistes font la conquête des esprits et qu'on se détourne de plus en plus de la guerre. On en a vu tout récemment un exemple suggestif. Quand l'incident de Casablanca s'est tout d'un coup apaisé par l'acceptation de l'arbitrage par l'Allemagne, dans toute l'Europe on a ressenti un profond soulagement. Il semblait qu'on venait d'échapper à une sorte de malaise, d'étouffement. A la Chambre belge, le 17 novembre 1908, un député, M. Paul Janson, s'est fait l'interprète de l'émotion ressentie de toute part et s'est exprimé ainsi : « Nous avons été, il y a quelques jours, à la veille d'une conflagration entre deux grands peuples d'Europe.

» L'orage a failli éclater sur nos têtes ; tout à coup le différend s'est aplani et les deux peuples ont décidé de se soumettre à l'arbitrage. C'est un fait historique, aussi je propose à la Chambre de transmettre ses félicitations aux deux peuples qui ont su donner un si bel exemple.

» Je souhaite que dans tous les Parlements des voix s'élèvent pour féliciter également ces peuples et j'émets l'espoir qu'un jour viendra où les rois et les peuples comprendront que la guerre est une chose abominable. »

Le tonnerre d'applaudissements qui suivit ces paroles prouva surabondamment que l'orateur avait fidèlement traduit les sentiments de la Chambre belge, sentiments qui, en l'espèce, n'étaient autres que ceux des peuples civilisés.

Il y a désormais quelque chose de changé dans le monde, puisque la guerre est publiquement honnie. Le jour est proche où elle sera enfin proscrite.

EXERCICES ET DEVOIRS. — **I. Pensée.** — *La guerre est maudite des hommes mêmes qui la font.*

ALFRED DE VIGNY.

II. Devoirs de rédaction. — *1° On vous a parlé à l'école des sociétés de paix et de l'œuvre qu'elles poursuivent. Citez les sociétés pacifistes que vous connaissez.*

2° Vous avez entendu parler du Comité Nobel norvégien et des prix de la paix qu'il distribue annuellement. Dites ce que vous savez de Nobel et de l'institution qu'il a créée.

3° Pensez vous qu'on doive encourager les sociétés qui s'emploient en faveur de la paix? Quand vous aurez quitté l'école et que vous gagnerez votre vie, vous proposez-vous d'entrer dans une de ces sociétés?

III. Devoir de l'élève Jean-Pierre (*Développement du 3e sujet*). — Les sociétés de paix accomplissent une œuvre utile. Si l'opinion publique s'est profondément modifiée au sujet de la guerre, c'est principalement aux efforts des sociétés de paix qu'on le doit. Si les gouvernements se préoccupent de conserver la paix, c'est encore, pour une bonne part, à ces sociétés qu'en revient le mérite.

Quand j'aurai quitté l'école et que je commencerai à gagner ma vie, je me propose d'entrer dans une société de paix, par exemple dans *La Ligue internationale de la paix et de la liberté*, qui est très active et fait beaucoup de bien. La cotisation n'est pas chère et je crois que je pourrai la payer sans en être trop gêné.

De cette façon je me tiendrai au courant du mouvement pacifiste et je participerai pour une minime part à ce que la Ligue fera. Si tous les hommes entraient dans les sociétés de paix, ces sociétés seraient tellement puissantes qu'elles auraient déjà obtenu des Gouvernements qu'ils renoncent définitivement à faire la guerre et qu'il s'entendent pour licencier leurs armées. Voilà où il faut en arriver le moins tard possible.

CHAPITRE IV

LES MOYENS DE PRÉPARER L'ÈRE DU PACIFISME
L'ACTION SCOLAIRE

Les éducateurs et le pacifisme. — Jusqu'ici ce ne sont guère que les militants du pacifisme et les sociétés dues à leur initiative qui ont travaillé avec passion et persévérance à l'établissement de la paix. Or, la tâche à accomplir est si vaste qu'elle nécessite le concours de tous.

Parmi les ouvriers de cette sainte tâche on devrait pouvoir compter les éducateurs, dont l'action est susceptible de devenir capitale. Ces pétrisseurs d'âmes tiennent en leurs mains les destinées de l'humanité et les peuples de demain seront en grande partie ce qu'il aura plu aux éducateurs d'aujourd'hui.

Nécessité d'un enseignement du pacifisme. — Le IIIe Congrès français de la paix s'est inspiré de ces idées en émettant le vœu ci-après :

« Le IIIe Congrès français de la Paix, réuni à Lille,

» Considérant que l'enseignement pacifique ne portera tous ses fruits que le jour où tous les instituteurs orienteront franchement leur enseignement vers ces idées de progrès, de justice et d'humanité qui tendent à faire disparaître les guerres entre nations ;

» Considérant que ces idées de paix ont besoin d'être connues et répandues chez tous les membres de l'enseignement primaire ;

» Emet le vœu :

» Que des conférences soient faites aux instituteurs et institutrices et même aux professeurs de tous ordres en faveur de l'*éducation pacifique.* »

L'idée est excellente. Ce qui est à désirer aussi, c'est que les sociétés professionnelles d'instituteurs, leurs Amicales, s'intéressent aux idées pacifistes et que leurs *Bulletins* abordent l'étude des questions relatives à la paix. A ce sujet, nous signalons comme étant entré dans ces vues le *Bulletin de l'Amicale de Tarn-et-Garonne* où nous avons trouvé les détails ci-après :

» Les amicales de Tarn-et-Garonne, Aube, Tarn, etc. ont adhéré à la *Société d'Education pacifique*, elles insèrent dans leurs bulletins des vœux et des articles animés de l'esprit pacifique. L'amicale des Ardennes, qui a élaboré un rapport pour le Congrès de Liège, le termine ainsi :

» Les instituteurs présents au Congrès international de Liège prennent l'engagement, de retour dans leurs patries respectives, de se faire les apôtres convaincus de la fraternité des peuples et de la paix universelle. »

Voilà un exemple qui prouve que les instituteurs français sont disposés à accomplir leur devoir pacifiste. Mais il y a à désirer mieux encore ; il faut demander, comme l'a fait notamment le XIVe *Congrès universel de la Paix*, « qu'un enseignement méthodique du pacifisme soit introduit dans l'enseignement public à tous les degrés, primaire, secondaire et supérieur. »

La réalisation d'un tel projet dépend de l'autorité gouvernementale, car c'est elle qui fixe les programmes à suivre dans les établissements d'enseignement. Espérons qu'il se trouvera dans tous les Parlements des hommes pour exiger qu'on donne à l'éducation sa véritable orientation, c'est-à-dire une orientation humaine ; pour demander que les études scolaires constituent enfin des « humanités », selon une belle expression que s'est appropriée jusqu'ici l'enseignement secondaire, sans peut-être suffisamment la justifier, et pour que l'adolescent entrant dans la vie civique sache que, nonobstant les différences de langue et de nationalité, tous les hommes sont unis par les liens fraternels d'une étroite solidarité. Telle est la belle tâche qu'il faut demander à l'école de remplir.

Cet enseignement est d'autant plus nécessaire que l'éducation familiale est militariste. — Nous ne nous dissimulons pas que cette tâche est particulièrement délicate et difficile, car elle va à l'encontre de l'action puissante exercée jusqu'ici par la famille. Dès que l'enfantelet a grandi et qu'il a commencé à prendre goût aux amusements, ce sont, en effet, des jouets guerriers que les parents mettent entre ses mains; c'est avec des tambours, des clairons, de petits fusils et de petits sabres, des boîtes de soldats, des canons en miniature qu'elle s'efforce de le distraire. Les premières joies qu'on lui fait éprouver sont celles de jouer à la guerre, de renverser des rangées de soldats figurant les ennemis, de tirer du canon et d'admirer comme les boulets que lance un ingénieux mécanisme vont au loin et peuvent exercer des ravages. L'enfant prend vite goût à ces scènes de carnage simulé.

Coiffé d'un méchant képi rouge et vêtu d'une défroque guerrière, il se prend volontiers pour un général et son bonheur est au comble s'il parvient à effrayer sa petite sœur avec un sabre de fer-blanc ou si sa maman ou son papa font mine de succomber sous ses coups répétés. A ce moment l'illusion du bambin est complète et il se croit un vrai foudre de guerre.

Avec de telles coutumes d'éducation domestique, qui sont courantes dans les familles, comment veut-on que l'enfant ne se sente pas attiré vers la guerre? Comment veut-on qu'il ne soit pas tenté de considérer la paix comme une chimère nuageuse, sans rapport avec la vie ?

L'école elle-même, trop longtemps, a donné une éducation anti-pacifiste. — Ajoutons que, trop longtemps, l'école n'a fait que renforcer ces dispositions guerrières. L'histoire se confondait avec le récit des guerres et on n'exaltait que les victoires et le courage guerrier. Les peuples voisins étaient nécessairement des peuples hostiles, quand ils n'étaient pas des « ennemis héréditaires », contre lesquels il fallait implacablement préparer la revanche ». Au point de vue économique, même encore à cette heure, combien n'existe-t-il pas de maîtres qui croient sincèrement que les peuples étrangers veulent méchamment nous « inonder » de leurs produits et qu'il nous faut absolument, par de sévères représailles, « défendre » avec vigilance notre agriculture, notre industrie, notre commerce contre « l'envahissement » des marchandises étrangères similaires ! Quand on est persuadé à ce point que les rapports économiques des peuples se caractérisent fatalement par une telle loi d'antagonisme, ne se trouve-t-on pas aux antipodes du pacifisme, qui prêche la sympathie et la fraternité des peuples?...

L'esprit nouveau. Les réformes à demander —. Heureusement cet état d'esprit ancien est en train de disparaître et des générations nouvelles de maîtres arrivent avec des idées moins déplorables. Au « Congrès international de l'enseignement primaire » de Liège (septembre 1905), où 18 nations étaient représentées, on se préoccupa précisément de rechercher ce que doit être l'action pacifique de l'école. L'une des questions traitées était la suivante : « Ce que peut l'école pour amener la paix universelle. »

Conformément à la proposition du rapporteur, le

programme ci-après de la *Société d'éducation pacifique* a été adopté par l'assemblée :

« Nous demandons qu'on fasse comprendre à l'enfant qu'il n'y a pas deux morales, une pour les nations et une pour les individus ;

» Qu'on le pénètre du sentiment de la fraternité humaine envers tous les peuples de la terre, sans distinction de race et de couleur ;

» Qu'on lui inculque le respect de la vie, non seulement de la vie humaine, mais même de celle des animaux, cherchant ainsi à abolir l'instinct de la destruction. Dans le choix de l'imagerie, dans la direction des jeux, comme dans tout son enseignement, l'éducateur ne perdra jamais de vue qu'il veut former des cœurs pacifiques ; mais, par des cœurs pacifiques on n'entend point des cœurs pusillanimes. Nous désirons que l'enfant ait le sentiment de ses droits et de sa dignité en même temps que le respect des droits et de la dignité des autres. Nous ne renions pas l'héroïsme du passé ; nous ne saurions trop admirer le courage de ceux qui défendent la patrie envahie ; mais nous demandons qu'on enseigne aux enfants que la guerre n'est plus dans l'ordre du progrès actuel. L'humanité a aujourd'hui devant elle des champs d'action illimités où son énergie peut et doit se déployer, non plus destructive, mais créatrice.

» En outre, l'éducateur démontrera que la guerre n'est point un mal inévitable et que les discordes des gouvernements peuvent être réglées par l'arbitrage, comme celles des particuliers le sont par les tribunaux.

» De la sorte, pénétré de l'idée de justice, l'enfant comprendra que l'amour de la patrie n'est pas opposé à l'amour de l'humanité, et le patriotisme de haine fera place au patriotisme d'amour. »

Comme indication générale de ce que doit être l'enseignement, ces conclusions sont excellentes.

Comment on peut introduire le pacifisme dans les programmes d'enseignement. — Au point de vue de la réalisation pratique, il y a lieu, nous semble-t-il, de demander :

1° Que l'enseignement pacifiste soit formellement reconnu et incorporé dans les programmes officiels de l'enseignement. En France, la loi du 28 mars 1882, en son article 1er, a décidé que « l'enseignement primaire comprend : L'enseignement moral et civique, etc. » Cette disposition est assez générale pour englober l'enseignement pacifiste, vu que l'enseignement moral et civique doit être pacifiste.

Mais il faudrait que, dans le détail des programmes (ces programmes ont été fixés par l'arrêté ministériel du 18 janvier 1887) l'enseignement pacifiste fût effectivement introduit. C'est cette introduction que les pacifistes ne doivent pas cesser de réclamer(1).

(1) Les programmes officiels portent, en instruction civique, pour le Cours Élémentaire (enfants de 7 à 9 ans) : « Explications très familières à propos de la lecture des mots pouvant éveiller une idée nationale tel que : citoyen, soldat,

Comment, de plus, il faut entendre les programmes des diverses matières d'enseignement. — 2° Que, d'une façon générale, les programmes des diverses matières d'enseignement soient revisés et remaniés dans un sens pacifiste. Il est inconcevable que l'enseignement de l'école n'apprenne pas à la jeunesse quel est le sens général de la vie sociale, qui est celui de la solidarité des nations et de la paix.. Bien des futilités pourtant sont journellement enseignées par les maîtres et il ne leur serait pas loisible de réserver une part de leur temps pour des vérités d'importance capitale ? Cette inconséquence doit cesser.

A notre avis, la réforme devrait être faite en conformité des indications ci-après :

armée, patrie. . » Il suffirait de dire :... pouvant éveiller une idée nationale ou *internationale*, tels que : citoyen, soldat, armée, patrie, humanité, paix, arbitrage.

Pour le Cours moyen (9 à 11 ans) les programmes portent : « Notions très sommaires sur.., l'Etat, le pouvoir législatif, le pouvoir exécutif, la justice. Il suffirait de compléter ainsi cette énumération : Rapports des Etats entre eux. L'arbitrage. Solidarité des nations. L'humanité.

Le Cours supérieur (11 à 12 ans) comporte, disent encore les Programmes, des « notions plus approfondies sur.. la force publique, l'armée, » L'adjonction que nous proposons pour le cours moyen s'imposerait, à plus forte raison, pour le cours supérieur.

Il conviendrait aussi que des notions très simples d'économie politique (Production de la richesse, bienfaits de l'échange, etc..) fussent introduites dans les programmes scolaires. Ces notions ont une importance sociale considérable et il est insensé que les Etats laissent la jeunesse dans l'ignorance complète du rôle essentiel des phénomènes économiques de la vie des nations.

Lecture et littérature. — Diminuer la part des faits militaires, guerriers ; accroître celle de tout ce qui peut donner à l'enfant le sentiment que les peuples font partie d'une immense famille, l'humanité, et qu'ils travaillent en commun à l'œuvre de la civilisation.

Histoire. — Diminuer la part léonine accordée jusqu'ici aux guerres, bien montrer les malheurs, et les misères qu'elles ont causés à travers les siècles, la répercussion qu'elles ont sur la vie contemporaine (la plus grosse partie de l'impôt que nous payons est en quelque sorte la rançon des guerres passées) ; en fait de guerres, n'exalter que celles qui ont été soutenues pour l'indépendance et la liberté.

Attacher une grande importance au développement même de la civilisation (inventions, découvertes, monuments littéraires, idées morales). En parlant des grands hommes, bien mettre en relief les immenses services rendus par les savants, les inventeurs, les grands écrivains, montrer que les grands guerriers et les conquérants ont eu une influence néfaste sur leur pays et que c'est à tort qu'on les a couverts de gloire. Autrefois, on n'avait d'admiration que pour le courage militaire ; insister, au contraire, sur les vertus civiques et les dévouements utiles. Relier en tant que de besoin l'histoire nationale à l'histoire générale des autres pays dans ce qu'elle a de plus saillant (car l'histoire d'un pays ne saurait être complètement isolée de celle des autres nations). Viser à donner à l'enfant tout à la fois l'amour de son pays, la fierté des grandes choses qu'il a faites et le sentiment de son acheminement vers la paix, seule bienfaitrice des peuples.

Géographie. — A propos des importations et des exportations, montrer que les peuples travaillent les uns pour les autres et que le résultat de ces échanges est de rendre la vie plus abondante et plus facile. A propos de l'étude des voies de communication et de la navigation montrer que les peuples se fréquentent et se mêlent incessamment (relations d'affaires, voyages d'agrément, expatriement) et que cette pénétration réciproque des peuples a pour effet de mieux confondre leurs intérêts et de les porter à mieux se connaître et s'apprécier.

Montrer aussi, par la rapidité actuelle des voyages, combien les progrès de la science ont rapproché les peuples et donné des facilités aux individus pour chercher, hors du lieu de leur naissance, des pays où ils puissent employer avec profit leur activité et leur énergie. S'élever contre l'esprit casanier et de routine qui faisait s'effrayer des moindres déplacements.

Enseignement civique. — Montrer que pour les peuples de même que pour les individus, la liberté est le plus grand des biens. Principe de l'indépendance des peuples et de leur droit à disposer librement d'eux-mêmes. Condamnation des conquêtes violentes et de la maxime odieuse : La Force prime le Droit.

Conséquences fatales, du reste, des abus de la force : militarisme ruineux pour garder sa conquête et se préserver des représailles. Revendications des peuples opprimés ; ils doivent chercher à se libérer, non par la guerre qui ne saurait que perpétuer la violence, mais par la fidélité à la patrie aimée, par la lutte légale et inlassable contre leurs oppresseurs et par la confiance en l'attente de la justice immanente et du droit triomphant. Tant qu'un peuple a conservé vivaces ses sentiments, son énergie et sa volonté, tant qu'il ne s'est pas condamné lui-même en renonçant à ses affections, à ses rêves, pour se courber sous le joug du vainqueur, il ne faut désespérer de rien : l'avenir lui apportera, sinon le retour au sein de la patrie pleurée, du moins une autonomie relative et quelque liberté, infiniment préférables à la sujétion présente. Les peuples, quelles que soient les circonstances, finissent toujours par avoir quelque peu la liberté dont ils sont dignes. — Montrer que les citoyens peuvent et doivent influer sur le gouvernement de leurs pays et notamment contribuer à l'extinction du militarisme: ne pas tomber dans la chimère du désarmement immédiat, mais demander que, de concert avec les gouvernements des autres pays, la question de la réalisation du pacifisme international soit progressivement résolue; « les peuples auront la paix... quand ils la voudront. »

Morale. — A propos de la condamnation du meurtre, montrer que le meurtre en masse et au moyen d'engins perfectionnés (la guerre n'est pas autre chose) ne cesse pas d'être un crime; condamnation de la guerre. La guerre de résistance à un injuste agresseur, seule est sainte : elle procède du droit de légitime défense et se propose la conservation intacte de la Patrie, avec son territoire et ses libertés, legs sacré des aïeux.

De même que la personne humaine est sacrée et que nous ne devons la violenter ni dans sa liberté matérielle, ni dans ses sentiments ou ses pensées, de même les aspirations collectives d'une nation ou d'une province sont aussi chose sacrée et c'est un crime d'y attenter par la force : condamnation des guerres, de conquête et des annexions de territoire (Pologne, Sleswig, Alsace-Lorraine). Montrer aussi que, par un commencement de « justice immanente », les violences commises entraînent après elles un inévitable châtiment : la violence appelle la violence et, tant pour garder sa conquête que pour se tenir à l'abri de légitimes représailles, le conquérant en est amené à se ruiner en dépenses de guerre et par conséquent à se punir.

D'autre part, comme les meilleures leçons gagnent

toujours à être appuyées par l'exemple et la pratique, les maîtres ne craindront pas de recourir à l'arbitrage scolaire pour faire régler par les élèves eux-mêmes les différends et contestations survenant entre eux. Le XVIe Congrès universel de la Paix, tenu à Munich, (9-14 septembre 1907) s'est prononcé en ce sens (1).

Sciences. — Montrer au fur et à mesure de l'étude des diverses sciences que les découvertes sont l'œuvre collective des peuples et que chacun d'eux bénéficie des efforts de tous : machine à vapeur, après quelques essais d'un Français (Papin, marmite de Papin) inventée par un Anglais (Stephenson) et perfectionnée par un Français (Seguin, chaudière tubulaire de Seguin) ; l'imprimerie, inventée par un Allemand (Jean Gutenberg), la photographie par des Français (Niepce et Daguerre), la télégraphie sans fil par un Italien (Marconi), le vaccin de la rage dé-

(1) Voici le texte de la résolution votée par le Congrès de Munich :

« Le Congrès reconnaît qu'une réforme de la discipline scolaire est indispensable pour rendre efficaces, dans l'enseignement, les idées de pacifisme et de conciliation.

« Sans méconnaître la valeur de l'obéissance et d'une stricte discipline, nous demandons que, au moment où, dans les armées elles-mêmes, l'emploi de la violence, des coups et des injures a été condamné et tend de plus en plus à disparaître, l'obéissance fondée sur la crainte soit remplacée dans les écoles par l'obéissance fondée sur la confiance, l'estime et l'affection.

« Il convient donc de remplacer l'esprit d'autorité oppressive et l'emploi de la force par l'esprit d'indépendance et de libre direction de soi-même.

« C'est ainsi que l'on parviendra à réaliser l'évolution de l'éducation qui tend à aller de l'accoutumance inconsciente à la subordination volontaire de l'individu à la collectivité, et vers la discipline consciente découlant de la conviction. »

couvert par l'immortel Pasteur, à qui l'humanité doit tant d'autres belles découvertes, etc., etc.

Agriculture. — En agriculture, montrer que la plupart de nos végétaux ou de nos arbres fruitiers sont originaires des pays étrangers. Montrer aussi que les méthodes de culture se sont perfectionnées en mettant à profit les tentatives heureuses ou les pratiques de diverses contrées.

Économie domestique. — En économie domestique, montrer que la vie usuelle, même la plus simple, résulte de perpétuels échanges entre les peuples : le riz vient d'Italie, d'Egypte ou d'Orient, le café et le cacao nous sont envoyés de l'Océanie et de l'Amérique, le pétrole, de la Russie ou des Etats-Unis, etc., etc.

Puisque les peuples ont à tel point besoin les uns des autres, n'est-ce pas absurde qu'ils vivent en inimitié et qu'ils cherchent à se nuire ?

En résumé il faut que l'école donne un enseignement humain. — En résumé, il faut donc que l'école ne se borne pas, comme elle l'a trop fait jusqu'ici, à donner des connaissances encyclopédiques isolées, mais qu'elle ne manque point de révéler à l'enfant que les hommes et les peuples sont les membres de la grande famille de l'humanité, que les intérêts de tous, hommes et peuples, sont solidaires et que les peuples, comme les individus, doivent se traiter comme des frères. Voilà la vérité essentielle que l'école a le devoir de répandre sans cesse. Quand les jeunes générations de tous pays seront bien convaincues que la société est une association, c'est-à-dire que les hommes et les peuples dont elle est formée ont des intérêts, non point opposés, mais connexes, qu'ils sont effectivement unis par les liens d'une réelle solidarité, ce jour-là, l'antagonisme des peuples et le militarisme seront bien près de disparaître, car il ne suffira que de quelques années pour que ces jeunes générations arrivent à la vie civique, s'emparent des rênes du gouvernement et détruisent tout cet appareil militariste, si dangereux et si ruineux, que les peuples n'ont conservé que par ignorance et sous l'empire d'une injuste méfiance.

Autres moyens d'action pacifiste de l'école. — L'école peut encore servir utilement la cause du pacifisme en usant des moyens suivants :

1° Etude pratique des langues étrangères. — Il serait à désirer qu'une part plus grande fût faite dans les programmes à l'étude des langues étrangères.

Au point de vue purement éducatif, il est incontestable que l'étude d'une langue vivante est favorable au développement de l'intelligence, à la culture générale de l'esprit. Il est non moins certain que cette connaissance a une extrême importance pratique dans la vie commerciale, où les jeunes gens et les jeunes filles bilingues sont recherchés et bien payés. Il n'est pas douteux, non plus, que cette vulgarisation de l'étude des langues aurait les meilleurs résultats au point de vue pacifiste, parce que les inimitiés entre nations proviennent pour grande part de malentendus et qu'il y a toujours avantage pour des peuples à se comprendre et se mieux connaître. Quant à la difficulté pratique de l'étude d'une langue étrangère, on se l'exagère certainement et si l'on recourait à de meilleures méthodes, l'obstacle paraîtrait moins rude. Il est un fait d'observation banale qui devrait mettre sur la voie ; c'est que quantité de jeunes enfants apprennent, dans leur bas âge, deux langues à la fois sans que, pour cela, leurs progrès en langue maternelle en paraissent ralentis comparativement à leurs autres camarades et que nombre d'enfants apprennent, de même, à la fois le français et le patois sans que cette double étude semble paralyser la connaissance du français (1). On est donc en droit de conclure, semble-t-il, qu'en usant de méthodes vraiment actives et moins livresques on pourrait sans trop de peine initier la jeunesse à la connaissance d'une seconde langue.

Dans le même ordre d'idées on ne peut que souhaiter ardemment l'adoption en tous pays d'une langue auxiliaire internationale, telle, par exemple, que l'esperanto qui semble suffisamment parfaite pour ce but. La connaissance de l'anglais, de l'allemand ou de l'italien, comme supplément à la langue maternelle, ne permet de converser pour ainsi dire qu'avec un seul de ces peuples et les inconvénients de l'igno-

(1) Il est exact que, dans les campagnes, les enfants parlant patois sont fort arriérés dans la connaissance du français ; mais cela tient exclusivement au milieu familial, absolument inculte, où vivent ces enfants. L'observation contraire, relatée plus haut, s'applique à des familles où les parents parlent couramment le français et le patois et s'occupent intelligemment d'initier leurs enfants à la connaissance de ces deux idiomes.

rance subsistent vis-à-vis de toutes les autres nations. Si une langue auxiliaire, très simple et relativement facile, telle que l'esperanto, était répandue partout, en l'apprenant on acquerrait du coup l'inappréciable avantage de se mettre en rapport avec tous les peuples de la terre. Ce serait un résultat d'un prix inestimable. C'est pour cela que les pacifistes ne peuvent que favoriser l'extension, déjà rapide, de l'esperanto.

2° Adoption de programmes communs entre les nations et admission d'équivalence de leurs brevets et diplômes. — Si cette communauté de programmes, pour les études générales était réalisée il deviendrait possible, par exemple à un jeune Allemand, de continuer en France le cycle de ses études et les jeunes Français pourraient faire de même en Allemagne. Outre les avantages spéciaux évidents qu'en recueilleraient les intéressés, il en résulterait certainement une plus intime pénétration des deux peuples et, comme conséquence, une moins grande froideur dans leurs rapports (1).

(1) Le XVI° Congrès de la Paix, tenu à Munich (9-14 septembre 1907), a vivement préconisé l'organisation d'un enseignement international. Nous lisons dans le compte rendu de ses travaux la résolution suivante :

« Le Congrès apprend avec une vive satisfaction que M. Le Ministre de l'Instruction publique de la République française est disposé à prendre l'initiative d'une Conférence gouvernementale chargée de rechercher les meilleurs moyens d'organiser un système international d'enseignement.

« L'adoption de ce système comporterait l'élaboration d'un

Avantages des échanges scolaires d'enfants. — Correspondance scolaire internationale. — Les échanges scolaires d'enfants dont l'usage se répand de plus en plus en Europe sont absolument à recommander. En vivant quelques mois dans des familles étrangères, les jeunes gens ou les jeunes filles se défont de bien des préjugés, reviennent de bien des préventions ; souvent il résulte même de ces relations, dues au hasard des circonstances, des sympathies durables entre les familles ainsi rapprochées par le souci de l'éducation de leurs enfants.

Les mêmes avantages sont à signaler en faveur des *correspondances scolaires internationales* dont l'usage existe également. Par des correspondances de ce genre, non seulement les élèves font de plus rapides progrès dans les langues, mais ils apprennent à mieux connaître l'étranger, sa tournure d'esprit, ses coutumes et ses usages. Il ne peut en résulter que des sympathies réciproques entre les jeunes correspondants et des éléments de rapprochement entre les peuples.

programme des divers degrés d'enseignement qui, appliqué dans quelques établissements des divers pays, à côté de l'enseignement national, permettrait aux jeunes gens de passer alternativement d'un pays à l'autre sans préjudice pour leurs études. La conférence déterminerait les conditions de délivrance de diplômes internationaux servant de sanction à ces études, ainsi que les conditions d'équivalence de ces diplômes avec les diplômes nationaux.

« Le congrès espère que les Gouvernements manifesteront bientôt leur désir de prendre part à cette conférence. Il invite les pacifistes à faire les démarches nécessaires à cet effet. »

Echanges internationaux de professeurs ou d'instituteurs. — Un autre genre d'échanges scolaires également à recommander, c'est celui, non plus des élèves ou de leurs correspondances, mais des maîtres eux-mêmes, et nous sommes heureux de pouvoir ajouter ici que la France et la Prusse se sont récemment engagées en partie dans cette voie, relativement à l'enseignement secondaire des jeunes filles. C'est là un fait capital et d'autant plus remarquable qu'il concerne deux importantes nations entre lesquelles, par suite de circonstances inutiles à rappeler, il est loin d'exister au point de vue politique quelque « entente cordiale ». Le *Bulletin administratif du Ministère de l'Instruction publique*, du 20 juin 1908 (n° 1831, pages 833 à 835) a, en effet, publié un « Règlement relatif à l'échange d'assistantes allemandes et françaises pour l'enseignement des langues vivantes dans les établissements d'enseignement secondaire des jeunes filles. » En vertu de ce « règlement » consacrant l'entente heureusement intervenue entre les deux Pays, « les écoles secondaires de jeunes filles de Prusse offrent de recevoir un certain nombre de jeunes maîtresses françaises qui seront chargées des exercices pratiques de conversation française avec les élèves, conformément au règlement du Ministère de Prusse, en date du 27 mars 1905..... De même, les lycées, collèges et cours secondaires de jeunes filles en France admettront des jeunes Maîtreses de Prusse qui seront chargées des exercices pratiques de conversation allemande, conformément à la circulaire du 15 février 1904, complétée par la circulaire du 16 novembre 1906 (1). »

Internationalisme croissant. — Ces faits sont intéressants à noter comme symptôme d'un internationalisme qui se réalise pour ainsi dire par la force des choses entre les peuples. Il est à espérer que lorsque, dans tous les pays, les éducateurs auront pris nettement conscience du grand rôle qu'ils ont à jouer dans l'œuvre de la pacification mondiale, nous marcherons à grands pas vers la réalisation effective du pacifisme et la disparition complète de la guerre.

EXERCICES ET DEVOIRS. — **I. Pensée.** — *Il n'y a pas un instant à perdre pour organiser la paix. La misère le prescrit et l'impôt le veut.*

ÉMILE DE GIRARDIN.

II. Devoirs de rédaction. — *1° Dans beaucoup de familles on donne pour jouets du jour de l'an des poupées et des ménages aux petites filles, des tambours, des fusils et des sabres aux petits garçons. Cet usage vous paraît-il également raisonnable ?*

2° *Dans l'école que vous fréquentez, enseigne-t-on une langue étrangère ? Y a-t-il des raisons pour qu'on apprenne les langues étrangères ?*

3° *Pendant les vacances, il se fait entre la France et*

(1) Texte de l'article 1er du Règlement. Il serait intéressant de voir, par les autres articles, comment les diverses conditions de cet « échange d'assistantes » ont été réglées d'une façon fort satisfaisante. Faute de place nous renvoyons pour cette suggestive lecture au *Bulletin du Ministère de l'Instruction publique* lui-même.

divers pays d'Europe des échanges scolaires d'enfants. Qu'entend-on par là ? Ces échanges scolaires ont-ils des avantages pour les familles et pour les bonnes relations de la nation avec les Pays étrangers ?

III. Devoir de l'élève Jean Pierre (*Développement du 1er sujet*). — Dans presque toutes les familles de notre pays c'est l'habitude de donner, au jour de l'an, pour étrennes aux petites filles, des poupées et des ménages comprenant de petits fourneaux et une minuscule batterie de cuisine. Je trouve que cette habitude est excellente parce que ces poupées et ces ménages donnent le goût de la famille et des occupations domestiques à nos jeunes sœurs. Cela les prépare au rôle qu'elles auront plus tard à remplir dans la vie.

Aux petits garçons, dans beaucoup de maisons, on donne pour étrennes un tambour, une trompette, un fusil, un sabre, parfois une boîte de soldats ou un canon monté sur un affût. Je trouve cette coutume très mauvaise parce qu'elle fait prendre aux garçons le goût de la guerre. J'ai vu un petit voisin de six ans qui parlait de « tuer des ennemis » avec son fusil sans plus de scrupules que s'il s'était agi de croquer une dragée.

La guerre est une chose affreuse et il ne faut pas qu'on habitue les jeunes enfants à la considérer comme un agréable amusement.

CHAPITRE V

LES MOYENS DE PRÉPARER L'ÈRE DU PACIFISME. L'ACTION DE LA PRESSE, DE LA LITTÉRATURE ET DE LA PROPAGANDE PACIFISTE

La presse et le pacifisme. — Parmi les moyens de préparer l'ère du pacifisme, après l'action scolaire, il faut noter celle que doivent exercer la presse et la littérature, ainsi que l'influence, sans cesse plus féconde, des sociétés et groupements pacifistes.

Les Revues pacifistes. — En tête de la presse nous devons placer tout au premier rang, comme en avant-garde, les revues et journaux pacifistes. C'est dans ces journaux et revues que la doctrine de la paix est incessamment rappelée, interprétée, défendue, soutenue. C'est là qu'on trouve le réconfort pour la foi pacifiste. A notre avis, l'action et les services des Revues dont nous parlons ne pourront que grandir si elles ne se cantonnent pas exclusivement dans les faits et gestes du pacifisme proprement dit et si elles s'appliquent, comme, du reste, certaines d'entre elles, à bien tenir le lecteur au courant de tout ce qui se rattache directement aux intérêts communs des peuples. A ressasser perpétuellement les mêmes choses on finit par devenir importun et, comme l'a dit Boileau,

L'ennui naquit un jour de l'uniformité.

La presse politique. — A côté de la presse pacifiste se trouve la presse politique qui commence à s'intéresser aux choses de la paix et qui, si elle voulait bien, aurait en la circonstance un grand rôle à jouer. Seule, en effet, elle pénètre partout, à la ville comme à la campagne, dans la chaumière du cultivateur et la boutique de l'ouvrier, comme dans la confortable ou somptueuse demeure du riche.

Il faudrait que la presse politique se persuadât bien qu'elle a un devoir essentiel à remplir, celui de parachever l'éducation civique et sociale des foules. Si son zèle se borne surtout à étaler jusque dans leurs détails les plus répugnants les crimes et assassinats que des misérables commettent quotidiennement, elle se prostitue et, au lieu d'éduquer les masses, elle les avilit. Il serait à désirer qu'au lieu de chercher à satisfaire les bas instincts de la foule, elle se préoccupât davantage d'élever l'âme de son lecteur. Il faudrait qu'elle entreprît de l'intéresser aux grandes questions relatives à la situation ou aux intérêts des peuples, et notamment à tout ce qui touche de près ou de loin au pacifisme.

Elle devrait s'employer à dissiper les préjugés

antisociaux de la multitude. Comme l'a dit avec finesse J.-J. Rousseau, « le peuple *veut* son bien, mais il ne le *voit* pas toujours. » Il faut donc que la presse intervienne pour l'éclairer. Notamment à propos des questions de protectionnisme et de liberté commerciale, qui reviennent incessamment sur le tapis des Chambres lors de la discussion du budget ou de modifications au tarif de douanes, la presse quotidienne ne devrait-elle pas ne point se lasser de faire entendre au peuple qu'il s'abuse étrangement quand il croit qu'on le « protège », alors qu'on attente à sa liberté et qu'on l'empêche de faire ce qu'il ferait volontiers s'il avait la faculté de ne s'inspirer que de son intérêt ?

La presse politique a encore le devoir de se refuser à propager les nouvelles tendancieuses ou fausses, propres à envenimer des conflits. Elle a besoin, surtout dans les moments où surgissent des incidents entre les peuples, de beaucoup de sang-froid, de tact et de prudence.

La presse pédagogique. — A côté de la presse pacifiste et de la presse politique se trouve la presse pédagogique, qui est la presse de prédilection des éducateurs. Il est à désirer que, de plus en plus, les journaux scolaires s'intéressent au pacifisme et qu'ils se persuadent bien qu'ils ont à préparer l'éducation de la jeunesse, non seulement en vue de fins individuelles, mais surtout en vue de la grande fin sociale qui est la paix et l'harmonie des peuples.

Le pacifisme et la littérature. — Les éducateurs

trouveront dans la littérature un auxiliaire utile pour faciliter leur œuvre. Sans doute, la littérature ne s'est point encore tournée suffisamment vers l'étude, si importante, des questions pacifistes, mais, telle qu'elle est, elle renferme déjà un nombre important d'ouvrages propres à rendre de réels services aux éducateurs. Nous ne pouvons, cela va de soi, en faire ici une énumération qui, quoique longue, serait nécessairement incomplète. A côté des ouvrages consacrés spécialement au pacifisme, tels, par exemple, que ceux de la bibliothèque pacifiste internationale. » (1), ou que le bel et imposant ouvrage de M. Jean Lagorgette *Le Rôle de la Guerre* et les brochures, fort bien faites, de M. Charles Richet, il faut faire une place aux études diverses et aux romans qui, sans être ostensiblement pacifistes, éloignent tout doucement le lecteur de la pensée de la guerre et laissent dans son esprit une impression favorable à la paix. De tels ouvrages sont précieux et on ne saurait trop s'employer à faire lire autour de soi ceux qu'on sait doués de cette vertu. Parmi ceux-là, citons, en passant, parmi beaucoup d'autres *Bas les Armes*, l'admirable ouvrage de Mme la baronne Bertha de Suttner et *Les Oberlé*, ouvrage profondément patriotique de René Bazin.

Importance pacifiste des livres de prix. — Une littérature vulgaire à laquelle l'on ne songe guère d'habitude et qui pourtant a une grande importance

(1) En vente à la librairie Giard et Brière, 16, rue Soufflot, Paris.

parce qu'elle influe notablement sur la façon de penser et de sentir de la jeunesse, c'est celle des « ouvrages de prix », destinés aux enfants et adolescents des écoles de tous degrés. Chaque année, des milliers et milliers de volumes, brillants d'aspect, reluisant de dorures, sont distribués avec solennité à la jeunesse studieuse qui les lit avec avidité et s'en empreigne l'esprit et le cœur. Il est à désirer que les instituteurs éliminent de leur choix tous les ouvrages à tendance militariste ou guerrière, encore trop nombreux, et qu'ils recherchent, au contraire, les ouvrages, de moins en moins rares, qui sont en harmonie avec l'idéal pacifiste et humain. Qu'on y prenne garde ! L'influence du livre sur l'enfant est très grande. Si on lui met entre les mains des récits guerriers, il s'enthousiasmera pour la guerre qui lui paraîtra pleine de prouesses courageuses et grandioses. C'est dans l'enfance et l'adolescence que se forment les impressions de l'âge mur et si nous voulons que les générations de demain soient dégoûtées de la guerre, il faut commencer par mettre hors de la portée de l'enfant tous ces livres détestables où la guerre n'est présentée qu'avec une fausse auréole de vaillance et de gloire.

Action de la propagande pacifiste. — La presse et la littérature ne sont point les uniques auxiliaires du pacifisme. La propagande pacifiste est un autre facteur dont l'importance est considérable et pourrait être capitale.

Le devoir de propagande pacifiste. — Il faudrait que tout citoyen dévoué à la paix fût bien pénétré que son devoir est de travailler obscurément autour de soi au succès de la cause pacifiste. Personne, si humble soit-il, ne saurait se récuser en alléguant le peu de résultat appréciable d'une propagande si infime, car rien n'est puissant comme l'action individuelle lorsqu'elle est répétée par une collectivité vraiment agissante. C'est, dans l'ordre scientifique, parmi les infiniment petits que l'homme rencontre ses plus terribles adversaires ; de même, dans l'ordre social, la foule anonyme des pacifistes pourrait, en peu d'années, faire accomplir à la paix un pas immense. Supposez que chaque pacifiste, agissant autour de soi, convertisse à la paix une ou deux personnes seulement, lesquelles, à leur tour, agiraient aussi de même et toujours ainsi de suite. En peu d'années, le monde serait définitivement conquis à la paix.

C'est surtout en temps de période électorale, et principalement quand il s'agit du renouvellement des membres des corps législatifs, que les pacifistes doivent déployer toute l'activité dont ils sont capables en vue de faire inscrire le pacifisme dans les programmes électoraux des candidats. Ils détermineraient ainsi peu à peu un courant considérable en faveur de la paix.

Les membres de l'enseignement acquis au pacifisme doivent prendre une part spéciale à la propagande pacifiste. Il leur appartient d'organiser des *causeries* et des *conférences pacifistes* destinées aux adultes. Chacun sait que l'enfant, au sortir de l'école, vers douze ou treize ans, n'est pas muni d'un bagage suffisant de connaissances et que son éducation reste nécessairement à parachever. Tel est précisément le but des cours d'adultes et des conférences populaires organisés un peu partout durant la période d'hiver. Or, des sujets empruntés au pacifisme sont d'admirables thèmes de causeries d'adultes ou de conférences populaires. Toutes les fois qu'on le peut, ces conférences ou causeries doivent être accompagnées de projections lumineuses qui, outre leur attrait spécial et l'intérêt qu'elles excitent toujours dans les milieux populaires, ont l'avantage de compléter, par des vues ou des tableaux impressionnants, les explications et développements de la conférence ou causerie.

Nous sommes heureux d'ajouter qu'une société pacifiste, l'*Association de la Paix par le Droit*, de Nîmes, s'est engagée dans la voie que nous recommandons; et non seulement le service de conférences avec projections lumineuses qu'elle a organisé a trait à l'étude du pacifisme, mais encore à l'évolution économique et sociale de notre temps; ce sont choses, en effet, qui sont intimement liées et qu'il ne faut pas séparer (1).

(1) Le service de conférences avec projections lumineuses de l'*Association de la Paix par le Droit* a été organisé plus particulièrement en vue des membres de l'enseignement public et pour leur « faciliter la propagande pacifiste dans les Universités populaires, les Associations amicales d'anciens élèves des Écoles, les Patronages laïques, les Bourses du

Les femmes et le devoir pacifiste. — Les femmes, et notamment les institutrices, devraient prendre une grande part à la propagande pacifiste. La barbarie de la guerre ne révolte-t-elle pas, peut-être à un plus haut degré que chez l'homme, leur sensibilité si délicate et leur instinct de bonté? Comme mères ou comme épouses, ne sont-elles pas intéressées au delà de toute expression à la cause de la paix?

travail, etc. Un catalogue méthodique comprenant plus de 300 clichés différents sera envoyé à toute personne qui en fera la demande. Les vues sont vendues strictement au prix de revient, soit 0 fr. 50 la vue, le port en sus.

« Des séries de 25 vues permettant de traiter les questions suivantes : la Guerre, la Paix armée et la Guerre future, l'organisation de la Paix par l'Arbitrage, sont mises gratuitement à la disposition des membres de l'Enseignement aux conditions suivantes : frais de port à la charge du demandeur, retour des vues dans les huit jours qui suivront leur emploi, remboursement de la valeur des verres cassés ou détériorés. Des notices explicatives particulières à chaque conférence accompagneront l'envoi et devront être retournées avec lui.

« Il existe, en outre, une série de 25 vues permettant de traiter en *une seule fois* l'ensemble du problème pacifique. On trouvera le commentaire de ces vues dans une conférence *Vers la Paix*, dont le texte adopté par la Société nationale des conférences populaires, sera envoyé gratuitement aux conférenciers désireux d'utiliser la série en question. Adresser les demandes au service des projections lumineuses de la *Paix par le Droit*, 14 rue Bourdaloue, Nîmes.

« D'autres séries de vues pour projections sont consacrées aux questions économiques et sociales et prêtées *gratuitement* aux mêmes conditions que les vues destinées à la propagande pacifiste. »

(Extrait de la Notice de l'*Association de la Paix par le Droit*.)

Bien certainement, pas une femme ne devrait rester étrangère ou indifférente aux questions si importantes de l'arbitrage, de la paix et du désarmement. Si elles le voulaient, si, dans chaque foyer, aussi bien dans la chaumière du paysan que dans la boutique de l'ouvrier ou le palais du riche, la femme se faisait la prêtresse convaincue et ardente de la paix, le monde ne tarderait guère à ressentir l'influence d'un tel zèle et à se rapprocher de l'idéal de fraternité qui, seul, peut assurer le bonheur des peuples.

Nous souhaitons que les institutrices se pénètrent entièrement du devoir pacifiste qui leur incombe à double titre, comme femmes et comme éducatrices, et qu'elles n'hésitent plus en toute circonstance à aborder avec leurs élèves l'étude des questions soulevées par le pacifisme. Il faut absolument qu'elles passent outre au préjugé d'après lequel on tenait systématiquement les jeunes filles dans l'ignorance de ces graves questions. Autant et plus peut-être que l'homme, la femme est intéressée à la guerre qui l'atteint au plus profond de son cœur ; il faut donc impérieusement par conséquent qu'on lui apprenne pour quels motifs elle doit la détester et la combattre de toute son âme, de toutes ses forces.

Exercices et devoirs. — I. Pensée. — *Il n'y a pas une pensée, pas un effort, pas une idée jetée dans le monde qui, comme la pierre jetée dans l'eau, ne fasse son chemin d'une façon plus ou moins apparente, et ne compte pour quelque chose dans le vaste univers.*

Frédéric Passy.

II Devoirs de rédaction. — *1° Les journaux quotidiens consacrent une grande partie de leurs colonnes à renseigner leurs lecteurs sur tous les détails des crimes et accidents. Ne trouvez-vous pas qu'ils devraient s'étendre moins sur les événements de ce genre et s'occuper davantage des questions, telles que le pacifisme, dont dépend le bonheur des peuples ?*

2° Avez-vous lu des livres qui vous aient amené à aimer la paix entre les peuples. Quels sont ces livres et quelle est l'impression que vous avez gardée de leur lecture ?

3° On vous a parlé à l'école du devoir de chacun de coopérer à la vulgarisation des idées pacifistes. Pensez-vous que cette action individuelle pourrait être d'une réelle utilité ?

III. Devoir de l'élève Jean-Pierre (*Développement du 1er sujet*). — J'ai remarqué souvent que les journaux s'occupent démesurément des crimes et des accidents. Certains jours ils y consacrent des pages entières.

Pour les accidents, je ne ferai point de critique ; mais je trouve qu'on parle tout-à-fait trop des criminels. Mon père en faisait, chez nous, l'autre jour, la remarque avec humeur. « S'il s'agissait d'un brave homme qui se serait dévoué pour sauver ses semblables on n'en dirait pas si long », s'écria mon père.

Je trouve, pensant en cela comme mon père, que les journaux feraient bien mieux de ne pas s'arrêter si longtemps sur les faits et gestes des criminels et de s'occuper avec plus de soin des questions qui intéressent le bonheur des peuples. Jamais, par exemple, ou à peu près jamais, ils ne nous parlent des nombreuses questions qui se rattachent au pacifisme. Pourtant, il n'y en a guère qui soient aussi importantes.

Comme dit encore mon père, les journaux devraient servir à l'éducation et à l'instruction du peuple, au lieu de s'employer à satisfaire les basses curiosités des foules.

CHAPITRE VI

LES MOYENS DE PRÉPARER L'ÈRE DU PACIFISME. L'ACTION ÉCONOMIQUE ET GOUVERNEMENTALE

L'action économique et gouvernementale. — Aux moyens de préparer l'ère du pacifisme que nous avons précédemment cités, il nous reste à ajouter ceux de l'action économique et gouvernementale dont l'influence pourrait être décisive.

Méfaits de la fausse économie politique; dangers du protectionnisme. — Tout d'abord il faut que les peuples et les Gouvernements s'affranchissent des préjugés vieillots de la fausse économie politique. Les conséquences malheureuses de ces préjugés pour les peuples sont incalculables. L'une d'entre elles, et non la moindre, est qu'ils en viennent à se considérer, au point de vue économique comme des antagonistes irréductibles, comme des ennemis héréditaires, alors qu'en réalité ils ne sont et ne peuvent être que des associés, des obligés les uns des autres.

Quand on examine les faits économiques à la pure lumière de la réalité et du bon sens, on est confondu de l'égarement des peuples, tellement les choses sont simples et naturelles.

Dans les relations ordinaires de la vie, il n'est assurément personne qui doute que, lors d'une transaction commerciale, chacune des parties contractantes n'y trouve son avantage : s'il en était autrement, évidemment l'opération n'aurait pas lieu ! Chacun sait aussi que toutes les transactions possibles et imaginables sont faites de la même façon et qu'il n'existe nulle part sous la calotte du ciel des gens qui commercent au détriment de leurs intérêts. Les économistes nationalistes reconnaissent volontiers l'exactitude de ces vérités de sens commun, s'il s'agit d'échangistes se trouvant du même côté de la frontière ; mais si ces derniers habitent l'un en deçà, l'autre au delà, la question, à leurs yeux, change subitement et complètement d'aspect (1). En dépit des intéressés qui ne comprennent rien à cette étonnante métamorphose, les économistes prétendent que le premier est menacé de « l'*inondation* des produits étrangers » et que le second ne complote rien moins que « l'invasion » de notre sol national par ses pro-

(1) Ne serait-ce pas le cas de rappeler, en le modifiant, le mot ironique et profond de Pascal sur la guerre ? « Mon ami, si vous demeuriez de ce côté de l'eau, nous pourrions échanger ensemble nos produits et nous offrir mutuellement à chacun ce qui nous manque ; ce serait excellent et il serait injuste qu'on nous empêchât d'agir de la sorte ; mais puisque vous demeurez de l'autre côté, cela est mauvais, et il est juste qu'on nous prive tous deux de notre liberté et qu'on vous empêche de m'apporter ce dont j'ai besoin comme à moi, de vous offrir les choses qui vous seraient utiles. »

duits similaires des nôtres. La perspective de tels malheurs ne saurait, évidemment, laisser indifférent ou inactif l'État tutélaire ; au nom de sa mission la plus sacrée, n'a-t-il pas le devoir de « protéger » ses nationaux en danger, hélas ! d'être « submergés » sous le flot envahisseur des marchandises étrangères? Donc, vite des mesures protectionnistes, vite des cordons de douaniers tout le long des frontières.

Si, d'aventure, après avoir établi péniblement et coûteusement un tunnel nouveau et des chemins de fer nouveaux qui raccourcissent les distances et font diminuer le prix des transports, la facilité des relations internationales s'en trouvait trop sensiblement accrue, montrons-nous vigilants et, sans hésiter une seconde, établissons patriotiquement des droits « compensateurs », afin de remettre les choses au point où elles en étaient anciennement ; sans cela, n'est-il pas clair que nous ne pourrions plus désormais nous défendre efficacement contre « l'inondation » des produits étrangers?

Telles sont les doctrines économiques qui, malgré leur absurdité, restent en faveur dans la plupart des Etats et perpétuent un antagonisme qui devrait disparaître. Il importe que tous les pacifistes ne se lassent point de rappeler autour d'eux que ces étranges doctrines ont contre elles, non seulement l'évidence lumineuse du bon sens, mais encore le verdict sans appel de l'expérience même. Il y a un peu plus d'un siècle, en effet, ces théories étaient appliquées dans l'intérieur de la France ; à la limite de chaque province existaient les barrières que nous ne trouvons plus aujourd'hui qu'aux frontières des Etats eux-mêmes. Ces fameuses barrières provinciales étaient réputées tout-à-fait indispensables au salut économique des provinces. Et pourtant la France s'en trouve-t-elle plus mal de ce que la Révolution les a abolies ? Il en serait évidemment de même des barrières économiques actuelles. L'Europe n'aurait qu'à se féliciter de leur disparition graduelle et progressive parce que, comme les barrières provinciales d'autrefois, elles nuisent à l'activité des échanges et troublent la répartition naturelle des industries les plus propres à chaque contrée.

Nous ne prétendons pas qu'il faille, du jour au lendemain, détruire toutes les lignes de douanes, abolir tous les tarifs et ne point se préoccuper de l'attitude des Etats étrangers. Il est bien évident qu'un si profond changement de l'organisation économique d'un Etat y amènerait tout d'abord des perturbations considérables qu'il est sage d'éviter.

Nous affirmons seulement qu'il faut changer radicalement la conception fondamentale des rapports économiques des peuples : ces derniers ne sont point des antagonistes ou des ennemis, mais des associés solidaires ; quant à l'application, nous consentons volontiers à ce qu'elle ait lieu avec les tempéraments nécessaires, sans porter de trop graves préjudices à personne et sans brusquer le moins du monde une révolution qui est inévitable et qui un jour ou l'autre s'accomplira fatalement.

Les mesures dites protectionnistes, prises en violation des lois naturelles de l'échange, tendent de plus, en réalité, à soutenir injustement les intérêts particuliers de *quelques-uns*, contre les intérêts de tous. C'est précisément l'inverse qui devrait avoir lieu (1).

L'Union économique des Européens. — Cette abolition progressive des barrières de douanes tendrait à faire de l'Europe une « union économique des Européens ». N'est-ce pas, du reste, de cette façon que l'unité de l'Allemagne s'est constituée en fait, grâce à son Zollverein, avant d'être officiellement et politiquement proclamée? Rien ne serait plus désirable que l'Union européenne et voilà plus de quarante ans que « l'Association internationale économique des amis de la Paix », fondée et dirigée par notre vaillant compatriote et ami, Marc-Amédée Gromier, lutte avec énergie pour la réalisation de ce projet. Voilà plus de 40 ans que Gromier, par ses brochures et ses circulaires, ne cesse de prêcher cette union des nations d'Europe pour travailler, inventer, vendre, trafiquer, voyager, explorer et progresser, dans la paix. Il préconise, notamment, l'adoption concertée des mesures suivantes :

(1) Nous ne nous opposons pas, à ce que, au nom de la solidarité, un État accorde ses encouragements à une industrie qui lui semble le mériter et qui a temporairement besoin de son aide matérielle. Mais ces encouragements doivent être donnés d'une façon directe, par exemple, comme l'État français le fait actuellement pour l'allocation des primes servies pour la culture du lin et du chanvre; ils ne doivent jamais résulter de l'application de tarifs dits protecteurs.

1° Uniformité dans toute l'Europe et pour ses Colonies du calendrier, du méridien, des poids, mesures, et monnaies, des timbres-poste, cartes-postales, cartes-lettres, mandats et bons de poste, des tarifs de chemins de fer, de télégraphe et de téléphone, du prix kilométrique des transports de voyageurs et de marchandises, etc.

2° Liberté de pêche et de cabotage le long des côtes et gratuité du débarquement dans tous les ports.

3° Abolition de tous les passeports, péages, octrois, douanes à l'intérieur de l'Europe.

4° Liberté complète de communication et d'échanges de toutes sortes entre les habitants des pays européens.

Ce programme est excellent et se réalise peu à peu partiellement sous nos yeux. Les Etats-Unis et l'Angleterre viennent d'adopter le timbre-poste à 0 fr. 10 pour les lettres entre les deux pays; il est question d'accomplir la même réforme pour la France et l'Angleterre. Après, elle se répètera sûrement avec d'autres pays. L'entente internationale est, du reste, à l'ordre du jour; elle se poursuit incessamment grâce à des congrès internationaux ou à des échanges de vues entre les Gouvernements, au sujet de l'extradition des criminels, de la propriété des marques de fabrique, de la propriété littéraire et artistique, de la protection de la femme contre la prostitution, de la protection de la santé et de l'hygiène publiques, etc., etc..

Les Etats-Unis d'Europe. — Grâce à ces ententes successives qui deviendront, il faut l'espérer, de plus en plus nombreuses, l'Union économique de l'Europe, peut-être même l'Union politique, se constituera-t-elle un jour et verrons-nous jamais les « Etats-Unis d'Europe » ? « C'est très démodé, je le sais, a dit M. Aulard, de parler des Etats-Unis d'Europe. N'est-ce pas pourtant l'idéal auquel doit tendre le patriotisme rationnel ? La France sera-t-elle diminuée, sera-t-elle moins France, si un jour, tout entière, unifiée à nouveau, elle fait partie de la république européenne ? Et quand même le Parlement européen, chargé des intérêts communs à plusieurs nations, devrait siéger alternativement dans d'autres capitales que la nôtre, est-ce que notre patrie en serait moins grande, moins forte, moins glorieuse ? Est-ce que son influence sur le monde aurait moins d'occasions de s'exercer efficacement (1) ? »

Et faisant allusion à la situation inquiétante de l'Europe, M. Aulard ajoutait, dans cette belle conférence d'où nous avons extrait la citation qui précède : « Est-ce l'heure de parler des Etats-Unis d'Europe quand les nations, armées jusqu'aux dents, s'entre-regardent avec fureur et convoitise ? Oui, c'est l'heure. Oui, c'est justement quand la guerre s'annonce qu'il faut encourager les tentatives internationales de rapprochement pacifique.

» On doute, disait-il encore, on doute que ce rêve philosophique se réalise par la philosophie ; j'en doute aussi. Mais vienne pour l'Europe un grand péril

(1) F. A. Aulard, *Science, Patrie, Religion*, conférence p. 30 et 31 (1 vol. Armand Colin, édit.)

commun, et il viendra, vienne une telle menace pour notre Occident civilisé que ce soit une question de vie ou de mort de s'unir à tout prix pour la défense commune, on s'unira, et ces Etats-Unis d'Europe, dont nous nous croyons si éloignés, ils se formeront d'eux-mêmes et peut-être les verrez-vous » (1)...

L'Union européenne se forme sous nos yeux. — Nous ne savons si ce « grand péril commun », prévu par le pessimisme du savant professeur, apparaîtra un jour devant l'Europe; mais ce que nous savons bien, c'est que l'union européenne est en train de se réaliser insensiblement et progressivement sous nos yeux, sans que nous nous en rendions toujours bien compte.

Nous avons cité plus haut cette entente, si symptomatique, intervenue entre la France et la Prusse pour « l'échange d'assistantes » dans les établissements secondaires de jeunes filles. Le public la soupçonne-t-il?

Il sait que la France et l'Allemagne, sur le point d'en venir aux mains à propos d'un incident banal, ont décidé de soumettre leur différend à l'arbitrage; mais, même à propos de cet incident menaçant dont le monde s'est ému, soupçonne-t-il l'importance colossale d'un tel événement? Se rend-il compte qu'il y a dix ans seulement, c'eût été sûrement la guerre et le choc effroyable de millions d'hommes, que l'opinion allemande, pour la première fois peut-être,

(1) Ouvrage cité, p. 31-32.

s'est manifestée dans un sens tout opposé à celui de la politique de Guillaume II et que, désormais, il sera pour ainsi dire impossible qu'un caprice ou une volonté d'empereur jette les deux peuples l'un contre l'autre pour les faire s'entr'égorger ?

Autre constatation. Le public le plus égoïste, celui qui croit ne s'occuper que de ses propres intérêts matériels, travaille inconsciemment à l'internationalisme mondial, parce que, de plus en plus, il place ses capitaux dans les entreprises étrangères. Lorsque, guidé par l'appât d'un intérêt plus élevé, il achète des fonds russes ou japonais, des actions sur des pétroles d'Amérique ou des Mines d'or lointaines, il fait, sans s'en douter, de l'internationalisme, et autant qu'il dépend de lui, il s'emploie à rendre solidaires les unes des autres les diverses nations du monde.

Le public ne sait pas non plus qu'une des nations contractantes de la fameuse triple alliance formée par l'Allemagne, l'Italie, est liée à la France par une Convention d'arbitrage permanent, ou, s'il le sait, du moins, sûrement n'en connaît il pas les dispositions, inspirées d'un internationalisme fraternel qu'on ne peut que louer. Et pourtant, comme l'a dit M. Gaston Moch, si cette convention « n'a fait passer aucune province d'un pays à l'autre, elle a fait mieux ; elle a, dans une certaine mesure, annexé en entier les deux pays l'un à l'autre, puisqu'elle a assuré à leurs citoyens, sur la terre dite étrangère, les avantages dont ils jouissent dans leur propre patrie ; elle a littéralement doublé la patrie pour les travailleurs français et italiens » (1).

Cette appréciation ne paraîtra trop optimiste qu'à ceux qui n'ont pas étudié la convention. En effet, elle unifie pratiquement les caisses d'épargne des deux nations, puisque, sur la demande des intéressés, les fonds sont transférés sans frais de l'une à l'autre et que les fonds ainsi transférés profitent des mêmes avantages que les fonds nationaux ; elle met sur le pied d'égalité les ouvriers français et italiens au point de vue des Caisses de retraite et d'invalidité, ainsi que des accidents du travail ; les deux pays s'y sont engagés à harmoniser leurs législations sur la protection du travail, le Gouvernement italien s'engageant notamment à créer chez lui une inspection du travail et à réduire la durée du travail des femmes ; ils y ont convenu enfin que l'adhésion de l'un des deux Etats à toute Conférence internationale en vue d'unifier les lois protectrices des travailleurs entraînerait *ipso facto* l'adhésion de l'autre, ce qui s'est réalisé presque aussitôt, la Suisse ayant proposé la réunion d'une Conférence sur la réduction du travail des femmes et la France y ayant adhéré.

Cette convention de pur internationalisme, par laquelle, pour la première fois, deux grands pays ont confondu pour une large part l'exercice de leur souveraineté, a une importance qui a trop passé inaperçue. La vérité est que de tels traités, destructifs des vieux préjugés d'isolement national, réalisent,

(1) Gaston MOCH, *Désarmons les Alpes*, p. 19.

sous les yeux des populations inconscientes, des transformations profondes qui préparent une rénovation de l'Europe. « Qu'il survienne encore un petit nombre de traités analogues à celui-là, ajoute M. Gaston Moch, et les Etats qui les auront conclus ne seront-ils pas pratiquement fédérés, alors même qu'ils ne s'appelleraient pas officiellement des Etats-Unis ?

» Et que nous importera le nom, du moment que nous posséderons la chose (1)? »

Développement des ententes internationales. — Remarquons que l'enchevêtrement des affaires et des intérêts nationaux, surtout depuis la seconde moitié du XIXe siècle, a amené les diverses puissances de l'Europe à des ententes internationales permanentes qui contiennent en germe la plus importante des évolutions politiques, celle de la substitution d'une autorité ou d'un accord international à la souveraineté nationale antérieure. Ces ententes se sont manifestées sous la forme d'Unions et de Commissions internationales.

La première création importante, dans cet ordre d'idées, fut celle de la *Commission européenne du Danube,* organisée en 1856 par le traité de Paris. Cette commission, qui comprend actuellement des délégués de l'Allemagne, de l'Autriche-Hongrie, de la France, de la Grande-Bretagne, de l'Italie, de la Roumanie, de la Russie et de la Turquie, possède certains pouvoirs souverains sur la partie du Danube en

(1) Gaston Moch, *Désarmons les Alpes*, p. 21.

aval de Braïla : « indépendante du gouvernement roumain, elle a un pavillon particulier, exerce la police, arrête et publie des règlements ayant force de loi, lève les impôts, conclut des emprunts et dispose de ces ressources pour des travaux d'utilité publique. Il est donc bien permis de dire que le cours du Danube, de Braïla à la mer, est une sorte d'Etat neutre administré par une autorité toute spéciale ; car si les membres de la commission ne sont que les délégués des Etats contractants, la Commision elle-même est tout à fait indépendante de ces derniers qui n'ont d'action, dans ses délibérations, que pour la voix que chacun y possède (1). »

La *Commission mixte du Pruth*, instituée en 1866, est composée des mêmes délégués que la précédente et possède des pouvoirs analogues.

La *Compagnie universelle du Canal de Suez* (1854), quoique simple société anonyme par actions, peut se rapprocher de ces organismes internationaux, car, en raison des intérêts qui étaient en jeu, elle s'est vu conférer des droits et imposer des devoirs qui lui donnent, dans une certaine mesure, le rôle d'une sorte d'Etat.

Par la Convention du 29 octobre 1888 signée par la France, l'Allemagne, l'Autriche-Hongrie, l'Espagne, La Grande-Bretagne, l'Italie, les Pays-Bas, la Russie, la Turquie, le canal et ses annexes ont été déclarés neutres, libres et ouverts à tous navires de

(1) Gaston Moch, *Désarmons les Alpes*, appendice, p. 40.

commerce ou de guerre, en temps de guerre comme en temps de paix, sous le contrôle d'une commission internationale.

On pourrait encore citer, parmi les commissions internationales s'occupant d'intérêts internationaux, celles par lesquelles les principales puissances, dans quelques cas particuliers, ont substitué leur gestion à celle d'Etats mis ainsi en une sorte de tutelle. Dans cette catégorie on trouve l'*Administration de la dette publique ottomane*, le *Conseil international de santé*, séant également à Constantinople, *la Caisse de la dette publique égyptienne*, *la Commission financière internationale*, à Athènes, etc.

Si l'on alléguait que, dans les exemples qui précèdent, les ententes internationales n'ont porté que sur des objets limités tels que la navigation d'un cours d'eau ou d'un canal, des créances particulières ou des précautions sanitaires concernant le pèlerinage de La Mecque, nous répondrions que les Puissances n'ont pas manqué non plus de s'occuper des intérêts plus généraux, témoin par exemple les *Unions monétaires latine et scandinave* qu'ils ont conclues en vue de l'unification des monnaies.

Les ententes ou *Unions* ont même, pour les intérêts purement généraux, dépassé les bornes de l'Europe et sont devenues complètement internationales ou mondiales. Ces *Unions* dont les intérêts sont permanents, ont pour organes des *Bureaux internationaux* permanents, entretenus à frais communs et chargés de s'occuper de ce qui se rattache à l'objet de l'Union dans les intervalles séparant les *Congrès* ou *Conférences* périodiques réunis par les Puissances dans le but de donner à l'Union une forme de plus en plus précise, complète et définitive. On peut citer neuf de ces Unions ayant pour organes les bureaux permanents ci-après :

1° *Bureau central de Géodésie internationale*, Potsdam, 1866.

2° Bureau international de l'*Union postale universelle*, Berne, 1874.

3° Bureau international des *administrations télégraphiques*, Berne, 1868.

4° Bureau international *des Poids et Mesures*, Paris, 1875.

5° et 6° Bureau international de l'Union pour la *protection de la propriété industrielle* (1883) et de l'*union pour la protection littéraire et artistique* (1886), Berne.

7° Bureau international pour la *Répression de la traite*, Bruxelles, 1890.

8° Bureau international pour la *Publication des tarifs douaniers*, Bruxelles, 1890.

9° Bureau international des *Transports par Chemin de fer*, Berne, 1890.

« Ces unions et ces bureaux permanents, dit M. Moch à qui nous avons emprunté cette énumération, ne sont rien moins que le germe d'une future administration internationale qui englobera peu à peu bien d'autres affaires, encore maintenues aujourd'hui sous le régime anarchique de la souveraineté absolue des Etats... Et les liens déjà noués sont si indispensables et si puissants qu'on n'en saurait même plus concevoir le relâchement ; imagine-t-on quelle serait la situation d'un Etat qui s'aviserait de sortir de l'Union postale universelle (1)? »

La législation intérieure des Etats tend elle-même à devenir internationale. — On pourrait croire, à première vue, que la législation intérieure des Etats serait un refuge inaccessible aux entreprises de l'internationalisme croissant que nous venons de constater. Là encore on se tromperait, car, vu la pénétration réciproque toujours plus grande des peuples, les Gouvernements ont senti qu'il y avait un réel intérêt à harmoniser leur droit interne, trop variable d'Etat à Etat.

C'est à la préparation de cette tâche, aussi importante que délicate et difficile que s'est adonné *l'Institut de Droit international* dont nous avons parlé précédemment et dont les *Conférences de droit international privé*, organisées par le gouvernement des Pays-Bas, sur l'initiative de M. Asser, en 1892, s'occupent également.

(1) M. Gaston Moch ajoute — et son opinion ne fait que corroborer celle que nous avons émise sur la question dans un chapitre précédent — : « Cette situation serait si fâcheuse, qu'aux personnes qui veulent à toute force que l'on donne une sanction extérieure (inutile, à notre avis) aux sentences des arbitrages internationaux on peut répondre que si une puissance se refusait à exécuter une telle sentence, les autres n'auraient pour l'amener à composition, qu'à dénoncer à son égard certains de ces traités d'Union : elle ne supporterait pas longtemps une semblable mise à l'index. » (ouvrage cité p. 42 (appendice.)

De 1893 à l'heure actuelle, il s'est tenu à La Haye plusieurs de ces Conférences qui ont abouti aux deux importantes conventions de 1896 et de 1904.

« La première de ces Conventions a facilité notablement la procédure internationale, en établissant des règles communes pour la communication d'actes judiciaires ou extra-judiciaires, pour les commissions rogatoires, la caution *judicatum solvi*, l'assistance judiciaire gratuite et la contrainte par corps.

» Mais en 1904, on est allé beaucoup plus loin, en s'attaquant à la base même des Codes civils, à l'état des personnes au point de vue international. Les trois conventions qui viennent d'être signées par les représentants de l'Allemagne, de l'Autriche-Hongrie, de la Belgique, du Danube, de l'Espagne, de la France, de l'Italie, du Luxembourg, des Pays-Bas, du Portugal, de la Roumanie, de la Russie, de la Suède-Norvège et de la Suisse, ont pour titre, convention pour régler les Conflits des lois en matière de mariage, conventions pour régler les conflits de lois et de juridiction en matière de divorce et de séparation de corps; convention pour régler les conflits de lois et de juridiction, relativement à la tutelle des mineurs. »

Et M. Moch, à qui est empruntée cette analyse, continue par cette réflexion : « Unions internationales, Bureaux internationaux permanents, Ententes en vue de la Codification du droit international privé... qu'est cela, sinon l'internationalisme, coulant dorénavant à pleins bords (1) ? »

(1) Gaston Moch, *Désarmons les Alpes*, appendice, p. 43 et 44.

L'internationalisme se manifeste encore par le caractère nouveau des alliances politiques. — L'internationalisme, — puisque internationalisme il y a — se manifeste encore par le caractère nouveau que revêtent les alliances contractées par les peuples dans l'intérêt de leur sécurité. Des alliances, contractées autrefois en vue de la guerre, prennent de nos jours un caractère défensif et deviendront nettement pacigérantes lorsque l'arbitrage se sera développé davantage et que, grâce à des ententes plus fermes, les principales nations pacifiques auront pri· confiance les unes dans les autres et conscience de l'invulnérabilité de la masse pacigérante qu'elles peuvent former.

La vie civilisée est de plus en plus internationale. — L'internationalisme tend à se former enfin sous l'influence incessante de la vie que la civilisation rend de plus en plus commune pour tous les peuples. A propos d'un de ces événements douloureux qui font partout tressaillir l'âme humaine en y suscitant la sympathie et la pitié, Mme Daniel Lesueur le faisait tout dernièrement ressortir, avec éloquence dans le *Matin*. C'est de la récente catastrophe minière de Westphalie qu'il s'agissait. « Ces Westphaliens si cruellement éprouvés disait-elle avec émotion, ne sont-ce pas eux-mêmes, qui nous ont envoyé, voici deux ans, leurs héroïques sauveteurs ? Pour arracher de la mine en feu, des galeries croulantes, une vie, une seule vie française, ces Allemands intrépides ont voyagé à la hâte et, ne prenant le temps, ni de manger, ni de dormir, ils sont descendus dans l'enfer d'où ils étaient si peu certains de remonter. Ils ont marché en tâtonnant dans les ténèbres puantes, ils se sont acharnés dans une atmosphère de flammes, jusqu'à ce que le souffle leur manquât et qu'on dût les remonter à demi-morts... Une bouffée d'air, une gorgée de cordial, et ils redescendaient. Voilà ce qu'ils ont fait...

» Et, continuait Mme Daniel Lesueur avec allusion à la guerre que Guillaume II faillit déclarer à la France, leurs rudes poitrines qui ont palpité d'émotion sous le fardeau d'un pauvre « rescapé », d'un faible moribond français, enfin soulevé, emporté, sauvé, ce sont elles qui lanceraient des « hoch !... » de joie furieuse pour des milliers de jeunes soldats de France transformés en cadavres par les balles de leurs compatriotes !... C'est impossible ! Devant ce champ de bataille du travail, si terriblement meurtrier, mais si admirablement suggestif de fraternité humaine et de mutuel sacrifice, ne frémiront-ils pas ceux qui, là-bas, risquèrent d'ouvrir d'autres arènes de massacre, et de raviver des plaies de haine plus longues à se cicatriser que les blessures matérielles des nations (1) ? »

Comme le disait encore l'éloquente publiciste, « le travail et la souffrance sont les meilleurs éléments de la fraternité humaine. » Eux aussi, ils se-

(1) Les Otages du Destin, article publié dans le *Matin* du 14 nov. 1908.

ront des agents de la Paix, appelée à régner enfin parmi les peuples.

Exercices et devoirs. — **I. Lecture.** — *Le rapprochement des institutions des peuples.* — Je passe la frontière, tout de suite, grand embarras pour moi, lequel me rend dès l'abord antipathique le sol où je me suis fourvoyé. Personne ne répond à mes questions ; je ne comprends rien de ce qui se dit autour de moi. Partout se parle une langue inconnue. C'est sans doute ma faute. Pourquoi n'ai-je pas appris l'anglais avant de passer le détroit ou l'allemand avant la frontière ? J'ai appris l'un et l'autre, pendant plusieurs années y consacrant de-ci, de-là, quelques heures. Mais... je ne comprends toujours rien ; ce n'est plus le livre accoutumé. Me voici en détresse. Je regarde anxieusement tous les visages, je m'irrite contre les passants. Cependant, il me faut faire quelques emplettes nécessaires, je montre de l'argent français, on me le refuse, je dois me rendre chez un changeur, je me laisse faire, je paie désormais sans compter, sans savoir et il faut que le marchand soit bien honnête pour ne pas en profiter. Cette situation économique m'effare d'autant plus que je me souviens avec quelle rage j'ai été fouillé en douane comme un malfaiteur. Décidément je suis dans un pays maudit. Je m'y résigne. Il faut bien terminer les affaires pour lesquelles je suis venu. Elles sont difficiles, tellement qu'il va falloir procéder en justice. Je m'adresse à un avocat, je lui expose mon cas. Il est détestable et je suis certain de perdre ; d'abord il faudra subir des procédures interminables, devant des juridictions compliquées. Puis, je ne saurais rien obtenir ; mon procès eût été excellent dans mon pays, mais ici la loi décide tout le contraire (nous pourrions en fournir de nombreux exemples). Je ne le savais pas, il faudra m'en retourner, j'en serai quitte pour un peu agréable voyage. Je ne recommencerai pas, mais je garderai en mon cœur une aversion singulière pour un tel peuple.

C'est qu'en effet, il y a là *une triple hétérogénéité* qui forme trois barrières très élevées entre les nations, celle des *poids et mesures*, celle des *lois*, celle des *langues*; nous les rangeons par progression.

Il faudrait les détruire.

RAOUL DE LA GRASSERIE, *De l'ensemble des moyens de la Solution pacifiste* (p. 49 et 50), Giard et Brière, éditeurs.

II. Devoirs de rédaction. — 1° *On a expliqué à l'école que les droits protecteurs, prônés par le protectionisme, sont en réalité nuisibles à l'intérêt général du pays. Montrez en prenant un exemple l'exactitude de cette affirmation.*

2° *En vertu d'une Convention signée entre la France et l'Italie, les déposants de Caisses d'Epargne de France peuvent continuer leurs opérations en Italie et réciproquement. Montrez combien cette disposition est avantageuse pour les deux pays dont elle atténue les frontières.*

3° *Lors de la catastrophe de Courrières (Pas-de-Calais) des mineurs westphaliens sont venus courageusement au secours de leurs camarades de France ensevelis au fond de la mine. En novembre 1908, une catastrophe analogue s'est produite à Ham, dans les mines de Westphalie et la France s'est empressée d'adresser à l'Allemagne ses sympathies. Montrez que de telles manifestations ne peuvent que rapprocher les peuples et leur donner le sentiment de leur fraternité.*

III. Devoir de l'élève Jean-Pierre (*Développement du 1er sujet*). — Notre instituteur nous a parlé des « droits protecteurs » par lesquels certains députés veulent « défendre contre l'étranger » notre agriculture, notre industrie et notre commerce. Sa leçon m'a été très utile.

Je croyais, puisqu'on voulait nous « protéger », que les mesures adoptées dans ce but étaient excellentes. Eh ! bien, j'ai vu que ce n'est pas vrai du tout.

Prenons comme exemple, le blé, puisque j'habite une contrée agricole. Dans ma commune il y a peut-être bien vingt fermiers qui font venir plus de blé qu'ils n'en consomment. D'autres plus nombreux en récoltent à peu près pour leur usage et la foule des journaliers, des artisans et des commerçants l'achètent.

Le prétendu droit protecteur mis sur le blé ne peut donc profiter qu'à une très petite minorité et il nuit au plus grand nombre.

Ce n'est même pas vrai que, tous comptes faits, cette petite minorité recueille un avantage du système de la protection du blé, car en vertu de ce système on a établi d'autres droits protecteurs, sur la foule des autres denrées. Et si les vendeurs de blé touchent un petit peu plus de leur récolte, ils le perdent largement en payant plus cher tout ce qu'ils achètent.

Les droits « protecteurs » devraient donc être abolis parce qu'ils sont nuisibles.

CHAPITRE VII

CONCLUSION. NUAGES NOIRS. ESPOIR QUAND MÊME

Conclusion qui semble se dégager : progrès du pacifisme. — Si une conclusion se dégage avec netteté de l'étude à laquelle nous venons de nous livrer, c'est assurément que l'organisation pacifiste de l'humanité est en excellente voie de formation et qu'il faut envisager l'avenir avec une sénérité exempte d'inquiétude. Evidemment, nous sommes loin de pouvoir nous flatter de posséder dès maintenant la paix définitive, mais du moins nous la pressentons déjà comme certaine et inévitable.

Pourtant, en fait, recrudescence du militarisme. — Et pourtant, si nous jetons un coup d'œil, notamment en Europe, sur la situation actuelle des peuples, jamais les craintes ou l'inquiétude n'ont semblé plus de circonstance, jamais le découragement n'a paru plus permis et l'impuissance des efforts pacifistes plus évidente. En dépit des éloquentes discussions humanitaires de la première Conférence de La Haye, la guerre sud-africaine et la guerre russo-japonaise ont eu lieu, comme pour souligner la fragilité des conventions pacifistes qui venaient d'être conclues. Entre la première et la deuxième Conférence de La Haye, les dépenses de guerre des principales nations se sont augmentées d'une façon considérable (de 1.725 millions) (1). Et cette progression inquiétante des charges du militarisme ne fait que se précipiter depuis la deuxième conférence. Dans les derniers jours de novembre 1908, le Chancelier de Bulow a démontré au Reichstag qu'il faut nécessairement augmenter le budget de l'empire de 625 millions de marks de dépenses annuelles, sans quoi l'Allemagne ne pourra plus faire face à sa situation, assurer à son armée la puissance indispensable et donner à l'accroissement de sa marine l'accélération nécessaire. Ces 625 millions de marks, il faut absolument que le contribuable allemand se résolve à les trouver et le chancelier, pour stimuler l'amour-propre germain, est allé jusqu'à faire l'éloge des Français dont il a vanté le rare esprit d'économie.

En Angleterre, un profond cri d'alarme a été poussé à la Chambre des lords (séance du 23 novembre 1908) par lord Roberts. L'ancien commandant en chef de l'armée anglaise a démontré que la Grande-Bretagne n'est désormais plus en sécurité dans son île, attendu

(1) Les dépenses annuelles d'armement des puissances d'Europe, des Etats-Unis et du Japon ont passé, entre la première et la seconde conférence de La Haye, de 6.275 millions de francs à 8 milliards, soit une augmentation de 1.725 millions de francs.

que l'Allemagne dispose constamment dans ses ports du nord de navires suffisants pour transporter 200.000 soldats et qu'en temps de crise, les communications télégraphiques étant facilement interceptées par l'Allemagne, une armée d'invasion pourrait être amenée sur les côtes d'Angleterre, d'ailleurs peu éloignées, avant qu'une flotte anglaise suffisante ait pu s'opposer à son débarquement.

A la suite de cette impressionnante démonstration, lord Roberts a fait adopter un projet de constitution d'une armée nationale susceptible de fournir un million d'hommes en cas de mobilisation.

Ainsi donc l'Angleterre va enfin, elle aussi, vivre sous le régime de la nation armée ; en outre, et de plus en plus énergiquement, elle accroîtra sa flotte de guerre, de façon à pouvoir toujours faire face aux flottes des deux pays les plus puissants sur mer. Quand l'Allemagne construira un cuirassé, elle en construira deux, quelque grand effort qu'il lui faille faire.

En France, dans cette fin de novembre 1908, les Ministres de la Marine et de la Guerre ont de même établi devant la Chambre des Députés, à propos de la discussion du budget de 1909, la nécessité inéluctable, vu le danger des armements inquiétants de l'Allemagne, de voter la construction de nouveaux cuirassés à faire livrer avec rapidité, et d'augmenter notablement le nombre de nos batteries de l'armée de terre. Quel que soit le peu de sympathie des Chambres françaises pour un accroissement des dépenses de la marine et de la guerre, elles n'ont pu, par patriotisme et souci de la sécurité nationale, se dispenser de les voter.

Il est inutile d'ajouter que, par suite de préoccupations analogues, les autres nations d'Europe seront fatalement amenées à accroître, elles aussi, leur puissance militaire déjà formidable.

Ainsi, en dépit des progrès indéniables du pacifisme, le militarisme ne fait que s'accroître et devenir de plus en plus écrasant pour les peuples.

Situation intérieure des peuples : la lutte pour la faim et les réformes sociales. — Si nous jetons maintenant un coup d'œil sur leur situation intérieure, nos constatations ne cessent pas d'être pessimistes.

Sur la surface entière du globe les hommes travaillent avec acharnement pour satisfaire leur faim. Quel est, a dit Izoulet, « quel est le constant et l'obsédant souci des quinze cent millions d'humains que porte la planète ? *Manger*...

» Sauf une poignée d'individus appelés riches, ce milliard et demi d'individus, tout le long des jours, des mois et des années, lutte pour manger. Et combien qui n'y réussissent pas ! Combien qui périssent dans ces vastes famines que l'on voit aujourd'hui encore sévir notamment en Chine, dans l'Inde, en Russie !

» Et combien qui y réussissent mal ! Combien qui traînent sur la face de la terre leurs corps anémiés ! Pauvreté, indigence, dénuement, misère, prolétariat, que signifient donc tous ces mots qui remplissent la presse et les tribunes d'Occident, sinon le râle des vaincus, dans la terrible bataille du pain (1) ? »

D'autre part, beaucoup de grands travaux utiles tels que la construction de nouveaux canaux, l'agrandissement ou l'approfondissement des ports marchands etc. sont différés, faute de ressources. Le prolétariat, qui se lasse de peiner et de souffrir, lève la tête avec impatience, parfois avec colère, et réclame des réformes susceptibles de lui donner quelque peu du bien-être qui lui manque. La société lui semble trop riche pour que des millions de malheureux restent affamés et, volontiers, il prête l'oreille aux promesses alléchantes du socialisme qui lui assure d'emblée le bonheur définitif si les prolétaires osent enfin jeter bas tout le vieil édifice social vermoulu. Or, sans nier que des réformes profondes puissent être apportées à l'organisation économique et sociale d'une nation quelconque, de la France, par exemple, c'est une chimère de supposer qu'on pourra jamais réaliser le bonheur des peuples tant qu'on ne les aura pas délivrés préalablement du fardeau du militarisme. Le budget des principales nations d'Europe se chiffre par milliards et la plus grosse partie est employée directement ou indirectement pour la guerre. Les budgets sont à peu près parvenus à leur apogée et les populations ne peuvent guère être imposées davantage. Où trouverait-on, par conséquent, ces centaines de millions qu'il faut pour organiser convenablement les retraites ouvrières et soulager effectivement les humbles ? Nulle part, si on ne se

(1) Jean IZOULET, *La cité moderne*, p. 387.

résout à réaliser la suppression des budgets de la guerre et de la marine militaire. — L'organisation du pacifisme sur le globe, tel est le seul moyen efficace de résoudre la question sociale et de donner à la démocratie travailleuse le bien-être relatif qu'elle réclame et qu'elle attend.

Il ne faut pas désespérer. — Puisque les peuples se lancent de plus en plus, ainsi que nous l'avons vu, dans le militarisme, devenu formidable à l'heure actuelle, faut-il donc désespérer de l'avenir, admettre qu'une fatalité pèse sur l'humanité maudite et penser que les peuples n'atteindront jamais le bonheur dont ils conçoivent pourtant l'idée? Telle ne sera pas notre conclusion.

Considérons tout d'abord que la substitution de l'état de paix à l'état de guerre serait la plus importante des révolutions qui auraient marqué l'histoire des peuples et qu'un progrès de cette ampleur ne saurait se réaliser subitement. L'immortelle Révolution de 1789 n'a-t-elle pas été préparée par des siècles d'attente et de luttes ? Souvenons-nous que, le moment décisif venu, et alors que rien ne présageait encore la fin si proche du pouvoir autocratique, tout d'un coup l'antique royauté tomba, laissant la Révolution triomphante proclamer avec enthousiasme la liberté, l'égalité et la fraternité. Qui eût dit, quelques années seulement avant la tempête révolutionnaire, que la vieille monarchie des Bourbons s'écroulerait avec fracas et qu'un monde nouveau allait croître sur ses ruines ?

En ce qui concerne le pacifisme, nous pensons qu'en dépit de la recrudescence apparente du militarisme et des dangers de l'heure présente, les temps sont proches où, selon l'expression légèrement modifiée de Michelet, « la paix sera déclarée au monde ». D'une part, jamais les peuples n'ont senti aussi bien que maintenant la pesanteur du joug de la guerre ; les peuples s'arment, il est vrai, mais, c'est parce qu'ils s'y croient contraints pour sauvegarder leur sécurité menacée par telle ou telle nation belliqueuse ; quant à leur désir intime, il est de se débarrasser le plus tôt possible de tout l'attirail guerrier.

D'autre part, les peuples deviennent de plus en plus, même dans les Etats monarchiques, les gérants de leurs intérêts, nécessairement pacifiques. On l'a bien vu en Allemagne, en novembre 1908, lors du conflit franco-allemand. Pour la première fois peut-être, l'opinion publique allemande s'est prononcée énergiquement contre la politique changeante et provocatrice de Guillaume II et le Kaiser a dû, tout autocrate qu'il est, promettre au Chancelier Bulow, c'est-à-dire en somme à ses sujets, de se conformer mieux dorénavant aux principes constitutionnels des gouvernements.

Quoique l'Allemagne reste encore pour ses voisines, ainsi que nous le montrions plus haut, un redoutable objet de crainte et qu'elle les oblige à de continuels et ruineux armements, il faut reconnaître cependant avec M. d'Estournelles de Constant que l'attitude générale de l'Allemagne tend néanmoins, par la force des choses, à se rapprocher des voies pacifiques. Cette assertion se confirme avec évidence si on compare l'Allemagne d'aujourd'hui à ce qu'elle était il y a dix ans seulement.

A la première Conférence de La Haye, le gouvernement allemand « n'admettait pas même la discussion sur l'arbitrage obligatoire et c'est, non sans peine, que l'un de ses représentants, homme de grand cœur, le professeur Zorn, obtint, à Berlin, l'autorisation de prendre part à la rédaction de la convention du 29 juillet 1899.

» Cinq ans plus tard, seconde étape. Le roi d'Angleterre et l'empereur Guillaume se mettent d'accord à Kiel pour signer entre les deux pays, la première convention allemande d'arbitrage, du 12 juillet 1904.

» En 1907, troisième étape : la seconde Conférence de La Haye se réunit : l'Allemagne consent à discuter la question de l'arbitrage obligatoire ; pendant des semaines, le baron Marshall se livre à un véritable tournoi ; sa résistance, il est vrai, reste irréductible ; il triomphe, mais à combien de voix ? « Je puis les compter avec les cinq doigts de ma main » s'écrie, dans un réquisitoire véhément, le premier délégué des Etats-Unis. Cinq opposants et quatre abstentions, contre tout le reste des puissances civilisées : 200 millions contre un milliard 200 millions d'habitant. Et encore, parmi ces voix hostiles, il en est, celle de la Turquie, par exemple, qui seraient aujourd'hui de l'autre côté (1). »

(1) M. d'Estournelles de Constant, article du *Matin*, du 23 novembre 1908.

Il y a quatre ans, dit encore M. d'Estournelles de Constant, « la Convention de La Haye avait fourni une ressource inespérée en permettant à la Russie et à l'Angleterre de confier à des juges la solution de l'affaire si grave de Hull, mais il était naturel alors que la Russie, en pleine guerre avec le Japon, évitât une nouvelle conflagration et s'adressât à la juridiction qu'elle avait contribué la première à créer; et l'Angleterre, champion de l'arbitrage, se devait de rester fidèle à elle-même. L'Allemagne, au contraire, reconnaît, pour la première fois, l'efficacité d'une solution juridique qui n'est pas dans sa tradition; elle la reconnaît d'accord avec qui? Avec la France. Dans quelles conditions? Alors qu'elle n'est liée avec nous par aucun traité d'arbitrage et que, même liée, elle aurait pu se dégager en invoquant les réserves classiques de l'*honneur national et des intérêts vitaux*; car c'est bien le point d'honneur qui est en cause, puisque les deux gouvernements se dessaisissent de l'exercice de leur souveraineté entre les mains des arbitres et leur confèrent le mandat de blâmer implicitement celui des deux qui aura tort et de désigner même celui qui devra formuler des regrets » (1).

Ces progrès successifs sont hautement significatifs. Sans doute l'Allemagne a compté avec la résistance patriotique que lui eût opposée la France, mais, quoi qu'on dise, avec autre chose encore, « avec sa conscience, avec son intérêt. L'intérêt des deux gouver-

(1) Article du *Matin* du 23 novembre 1908.

nements était de peser leurs responsabilités et leurs risques avant de laisser verser dans le sang un incident secondaire. Une guerre engagée à la légère soulèverait aujourd'hui contre le gouvernement agresseur une révolte générale, pour ne pas dire une révolution, tandis qu'elle exalterait les populations envahies. »

M. d'Estournelles de Constant terminait son article en « rendant justice aux très grands progrès accomplis en Allemagne depuis six ans, avec la conviction que ces progrès ne sont qu'un acheminement vers d'autres progrès, jusqu'à la dernière étape, où, par des concessions mutuelles, les deux peuples enfin se réconcilieront pour leur bien, pour leur gloire, dans l'intérêt du monde entier ».

Formation d'une Union pacigérante en Europe. — En attendant, il est fort possible que les principales nations civilisées, également dégoûtées du militarisme, s'entendent efficacement pour s'assurer mutuellement la paix. La Triple-Alliance, constituée par l'Allemagne, l'Autriche-Hongrie et l'Italie a toujours eu, en dépit des protestations officielles de la diplomatie, un caractère plus ou moins inquiétant, par le fait même de l'agressivité naturelle de l'Allemagne. La Duplice, conclue par la France et la Russie, a été une sorte de contre-poids de la Triple-Alliance. Actuellement l'Angleterre est liée par une « entente cordiale » avec la France et la Russie et l'Italie est plus qu'à moitié détachée de la Triple-Alliance. Si l'Angleterre, la France et la Russie s'avisaient de grouper autour d'elles les autres nations, grandes ou petites, qui désirent également la paix, telles que la Suède, la Norvège, le Danemarck, la Hollande, la Belgique, l'Espagne, etc., l'Union formée serait assez puissante pour n'avoir rien à redouter, quoi qu'il arrive des entreprises de l'Allemagne batailleuse, solidement et et pacifiquement, « encerclée ». Ce serait, par conséquent, l'arrêt des armements en attendant le désarmement final qui ne saurait alors tarder. Il est bien évident que l'Allemagne se sentirait un objet d'animadversion pour les autres nations et que, se rendant compte de l'inutilité de son ruineux militarisme, elle se déciderait, enfin — dernière étape — à marcher, comme les autres nations, dans le sentier de la paix.

Bienfaits qui résulteraient de cette fédération pacifique. — Cette fédération pacifique des peuples produirait immédiatement un immense accroissement de bien-être et serait considérée comme le plus grand des bienfaits. Les armées disparues, on ne conserverait qu'une sorte de gendarmerie, nécessaire pour les besoins de la police. L'Europe fédérée serait une sorte de Confédération helvétique agrandie. De même que les cantons de la Suisse ne s'efforcent point de se nuire les uns aux autres, les Etats constitutifs de l'Europe fédérée vivraient en bonne harmonie. Chacun d'eux serait, comme maintenant, régi par ses lois propres et posséderait la forme de gouvernement de son choix. Mais, différence capitale, les milliards que, chaque année, dépense stupidement l'Europe en vue de la guerre seraient employés au soulagement des misères sociales et au bien-être général.

C'est le droit de tout peuple et de tout homme de cœur de rêver un tel avenir pour l'humanité; c'est leur devoir de travailler sans défaillance à son immanquable réalisation.

EXERCICES ET DEVOIRS. — I. Lecture. — *L'Europe en paix.* — Un jour viendra où la guerre paraîtra aussi absurde et aussi impossible entre Paris et Londres, entre Pétersbourg et Berlin, entre Vienne et Turin, qu'elle serait impossible et qu'elle paraîtrait absurde aujourd'hui entre Rouen et Amiens, entre Boston et Philadelphie. Un jour viendra où vous, France, vous Russie, vous Italie, vous Angleterre, vous Allemagne, vous toutes, nations du continent, sans perdre vos qualités distinctes et votre glorieuse individualité, vous vous fondrez étroitement dans une unité supérieure et vous constituerez la fraternité européenne, absolument comme la Normandie, la Bretagne, la Bourgogne, la Lorraine, l'Alsace, toutes nos provinces, se sont fondues dans la France. Un jour viendra où il n'y aura plus d'autres champs de bataille que les marchés s'ouvrant au commerce et les esprits s'ouvrant aux idées. Un jour viendra où les boulets et les bombes seront remplacés par les votes, par le suffrage universel des peuples, par le vénérable arbitrage d'un grand sénat souverain qui sera à l'Europe ce que le Parlement est à l'Angleterre, ce que la Diète est à l'Allemagne, ce que l'Assemblée législative est à la France !

Un jour viendra où l'on montrera un canon dans les musées comme on y montre aujourd'hui un instrument de torture, en s'étonnant que cela ait pu être !

VICTOR HUGO.

II. Devoirs de rédaction. — *1° Si l'on examine la situation actuelle de l'Europe, peut-on constater que les peuples diminuent leurs dépenses de guerre?*

2° En divers Pays, en France notamment, le peuple réclame des réformes sociales. Tant que les budgets des Nations seront alourdis par les dépenses de guerre ces réformes sociales seront-elles facilement réalisables?

3° Malgré les dépenses de plus en plus colossales que s'imposent les nations, peut-on espérer néanmoins qu'elles parviendront à s'entendre pour organiser la paix?

III. Devoir de l'élève Jean-Pierre. — *(Développement du 3e sujet).* — Jamais on n'a tant parlé de la paix et jamais les peuples ne se sont tant préparés à la guerre. Les peuples redoutent l'Allemagne dont la puissance militaire est vraiment formidable et inspire de l'inquiétude particulièrement à l'Angleterre et à la France.

J'espère que, néanmoins, les peuples parviendront à s'entendre pour organiser la paix. Ce qui me le fait espérer c'est que, partout, on se plaint du fardeau des dépenses militaires.

L'Angleterre, la France et la Russie sont actuellement d'accord, pour maintenir la paix; si d'autres nations se joignent encore à elles dans ce même but de paix, l'Allemagne aura beau faire: elle ne pourra rien contre la volonté pacifique des autres nations solidairement unies.

A ce moment, les Etats alliés, comptant sûrement les uns sur les autres, pourront commencer à limiter leurs armements. Quand ils en seront là, ils seront bien près du désarmement.

Je souhaite qu'ils y arrivent bientôt.

TABLE DES MATIÈRES

PREMIÈRE PARTIE

Les principes du pacifisme.

LIVRE PREMIER

Principes sur lesquels repose le pacifisme.

LIVRE II

Les calomnies contre le pacifisme.

LIVRE III

L'ennemie du pacifisme : la guerre.

DEUXIÈME PARTIE

Les applications du pacifisme.

LIVRE PREMIER

L'arbitrage, son histoire et ses progrès.

LIVRE II

Les conférences de La Haye et l'avenir du pacifisme.

SAINT-AMAND (CHER). — IMPRIMERIE BUSSIÈRE.